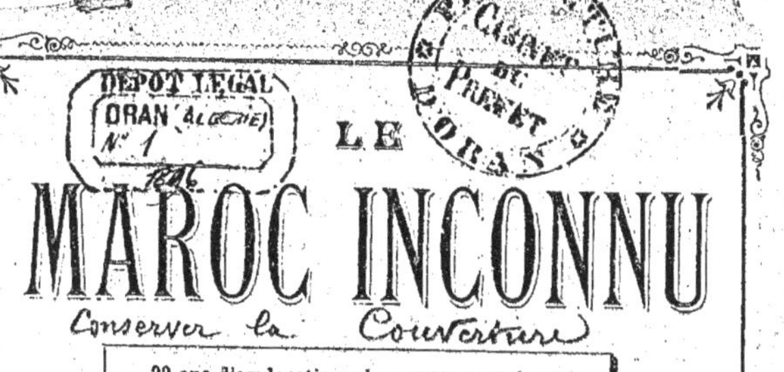

LE MAROC INCONNU

22 ans d'explorations dans cette contrée mystérieuse, de 1872 à 1893.

IMPORTANTES RÉVÉLATIONS de voyageurs musulmans sur le pays, les habitants, les mœurs, coutumes, usages ; industries commerciales, agricoles, manufacturières ; richesses minérales, forestières, pastorales ; population, forces militaires, administration, langues, races, etc.

PAR

Auguste MOULIÉRAS

Professeur à la Chaire de Langue et de Littérature arabes à Oran
Ancien Interprète titulaire de l'Armée française et du Gouvernement Général de l'Algérie
Ancien Professeur d'arabe aux Lycées de Constantine et d'Oran
Auteur de plusieurs Ouvrages relatifs aux Langues arabe et berbère

« Le Maroc, pays africain incomparable,
« qui sera un jour, espérons-le, le plus beau
« fleuron de la couronne coloniale de la France ! »
(V. p. 81).

PREMIÈRE PARTIE

EXPLORATION DU RIF (Maroc Septentrional)

Avec Cartes inédites du Rif et de chaque Tribu (hors texte) au $\frac{1}{250,000}$

En dépôt à Paris à la *Librairie Coloniale et Africaine*, JOSEPH ANDRÉ, rue Bonaparte, 27

DÉCEMBRE 1895

OUVRAGES DU MÊME AUTEUR

Manuel Algérien. *Grammaire comparée de l'Arabe littéraire et de l'Arabe vulgaire. Ouvrage inscrit au Programme officiel de l'Enseignement secondaire et de l'Enseignement supérieur. Paris, 1888, in-12, cart. toile*..... 5 fr.

Nouvelle Chrestomathie Arabe. *Cours élémentaire et moyen. Ouvrage inscrit au Programme de l'Enseignement secondaire. Constantine, 1889, in-8°, cart*.......... 3,75

Cours Gradué de Thèmes Français-Arabes. *Paris, 1890, in-12, cart. toile.* 5 fr.

Les Fourberies de Si Djeh'a. *Contes Kabyles. Ouvrage inscrit au Programme de l'Enseignement supérieur. (Texte Zouaoua). Oran, 1891, in-12, broché*.......... 5 fr.

Les Fourberies de Si Djeh'a. *Traduction française et notes. Paris, 1892, in-12, broché*.......... 5 fr.

Légendes et Contes Merveilleux de la Grande Kabylie. *Ouvrage inscrit au Programme de l'Enseignement supérieur. Paris, 1893, in-8°, broché.*

1er Fascicule. (Texte Zouaoua) (chaque fascicule ayant plus de 100 pages) 3 fr.

2e Fascicule, 1894. (Texte Zouaoua).......... 3 fr.

3e et 4e Fascicules. (Sous presse).

Les Beni-Isguen (Mzab). *Essai sur leur Dialecte et leurs Traditions populaires. Oran, 1895, in-8°, broché*.......... 6 fr.

LE MAROC INCONNU. — *1re Partie,* **Exploration du Rif.** *Avec cartes hors texte. Oran, 1895, in-8°, broché*.......... 7 fr.

EN PRÉPARATION

LE MAROC INCONNU. — *2e Partie.* **Exploration des Djebala** *(Maroc Septentrional).* — *3e Partie,* **La Province de Fas.** — *4e Partie,* **Les Braber.** — *5e Partie,* **La Dhahra,** *etc.*

Légendes et Contes Merveilleux de la Grande Kabylie, *5e Fascicule.*

Un Poète classique Marocain du XVIIIe Siècle. *Texte arabe inédit, traduction française et notes.*

Essai de Dictionnaire Français-Rifain.

Essai sur le Thamazir'th et les Contes Populaires du Rif.

Proverbes Arabes de la Province d'Oran et du Maroc. *Texte arabe, traduction française et notes.*

A Monsieur Jules Cambon

Gouverneur Général de l'Algérie

LE
MAROC INCONNU

22 ans d'explorations dans cette contrée mystérieuse, de 1872 à 1893.
IMPORTANTES RÉVÉLATIONS de voyageurs musulmans sur le pays, les habitants, les mœurs, coutumes, usages ; industries commerciales, agricoles, manufacturières ; richesses minérales, forestières, pastorales ; population, forces militaires, administration, langues, races, etc.

PAR

Auguste MOULIÉRAS

Professeur à la Chaire de Langue et de Littérature arabes à Oran
Ancien Interprète titulaire de l'Armée française et du Gouvernement Général de l'Algérie
Ancien Professeur d'arabe aux Lycées de Constantine et d'Oran
Auteur de plusieurs Ouvrages relatifs aux Langues arabe et berbère

« Le Maroc, pays africain incomparable,
« qui sera un jour, espérons-le, le plus beau
« fleuron de la couronne coloniale de la France! »
(V. p. 31).

PREMIÈRE PARTIE

EXPLORATION DU RIF (Maroc Septentrional)

Avec Cartes inédites du Rif et de chaque Tribu (hors texte) au $\frac{1}{250,000}$

En dépôt à Paris à la *Librairie Coloniale et Africaine*, Joseph ANDRÉ,
rue Bonaparte, 27

DÉCEMBRE 1895

ARMES DE LA VILLE D'ORAN

الارض طاوس الغرب كعالته

La Terre est un paon ; Le Maroc en est la queue

(Proverbe arabe).

LE MAROC INCONNU

POURQUOI ET COMMENT J'AI FAIT CE LIVRE

LE MAROC INCONNU

Pourquoi et comment j'ai fait ce livre

Entre la province d'Oran et l'Océan Atlantique s'étend un vaste et beau pays, bien plus grand que la France. Nous l'appelons le Maroc, du nom corrompu d'une de ses principales villes. Nous savons tous que le Maroc est, encore aujourd'hui, une Terre à peu près inconnue. Quoi que disent, en effet, les faiseurs de cartes et les bons géographes qui, chaque fois qu'il est question de cette contrée, se copient les uns les autres, sans critique ni souci de la vérité, on peut affirmer que nous ne connaissons pas la *millième partie* de l'Empire chérifien. Ne perdons pas notre temps à nous étonner de cette ignorance phénoménale dans un siècle qui a vu tant de découvertes géographiques ; recherchons-en plutôt la cause, car elle ne tient qu'à une seule et unique cause, à une autre ignorance : *l'ignorance de la langue arabe.*

Pour pénétrer dans le Maroc et l'explorer jusque dans ses moindres recoins, deux sciences, qui n'en font qu'une, sont indispensables à tout européen qui voudra s'aventurer dans ce pays: *il faut connaître assez-bien l'arabe littéraire, et, parfaitement bien, l'arabe vulgaire.* Cette unique condition n'est pas des plus commodes. Qu'on en juge : Outre qu'il est absolument nécessaire de parler l'arabe comme sa propre langue maternelle, ce qui est pour un étranger un tour de force inouï, il faut encore savoir presque tout le Coran par cœur ; pouvoir le psalmodier selon des règles fixes, *avec le plus pur accent arabe ;* connaître, sur le bout du doigt, les Traditions relatives au Prophète, à ses Compagnons ; faire dans les mosquées des conférences religieuses sur la Divinité, les prophètes et les saints de l'Islam, dont le nombre est incalculable, surtout au Maroc ; connaître au moins les éléments du droit musulman ; diriger les prières publiques ; assister aux enterrements en psalmodiant avec les autres clercs certains versets du Coran et des poésies funéraires en honneur dans le pays. Voilà de quoi occuper l'européen le mieux doué pendant une quinzaine d'années, *sans perdre une minute.*

Savoir l'arabe seulement, c'est savoir plus de vingt langues, et je le prouve. L'étude de la littérature arabe *seule* est tellement difficile, que les vieux arabes instruits avouent franchement qu'ils sont arrêtés à chaque page par des quantités de mots nouveaux pour eux. L'absence complète des voyelles et de la ponctuation, le manque de majuscules s'ajoutent encore à la richesse lexicographique de cette langue, richesse qui dépasse tout ce que l'imagination la plus féconde peut rêver. On est pris de vertige en présence de ces 12,305,412 mots que contient le dictionnaire arabe. Les synonymes sont presque innombrables. Le laborieux de Hammer a catalogué 5,744 mots relatifs au *chameau*. Le lexicographe Firouzabadi a trouvé 80 synonymes du mot *miel* et 1,000 pour *épée*. *Malheur* compte plus de 400 synonymes. Un philologue put composer un livre sur les 500 noms du *lion*. Plus de 200 termes, signifiant *serpent*, furent l'objet d'un ouvrage d'un autre amateur de statistique. Et cela ne suffit pas encore, car, pour porter au plus haut point la difficulté de cette étude, chaque mot a encore des sens multiples et contradictoires. On dirait qu'un génie infernal s'est amusé à faire de cette langue une énigme perpétuelle. La réunion de tous les dialectes de l'Arabie dans un même dictionnaire a produit ce chaos.

L'arabe vulgaire est loin d'avoir la richesse encombrante de la littérature ; il offre encore cependant une abondance de synonymes qui n'existe peut-être pas au même degré dans aucun autre idiome. Depuis près d'un quart de siècle que je l'étudie, j'ai eu le loisir de m'apercevoir que chaque mot de l'arabe parlé a une moyenne de *trois synonymes*. En ajoutant à ce nombre les pluriels irréguliers, qui, ne ressemblant que vaguement à leurs singuliers, constituent bel et bien des mots nouveaux à apprendre, nous aurons *six termes* environ à savoir pour chaque mot correspondant au français par exemple. N'oublions pas de mentionner aussi les indispensables assouplissements du larynx, nécessités par de rudes articulations dont nos langues européennes n'ont aucune idée, et nous pourrons commencer à entrevoir la peine qu'il faut se donner pour parler l'arabe *comme un arabe*.

Il n'est donc pas étonnant de voir si peu d'Européens en état de parler et d'écrire convenablement le plus décourageant des idiomes connus. Convaincu cependant qu'un travail acharné finirait par nous mettre au moins au niveau des arabes lettrés, ce qui serait déjà très beau, je me permets d'émettre ici un vœu en faveur des études arabes, si négligées en France et en Algérie. Que l'Etat fasse pour elles les plus grands sacrifices ; c'est par elles que nous parviendrons à nous faire aimer des Arabes et des Musulmans du monde entier ; c'est par elles que nous connaîtrons ce que pense, ce que veut cette société mahométane, dont le concours nous serait si précieux. Mettons en pratique cette recommandation du Prophète à ses sectateurs من علم لسان قوم أمن من مكرهم « Quiconque connaît la langue d'un peuple est à l'abri de ses embûches. »

Au Maroc, la connaissance sérieuse de l'arabe est suffisante. Dans les régions où les Berbères dominent, et elles sont nombreuses, on ferait bien d'y joindre celle d'un dialecte berbère marocain ou algérien. Cela fait, on pourra, vêtu en t'aleb besogneux, rompu d'avance aux privations et aux fatigues, s'engager hardiment dans n'importe quelle partie du Maroc, en se gardant bien d'avoir une recommandation quelconque de qui et pour qui que ce soit.

Jeunes Français qui vous destinez aux voyages, ayez sans cesse présente à l'esprit cette vérité trop longtemps méconnue : *Tous les explorateurs européens ont échoué, échouent ou échoueront en pays musulman, à cause de leur ignorance de la langue arabe.*

Ce n'est pas rabaisser le mérite de ceux par lesquels la millième partie du Maroc nous a été révélée en disant qu'aucun d'eux, pas même le pseudo-*Ali-Bey*, Badia y Leblich (1), l'un des moins mal préparés pourtant au point de vue linguistique, ne put se faire passer pour arabe, tellement *tous* étaient peu en état de parler *couramment* cette langue décourageante, qui fera toujours le bonheur et le désespoir de ceux qui voudront l'approfondir. Pas un ne s'est engagé dans les campagnes, loin des sentiers battus par le *b'ammar* (caravane escortée par des soldats marocains). Protégés, méprisés, éveillant partout des défiances, comprenant mal les maigres renseignements, souvent faux, qu'on daignait leur fournir, obligés de suivre constamment la route qu'on leur imposait, sans pouvoir s'en écarter, ces vaillants ont eu néanmoins le courage de ne pas se rebuter de tant de déboires et quelques-uns ont payé de leur vie leur téméraire imprudence.

Voyager dans un pays dont on ne connait pas la langue, c'est voyager en sourd-muet. Quels renseignements, quelles lumières peut-on tirer d'un explorateur qui parcourt une contrée sans pouvoir se faire comprendre des habitants qu'il n'entend pas non plus? Il ne sera jamais à portée de bien voir ce qu'il voit, de bien saisir le peu qu'on lui dit. A côté de quelques vérités qu'il rapportera, que de fausses notions ne répandra-t-il pas dans le monde savant, qui s'empressera de vulgariser d'énormes erreurs, dont on peut voir des échantillons dans les compilations contemporaines.

Le Maroc, cela est bien évident, a échappé jusqu'à présent aux regards indiscrets des explorateurs européens, pour la raison que nous venons d'énoncer. Depuis mon enfance, la curiosité de connaitre un voisin, avec lequel nous avons plusieurs centaines de kilomètres de frontières communes, m'obsède au-delà de toute expression. Né à Tlemcen, à deux pas des limites marocaines, j'ai été élevé, j'ai grandi sous l'empire de deux idées que je n'ai cessé de méditer jusqu'à ce jour : 1° *Connaître notre mystérieux voisin ;* 2° *Le faire entrer dans la sphère d'influence de la France.* C'est dans ce double but que j'étudie, depuis de longues années, l'arabe et le berbère. Les ouvrages que j'ai publiés sur ces deux langues n'ont été que les étapes d'une instruction qui se complete peu à peu. Ne voulant rien laisser au hasard, me doutant qu'aucun explorateur européen n'aurait la patience, avant d'entrer au Maroc, de se livrer à une étude longue et ardue, j'ai poursuivi, sans défaillance, la tâche qu'une connaissance précise des hommes et des choses de l'Empire chérifien m'imposait et imposera toujours à quiconque voudra percer le mystère dans lequel cet étrange pays semble se complaire. Je n'ai pas hésité, un seul instant, à entrer en relation d'amitié avec de nombreux marocains,

(1) Il fut obligé de se donner pour turc afin d'expliquer son accent étranger.

arabes et berbères, lettrés et ignorants, qui, *me croyant musulman*, ne m'ont caché ni ce qu'ils savaient sur leur pays, ni ce qu'ils pensaient. Du haut en bas de l'échelle sociale marocaine, j'ai de vrais amis qui m'ont sollicité souvent d'abandonner le service des *Nçara* (Chrétiens) et d'émigrer dans cet Eldorado de l'Islam, de la liberté et de la vie facile. L'effet que produit sur les Mahométans une connaissance un peu approfondie de la littérature et de la langue arabes est réellement magique, irrésistible. Le musulman le plus futé (ils le sont tous), se confessera comme un enfant au *t'aleb* européen, vraiment digne de ce nom, qui *saura* l'interroger.

Cependant, je ne confiai à personne mon secret. Je le gardai religieusement jusqu'au jour où, me jugeant suffisamment préparé pour entreprendre ce voyage, je voulus obtenir une mission. C'est alors que je vis l'irréparable faute que j'avais commise en ne me ménageant aucun protecteur influent. Un savant de Paris, le seul personnage que je connaissais assez bien pour m'ouvrir à lui, me découragea net en me démontrant que beaucoup de *protégés eux-mêmes* n'obtenaient rien, car il y avait alors pléthore de jeunes recommandés. Bref, il fit avorter en moi toute velléité de demande officielle d'une mission ou d'une faveur quelconque.

Travailleur obscur, perdu à des centaines de lieues de la Ville-Lumière, peu disposé par nature à me livrer aux exercices rebutants qu'exige la profession de thuriféraire, je n'eus pas le courage de me mêler à la tourbe de ceux qui attendent humblement dans les antichambres des puissants du jour. Fallait-il pourtant renoncer au rêve de toute ma vie ? Le labeur des années écoulées était-il perdu à tout jamais puisqu'il devenait, par une fatalité inconcevable, sans but et sans objet ?

Mon vieux sang gaulois ne s'accommoda nullement de la doctrine fataliste, si chère aux indolents. Je ne pouvais pas aller au Maroc, soit ; mais des musulmans y étaient allés, y allaient et en venaient tous les jours ! J'entrevis alors la solution presque complète de l'éternel problème, dont voici le rapide énoncé : *Connaître le Maroc et le faire connaître, aussi bien et peut-être mieux qu'en y allant moi-même, grâce aux révélations des Marocains eux-mêmes et des voyageurs mahométans.* Je me mis à l'œuvre immédiatement, seul, sans aide, sans subvention d'aucune sorte, ne perdant pas une minute, employant toutes mes vacances, tous les moments de loisir que me laissait un double et pénible service dont je demandai vainement à être débarrassé. Ce travail de plusieurs années, que je m'imposai pour notre Pays et la Science, vrai travail de bœuf de labour, eut enfin un terme. Et maintenant que je vois le chemin parcouru, l'énorme besogne couchée dans mes papiers et attendant encore la dernière main, je me demande quel accueil mes contemporains, (je parle des sceptiques et des railleurs), feront à un ouvrage qui va leur dévoiler la vie intime, les mœurs, les pensées d'un grand peuple et leur montrer l'intérieur d'une Terre inconnue. Ce n'est certes pas pour ceux-là que j'écris ; c'est pour ceux qui ont l'âme haute, qui croient fermement encore à la Patrie, à la fraternité possible des hommes, à la tolérance, à la bienveillance générale, et enfin, à Celui qui créa le Maroc, comme il a créé les autres contrées et les autres globes. Au plus fort de mes travaux, dans mes moments de découragement et d'écœurement en présence de l'égoïsme froid et compassé qui caractérise notre époque, une seule personne m'a soutenu par sa foi ardente dans l'utilité de mes travaux, par son amitié à toute épreuve et son bon sens robuste ; c'est Celle qui porte mon nom, la mère de mes enfants adorées, Celle dont je salue ici la noble existence vouée toute entière à son mari, à l'instruction, à l'éducation de ses enfants et à son intérieur. Je ne remercierai jamais assez Celui qui lit dans nos cœurs de m'avoir fait trouver ici-bas la Compagne rêvée dès l'enfance, la vraie Mère de famille, telle que je la comprends, telle qu'elle devrait être dans toute notre chère France, telle qu'elle sera certainement quand la passion des choses frivoles aura fait son temps.

Je passe rapidement sur les détails concernant les débuts de mon entreprise, mes enquêtes minutieuses avec mes marocains, nos longues conversations, les pièces blanches succédant aux pièces blanches pour les rémunérer, et du temps que je leur faisais perdre, et des renseignements qu'ils me donnaient, renseignements épars dans tout l'ouvrage, sans nom de voyageur, car je ne trahirai pas la confiance de ces braves gens qui m'ont supplié de taire leurs noms.

D'ailleurs, leurs révélations sont bien peu de chose à côté de la relation qui m'a été fournie par un homme providentiel que je dois faire connaître, et qui m'a autorisé, après quelques hésitations très compréhensibles pour ceux qui connaissent les vengeances des fanatiques, à écrire son nom en toutes lettres. Je le fais très volontiers, car *Moh'ammed ben T'ayyéb* m'a été d'un tel secours, que, sans lui, il m'eût été impossible de publier la centième partie de ces documents ; sans lui, je n'aurais peut-être rien écrit sur le Maroc ; sans lui, les renseignements fournis par mes autres voyageurs musulmans eussent été si maigres, si incomplets, si dénués d'intérêt, qu'il eût mieux valu les jeter au feu que de leur faire voir le jour.

Ce Moh'ammed ben T'ayyéb est un type de voyageur comme il y en a peu. C'était bien l'homme qu'il me fallait et que je commençais à désespérer de trouver lorsque, par le plus grand des hasards, il me fut signalé dans les derniers jours de 1893. Un musulman algérien, qui m'avait dit tout ce qu'il savait du Maroc, où il avait séjourné cinq ans, et à qui j'avais donné mission de dénicher, par tous les moyens possibles, l'homme rare que je cherchais, me dit un soir : « Il vient d'arriver à Oran un *t'aleb* déguenillé, à l'allure de derviche un peu timbré, prétendant connaître à fond le Maroc. » Mon musulman algérien s'était acquitté de sa commission, sans se douter qu'il venait de mettre la main sur un explorateur extraordinaire, sur l'homme qui allait enfin nous permettre de lever le voile qui cache depuis des siècles l'impénétrable Empire. Il fallut user de diplomatie pour attirer chez moi l'ombrageux t'aleb. Enfin, persuadé que j'étais un lettré musulman fourvoyé au milieu des chrétiens, ce que je n'hésitai pas à lui faire dire d'ailleurs, il se décida, un soir, à venir me voir à la Chaire d'arabe, après mon cours. Les ténèbres de la nuit le protégeaient contre les regards de ses coréligionnaires fanatiques, dont il craignait la méchanceté. Vêtu d'une longue *djellaba* (blouse) de laine blanche à manches courtes, la tête encapuchonnée, la barbe d'un blond ardent, le visage un peu émacié par la marche et les privations, mais ressemblant d'une façon frappante à ces figures de Christ que la peinture a popularisées chez nous, les yeux bleus, presque toujours baissés, semblant rivés sur son nez et sa barbe, la démarche oblique et dandinante, toute sa personne maigre, d'apparence peu robuste, tel était l'homme avec lequel je fis connaissance un soir du mois de janvier 1894. Il avait l'air en effet d'un derviche un peu timbré, mais inoffensif. On verra, dans le cours de cet ouvrage, qu'il s'était donné lui-même cette apparence, dont il ne peut plus du reste se débarrasser, afin de provoquer la pitié chez ceux qui le voient et de passer inaperçu partout où il va ; excellente précaution, surtout au Maroc. Aux premiers mots d'arabe que je lui dis, il dressa l'oreille, leva les yeux sur moi, paraissant charmé de m'entendre parler, avec le plus grand respect, de la religion musulmane, du Prophète et des grands hommes de l'Islam. Il m'écoutait debout, marquant de temps en temps sa surprise en levant les bras au ciel et en murmurant : « O Dieu, sois béni d'avoir dirigé dans la voie droite (l'Islam) un homme comme celui-ci. » La glace était rompue. Mais là où l'étonnement du derviche ne connut plus de bornes, ce fut, quand je lui dis brusquement en zouaoua, car je savais par mon musulman algérien qu'il s'était vanté de savoir le berbère : « *Atasedh azekka, ai ameddakoul* (1) ? » — « Non, s'écria-t-il en arabe, tu n'es pas chrétien ! Tu es musulman, arabe ou berbère, mais tu n'es pas un *roumi*, j'en atteste Celui par lequel il n'y a de dieu que Dieu ! بالذي لا اله الّا الله. » Il ajouta dans le plus pur kabyle : « *Azekka ad aser'* (2). » — *Azekka ad aser'*, répétait-il en riant et en rabattant sur son front le capuchon, qui lui était à moitié retombé sur les épaules, au moment où, m'entendant passer de l'arabe au berbère, il avait, d'un mouvement brusque, relevé la tête.

Le lendemain, exact au rendez-vous, le derviche arriva. Alors commença une série d'interrogations et de réponses, une enquête longue et minutieuse dont ce livre est le résultat. Dans nos interminables séances, qui duraient habituellement huit heures par jour, j'ai appris peu à peu à connaître ce musulman errant qui a la monomanie des voyages. Vers l'âge de dix ans, il était parti, avec d'autres étudiants, et avait visité, à pied, bien entendu, les différentes *zaouiya* (séminaires mahométans) de la Tunisie et de la province de Constantine. De retour à Bougie, sa ville natale, il continua ses études coraniques, sans confier à personne ses futurs projets. Dès cette époque, il méditait un grand voyage au Maroc, avec la pensée de réaliser en même temps ces trois secrets désirs : voir du pays ; fuir le contact du chrétien abhorré ; suivre les cours des professeurs de Fas, dont la renommée, quelque

(1) Viendras-tu demain, ami ? — (2) Demain je viendrai.

peu exagérée, a survécu à la vieille hégémonie politique et littéraire du Magrib. Il partit un beau matin de l'année 1872, quittant Bougie et la maison paternelle, sans avertir personne, sans dire adieu à aucun de ses parents, dont il n'a plus eu depuis des nouvelles. Il pouvait avoir alors 16 ou 17 ans. A pied, sans un sou, ayant pour tout bagage sa planchette d'étudiant, recevant des musulmans charitables une nourriture grossière mais suffisante partout où il passait, il avançait à petites journées, le dos tourné à l'Est, le cap sur le Maroc. A Alger, il s'arrêta quelques jours, autant pour visiter la ville que pour se reposer. Mais là, les chrétiens et les juifs étaient encore en bien plus grand nombre qu'à Bougie. Il continua sa route, suivant le bord de la mer pour ne pas trop s'égarer. A Oran, il lui arriva une mésaventure qui le dégoûta plus que jamais de l'Algérie, où les juifs, d'après lui, étaient les maîtres. Un de ces sémites, flanqué de trois ou quatre de ses coréligionnaires, tous vêtus à l'européenne, accosta le t'aleb errant, qui s'amusait à étudier le quartier israélite.

— Je suis le Commissaire de police, dit l'impudent hébreu au derviche effaré. Montre tes papiers, ou sinon, la prison.» Bien que ceci fût dit dans l'indicible jargon judéo-franco-arabico-espagnol dont les israélites africains ont le secret, Moh'ammed, dépourvu de permis de voyage régulier, comprit fort bien de quoi il s'agissait, et se crut perdu, car il prenait pour un commissaire le drôle qu'il avait devant lui. La veille, dans une collecte faite auprès de ses coréligionnaires, il avait réuni une petite somme d'argent nécessaire à son embarquement pour Tanger et à l'achat de sa nourriture pendant la traversée. Il proposa d'arranger l'affaire en offrant deux douros. Cette proposition fut rejetée avec mépris. Finalement, il se tira des griffes du pseudo-commissaire en lui abandonnant tout son avoir, trois pièces de cent sous! Comme il lui demandait le passeport auquel il croyait avoir droit, il fut insulté de la manière la plus grossière, bousculé et giflé par ce juif indigne, qui profita de l'occasion pour verser sur la tête du Prophète des Arabes des tombereaux d'injures. Au Village-Nègre, où il arriva dans un piteux état, on lui apprit qu'il venait d'être mystifié par des juifs et que les chrétiens n'étaient pour rien dans l'affaire. Il était impossible de se venger; d'ailleurs, le navire en partance pour Tanger sifflait éperdument. Les rabatteurs musulmans, à la solde de la Compagnie à laquelle appartenait le bateau, criaient à tue-tête: *el-babour br'a içodd* (le bateau va partir!) chassant devant eux une nuée de Rifains, qu'ils avaient décidés à s'embarquer ce jour-là pour la côte marocaine. Moh'ammed se mit dans le troupeau des partants. Il était avec des berbères, des frères en somme, dont il comprenait presque le rude dialecte. Il sut apitoyer à son sort quelques âmes charitables parmi ces robustes montagnards, qui retournaient dans le Rif après une campagne laborieuse dans la province d'Oran, où ils avaient moissonné à bas prix les récoltes de nos colons. Il s'embarqua avec eux; et le navire, dont le pont, de l'avant à l'arrière, était littéralement couvert de Rifains hurlant à pleins poumons les chansons du pays, sortit du port d'Oran, cinglant vers l'Ouest. Arrivé en vue de l'embouchure de l'Oued-Kis, le capitaine prétendit qu'une avarie, survenue à la machine, l'obligeait à mettre en panne, pour plusieurs jours peut-être. La perspective de se trouver sans vivres et sans eau potable, le bateau n'en ayant pas pris beaucoup, fit frémir les marocains. Ils demandèrent eux-mêmes à être débarqués sur la côte algérienne, avec la promesse de se rembarquer dès que la machine serait réparée. Le capitaine, peu soucieux d'avoir une révolte à bord, accepta avec empressement cette proposition. Donna-t-il des ordres secrets aux marins chargés de manœuvrer les embarcations ? Toujours est-il que les quasi-naufragés furent déposés sur le sol marocain, comme ils ne tardèrent pas à s'en convaincre d'ailleurs en voyant s'avancer vers eux une multitude d'indigènes armés, qui leur intimèrent l'ordre de repasser la frontière. Tandis qu'ils opéraient cette retraite, la machine, réparée sans doute, permettait au navire de virer lentement de bord. Sa proue, se trouvant admirablement orientée vers l'Est, ne tarda pas à soulever des flots d'écume blanche, tandis que l'hélice, à l'arrière, faisait bouillonner la mer. Une immense huée, des cris de fureur, partis du rivage, saluèrent cette fuite. Outre le prix des places perdu, il fallait se résigner à gagner à pied le Rif, au milieu de tribus, sinon hostiles, du moins toujours disposées à rançonner les étrangers porteurs d'argent. A l'unanimité, on décida de gagner Oujda à marches forcées, en se tenant constamment sur la frontière française. La colonne, forte d'un millier d'hommes, ne fut pas inquiétée et arriva sans encombre à Oujda.

Alors commença pour Moh'ammed ben T'ayyéb cette vie d'étudiant vagabond, errant à travers l'immense étendue du Maroc qu'il parcourut dans tous les sens, pendant *vingt-deux ans*, couchant et mangeant dans les mosquées avec les autres étudiants, que la charité inépuisable des habitants nourrit, loge et habille, pendant des années et des années, sans même demander au nouveau venu qui il est, d'où il vient, où il va. Nul n'était mieux préparé que le derviche pour une exploration de ce genre. D'origine kabyle, le berbère est sa langue maternelle; et le berbère allait lui être d'un secours infini dans ce pays que le flot arabe est loin d'avoir complètement submergé. Grâce à sa parfaite connaissance du seul dialecte kabyle de Bougie, il sera reçu comme un frère dans le Rif, pays sauvage absolument inconnu, qu'il pourra explorer pas à pas, à son aise, et nous en donner la seule description qui existe. Grâce à l'arabe et au berbère, il s'enfoncera jusqu'au cœur des Braber, là où jamais étranger n'a mis le pied. Son aspect de derviche misérable sera son meilleur sauf-conduit ; il n'en a jamais eu d'autre. Il allait, poussé par une force invincible dont il ne se rendait pas compte lui-même, ne pouvant tenir longtemps en place, ne demandant qu'à voir du pays, de nouveaux hommes, de nouvelles mœurs, ne prenant aucune note manuscrite, mais gravant tout dans la plus prodigieuse mémoire *géographique* qu'il soit possible de rencontrer. Cette exploration, sans trêve ni repos, commencée en 1872, se termina en 1893. Un hasard, que nous qualifiâmes tous deux de providentiel, nous mit en présence. Malheureusement le derviche n'avait pas fait ses voyages en vue de les raconter, et encore moins de les écrire, car, malgré mes vives instances, je ne suis jamais parvenu à vaincre l'horreur qu'il a pour l'écriture ; il m'a été impossible de lui faire tracer une seule lettre de sa main. Une seule fois, je le vis griffonner à la hâte un chiffon de papier blanc. En guise d'encre et d'encrier, il se servait d'un oignon cru, dans lequel il enfonçait sa plume de roseau, pour tracer ensuite sur le papier des caractères invisibles. C'était une amulette contre le mal de tête ; il se l'appliqua sur sa longue chevelure, dont le désordre et l'odeur indiquaient que le peigne et les parfums n'étaient jamais passés par là. Ce mépris de la toilette, poussé chez le derviche à ses dernières limites, faillit lui coûter la vie dans le Rif, où l'on s'était aperçu qu'il faisait ses rares prières, sans se livrer au préalable aux soins de propreté prescrits par le Coran.

Il fallut donc me résigner à cette double et fatigante besogne, véritablement fatigante si l'on songe qu'il s'agissait d'un sujet si vaste, si nouveau : *interroger et écrire, interroger sans trêve et écrire toujours.* Ne connaissant pas un mot de français, n'ayant jamais lu un récit de voyage, ses connaissances littéraires se bornant au Coran, le derviche, qui ne se doutait nullement de la valeur et de l'importance qu'allaient acquérir tout à coup ses explorations, eut le bon sens de se laisser guider. Tel détail lui paraissant avoir peu de valeur, en avait beaucoup pour moi ; tel autre, qu'il croyait palpitant d'intérêt, aurait semblé puéril à nos Européens. Mais cet homme avait la géographie du Maroc dans la tête ; c'est là que j'ai dû aller la chercher ; c'est là que j'ai fouillé afin de faire jaillir de cette mémoire extraordinaire les centaines de noms de localités, de tribus, de rivières, de montagnes, dont nous venons de doter la Science ; c'est là qu'étaient restés gravés les mœurs, usages, coutumes, traditions, races, langues, population, forces militaires, richesses forestières, agricoles, métallifères, etc., dont j'offre plus loin un tableau aussi exact et aussi varié que ma faible plume m'a permis de le faire.

Certes, il m'eût été impossible de voir le Maroc, dans tous ses détails, aussi bien que notre voyageur. J'avoue sans détour que ma nature n'aurait pu supporter ce rôle de Saint-Labre, que le derviche joua, sans un moment de répugnance, pendant ving-deux ans. Son triple caractère de mendiant, de t'aleb et derviche lui a permis de voir, de très près, toutes les classes de la Société Marocaine. Coucher à la belle étoile, dans un palais, ou dans un taudis grouillant de vermine, lui était souverainement indifférent. Le contact de toutes les misères, de toutes les maladies, de toutes les horreurs physiques et morales, le laissait froid, ne lui inspirait aucun dégoût. La nourriture, bonne ou mauvaise, copieuse ou insuffisante, les privations, les longs jeûnes, rien n'avait prise sur cet être créé uniquement pour voyager en pays musulman. Comme t'aleb, il pouvait se mêler à toutes les sociétés, sans provoquer les soupçons ; il quittait les mendiants pour entrer dans un palais ; il sortait d'un palais pour se replonger dans la Cour des Miracles. Comme étranger et voyageur, il pouvait approcher les grands, toujours désireux d'entendre des relations de voyages, d'avoir des notions, un peu précises, sur un pays si difficile à connaître. Comme derviche, il se faufilait partout, dans les mosquées, dans les intérieurs musulmans, et jusque dans les *ghettos*, car le fils de T'ayyéb est bien élevé au-dessus des préjugés et du fanatisme étroit de ses coréligionnaires.

Poussé par une curiosité naturelle, que n'ont plus les Arabes de nos jours, mais que les Berbères possèdent encore à un haut degré, il étudiait les hommes et les choses, non dans un but de mesquine gloriole littéraire ou scientifique, mais simplement pour satisfaire sa passion des voyages, car il ne se doutait guère qu'un jour viendrait où il raconterait tout cela à un chrétien qui saurait le faire parler.

Nous touchons ici à un point délicat. Le derviche m'a-t-il trompé ? Voici ma réponse : J'ai contrôlé, chaque fois que cela m'a été possible, les dires de cet homme. Des *centaines de marocains* ont confirmé ceux de ses renseignements, sur lesquels ils pouvaient se prononcer en connaissance de cause, et m'en ont donné d'autres, que j'ai insérés au milieu de l'incomparable moisson rapportée du Maroc par notre voyageur. Je n'ai pas surpris une seule fois cet homme en flagrant délit de mensonge. Je me suis amusé souvent à lui poser à l'improviste des questions sur des hameaux perdus des Braber, du Rif, des Djebala, etc. Il me répondait immédiatement, en me citant la tribu, la fraction de tribu, l'endroit précis où ils étaient et où ils figuraient sur les cartes, que j'étais parvenu à dresser avec la plus grande peine. Le derviche, très myope, et, se refusant d'ailleurs systématiquement à tracer une ligne ou un mot, n'ayant jamais vu une carte de sa vie, ne m'aidait guère. Il me fallut, pour chacune d'elles, le cribler de questions sur les points cardinaux, le cours des rivières, les montagnes, les distances, les villes, hameaux ; recommencer en un mot, pour chaque tribu, l'écrasante besogne de la relation.

Accablé par mon double service de la Chaire et du Lycée et par ce rude travail, je crus un instant que mes forces allaient me trahir et que je n'arriverais jamais au bout de ma tâche. J'eus raison de ce moment de défaillance en travaillant avec plus d'acharnement encore, car je m'apercevais que le derviche lui-même commençait à faiblir. Cette immobilité d'un an, malgré les avantages pécuniaires qu'il y trouvait, avait trop comprimé ses instincts de nomade habitué aux grands espaces ; de plus, il y avait de telles lacunes dans sa connaissance des parties méridionales du Maroc, qu'un supplément d'enquête et un nouveau voyage s'imposaient. Enfin, le 30 Janvier 1895, je posai la plume. Cet homme m'avait dit tout ce qu'il savait, n'avait plus rien à ajouter. Je lui procurai un passeport et je le fis repartir à mes frais au Maroc, avec des instructions spéciales, qu'il accomplira, j'en suis sûr, de tout point, s'il parvient jamais à sortir de la fournaise marocaine. Depuis cette époque, je n'ai eu de ses nouvelles qu'une seule fois. Le reverrai-je ? Je le crois, car j'espère que Celui qui l'a protégé, durant 22 ans, ne l'abandonnera pas dans ce suprême voyage.

Pendant que le derviche, rendu à sa vie errante, accumule kilomètres sur kilomètres, s'énivre de grand air et se retrouve de nouveau dans le pays de toutes les libertés, je reste enfermé dans ma cellule de bénédictin, aux prises avec les nombreux documents que je possède, cherchant à mettre au jour le premier volume d'une série qui s'arrêtera Dieu sait quand. J'avance lentement dans l'inaccessible Empire, et plus j'avance, plus je comprends la vérité de ces paroles du grand Livingstone : « Je crois que j'aimerais mieux traverser « de nouveau le continent africain, que de publier un second volume ; *il est* « *bien plus facile de faire un voyage que d'en écrire les détails.* »

Toutes mes notes sont en arabe, quelques-unes en berbère. Il faut les coordonner, les revérifier, couper les longueurs, les redites, rectifier les erreurs, et, enfin, *écrire en français*, c'est-à-dire recommencer dans notre langue ce que j'ai ébauché déjà dans deux autres idiomes, malheureusement inconnus par la presque totalité des Européens.

La publication de mon manuscrit arabe, si mes moyens m'avaient permis de l'entreprendre, aurait rendu de grands et réels services à ceux qui se destinent aux explorations en pays musulman, principalement au Maroc. L'Arabe, parlé de nos jours dans cette contrée, a été l'objet de ma constante étude, et je crois avoir consigné, dans cette partie inédite de mon travail, presque toutes les expressions usuelles marocaines, dont la connaissance est indispensable à quiconque veut voyager là-bas sans se faire connaître. Je ne renonce pas cependant à l'espoir de publier, plus tard, certains fragments au moins de ce pauvre manuscrit, et de sauver ainsi des flammes qui l'attendent la partie qui me paraîtra la plus utile à nos soldats, à nos commerçants et à nos voyageurs.

Au moment où je corrigeais les épreuves typographiques des pages précédentes, trois lettres du derviche m'arrivaient coup sur coup. Elles sont en arabe. La première me fut transmise par un musulman oranais, qui la tenait d'un rifain ; la seconde porte le timbre de Tanger ; la troisième a été mise à la poste à Larache (*El-Araïche*). Chacune est d'une main différente, preuve évidente que notre voyageur continue à ne jamais toucher une plume ; mais il les a dictées. Je le vois aux réticences, aux sous-entendus que lui et moi seulement pouvons saisir. Les étudiants marocains qui les ont écrites ont dû prendre pour un aliéné cet homme qui leur dictait un pathos absolument inintelligible.

Je reconnais encore Moh'ammed ben T'ayyéb à la rapidité de sa marche. En Mars dernier, il m'écrivait du Gourara (en berbère), me signalant déjà une reconnaissance poussée en plein Çah'ra par des officiers français; et maintenant le voici à El-Araïche, sur le point de descendre sans doute dans le Sous, qu'il compte traverser de l'Ouest à l'Est! La première des trois dernières lettres, datée de Galiya (Rif), m'a été remise assez tard, le rifain qui l'a apportée ayant différé, pendant quelques jours, son départ pour Oran.

A toi, voyageur intrépide que tout le monde prend pour un fou, bravo!

A toi, qui travailles pour la France, en t'en doutant un peu, bravo! trois fois bravo!

Poursuis ta course dans le Mystérieux Empire, sublime déguenillé.

La Grande Nation pensera sûrement à toi, je m'en porte garant, quand l'âge et les infirmités auront réduit au repos tes muscles d'acier, usés à son service! au service d'une belle et noble cause!

A. M.

LE MAROC INCONNU

INTRODUCTION

CONSIDÉRATIONS GÉNÉRALES SUR LE MAROC

Provinces du Maroc ;
Le véritable nom du Maroc ;
Races ;
Les Berbères ;
Les Arabes ;
Nègres et Juifs ;
Richesse et Population du Maroc ;
Rôle dévolu à la France dans le Nord-Ouest de l'Afrique.

INTRODUCTION

CONSIDÉRATIONS GÉNÉRALES SUR LE MAROC

La description du Maroc, que je commence aujourd'hui par la publication de ce premier volume, a été faite d'après des observations directes, sans le secours des livres. N'ayant mis aucun auteur à contribution, je n'ai à citer personne. Tous les renseignements que je donne sont inédits, absolument nouveaux. Je les dois, comme je l'ai déjà dit, à des Voyageurs Musulmans, qui, me prenant pour un de leurs coréligionnaires, ne m'ont rien caché. Que ce travail profite à la France; s'il lui est utile, ce sera ma plus belle récompense.

Le Maroc étant, pour les raisons que j'ai données dans la préface, à peu près inconnu, fallait-il rester indéfiniment dans cette ignorance, peu flatteuse pour le grand siècle des découvertes ? Je ne le pense pas. Aussi, malgré la grandeur de la tâche, malgré les lacunes et les défauts que ce livre présentera certainement, je n'hésite pas à m'attaquer à cette contrée inexplorée. Le derviche nous tend la main; donnons-lui la nôtre sans trembler, et entrons avec lui dans le redoutable Empire. Avec un pareil guide, escortés de nos autres amis les voyageurs marocains, il nous sera difficile de nous perdre; nul n'osera nous dire que nous ne sommes pas chez nous. En y pénétrant, faisons cependant cette prière; elle se rapproche de celle que les Musulmans adressent à Dieu, quand ils s'engagent dans une aventure périlleuse: « O Dieu, préserve-nous de la dent, toujours mauvaise, des *hypercritiques et des jaloux* ».

Provinces du Maroc

Quel est ce pays nouveau ? Ses rivages ont été assez bien relevés, il est vrai, mais l'intérieur est resté dans une obscurité presque complète depuis que le monde existe. Et pourtant il y a là une population ardente; elle a prouvé sa vitalité en envahissant l'Espagne et en la gardant plusieurs siècles. Elle a eu des jours de gloire, puisqu'elle a pu rivaliser de puissance et d'éclat, à une certaine époque, avec le grand Empire des Califes d'Orient. Quel est donc ce pays qu'on ne pourra connaître à fond que dans deux cas : 1° Si une Puissance Chrétienne en fait la conquête ; 2° Si les futurs explorateurs se décident enfin à apprendre convenablement l'arabe (1) ? — Ce pays, vous diront les Marocains qui voudront bien répondre à vos questions indiscrètes, se divise en dix provinces.

Trois de ces provinces forment le Maroc septentrional :

1° Le *Rif*, sur les bords de la Méditerranée, s'étend depuis la province d'Oran jusqu'à la tribu maritime de *R'mara*, non loin de *Tit't'aouin* (Tétouan (2)), (prononcez *Tit't'aouine*) ;

2° Les *Djebala*, au sud du Rif, occupent tout le littoral méditerranéen, à partir de la frontière occidentale de cette province, ainsi qu'une assez longue bande du rivage Nord de l'Atlantique ;

3° *Daïrat-Fas* (province de Fas), au sud des Djebala, s'étend à l'ouest d'Oujda et va jusqu'à l'Atlantique.

Le Maroc central comprend trois provinces :

1° *H'ouz-Merrakèch* (province de *Merrakèche* (Maroc), bornée à l'est par les Braber ; à l'ouest par l'Atlantique ;

2° Les *Braber*, province importante, occupant le cœur du Maroc ;

3° La *Dhahra*, formant la frontière Est du Maroc, court le long de notre limite oranaise depuis Oujda jusqu'à *Figig* (prononcez Fighig ; le *g* devra, devant *i*, *e*, *y*, conserver toujours le son guttural qu'il a devant les voyelles *a*, *o*). V. p. 41.

Quatre provinces bornent le Maroc au midi :

1° *Sous* ; 2° *Dra* ; 3° *Sagiat-el-H'amra* (3) ; 4° *Eççah'ra* (Sahara).

Cette division du Maroc, aussi commune chez les Marocains lettrés quelle est inconnue en Europe, jette un jour nouveau sur cet Empire, qui, d'après nos cartes, semble voué à un chaos et à une confusion qu'aucun pays n'offre au même degré.

---

(1) Je suis persuadé que la première hypothèse se réalisera avant la seconde.

(2) Nos auteurs européens, défigurant continuellement les mots arabes et berbères, je maintiens rigoureusement dans tout l'ouvrage la transcription réelle et scientifique des noms propres Marocains, quitte à mettre entre parenthèses le nom estropié connu en Europe. *Toutes les lettres des mots arabes et berbères doivent se prononcer.*

(3) Prononcez *toujours* le *g* guttural. Ex : *guide*, *guépard*, *Saghia* (Voir page 41).

Le véritable nom du Maroc

Tous les Auteurs Européens affirment gravement que les Marocains ne donnent aucun nom à leur pays ! C'est encore une erreur à mettre au compte de leur ignorance de la langue arabe. La vérité, la voici :

Les Marocains désignent leur pays, *dans son ensemble*, par le terme commun de *El-R'arb* الغرب (l'occident) ; ils se donnent à eux-mêmes le nom de *Mr'arba* مغاربة (occidentaux), dont le singulier est *Mr'arbi* مغربي (occidental). Les dénominations de *Maroc* et de *Marocains* leur sont totalement inconnues. *Maroc* est un mot, atrocement défiguré, dans lequel on a peine à reconnaître la prononciation arabe de *Merrakèche*, ville principale de la province de ce nom.

En arabe littéral, on appelle le Maroc, *El-Mar'rib-el-Ak'ça* المغرب الاقصى (l'occident extrême). Les indigènes lettrés *seuls* se servent quelquefois, en parlant, de cette expression ; mais ils prononcent toujours *El-Mar'rib* ou *El-Mag'rib* (1), (avec un *i*), pour ne pas confondre ce terme avec son homogramme المغرب *El-Mar'reb* ou *El-Mag'reb* (moment du coucher du soleil). Plusieurs orientalistes européens n'ont pas fait cette distinction parce qu'ils ignoraient la véritable prononciation de ces deux mots.

Quoi qu'il en soit, *El-Mar'rib* ou *El-Mag'rib*, n'étant employé qu'en arabe littéral, ou par de rares pédants, il n'y a pas lieu de l'adopter au détriment du terme commun, *El-R'arb*, par lequel, Marocains et Algériens, lettrés et ignorants, Arabes et Berbères, désignent le Maroc. La dénomination de *El-R'arb*, justifiée par l'emploi que les différentes populations de l'Afrique du Nord et les Marocains en font eux-mêmes, devrait être substituée, dans nos géographies et sur nos cartes, à l'expression barbare et baroque de *Maroc*. Sans tenir compte du pluriel arabe, *Mr'arbi*, ou mieux, *R'arbi*, pour moins de complication, *devrait-être l'ethnique de la population entière d'El-R'arb*. Je ne me fais aucune illusion sur l'échec certain réservé à ces justes rectifications. Qui donc peut lutter contre la sainte, la toute-puissante routine ?

Races

Le vaste territoire qui s'étend du Çah'ra à la Méditerranée, de l'Atlantique à la frontière oranaise, fut, dès la plus haute

(1) J'écris *Mag'rib*, contrairement à mon système de transcription, pour faciliter aux Européens la prononciation du *r'ain* (*r* grasseyé).

antiquité, le berceau de peuples dont l'Histoire cherche vainement à percer l'origine. Formé de plateaux montagneux et d'immenses plaines, possédant les plus hautes croupes de l'Atlas, baigné par deux grandes mers, arrosé par les plus puissants cours d'eau de l'Afrique Septentrionale, le Nil excepté, le Maroc, puisqu'il faut l'appeler par ce nom, produisit, ou attira à lui de bonne heure, des races vigoureuses et éminemment guerrières.

Les Berbères

Deux peuples principaux se trouvent actuellement en présence au Maroc : les *Berbères* et les *Arabes* ; les premiers, probablement autochthones ; les seconds, étrangers, venus en conquérants.

L'origine des Berbères est inconnue et le sera peut-être toujours.

Ils occupent, depuis un temps immémorial, toute cette partie de l'Afrique Septentrionale, qui s'étend des déserts de la Tripolitaine à l'Océan Atlantique, de la Méditerranée au Soudan.

Les Berbères marocains que j'ai vus (Rif, Sous, Merrakèch, Dra) sont en général un peu plus petits que les Arabes. Ils ont à peu près la taille des Français. Leur type physique les rapproche des races du Midi de l'Europe, avec une apparence de vigueur encore plus accentuée que chez nos paysans. Leurs caractères moraux ne les distinguent pas nettement des Arabes, dont ils ont adopté le fanatisme avec la religion. Le Berbère ne ment peut-être pas aussi facilement que l'Arabe, mais il ment très souvent cependant. Du Coran, il n'observe, il est vrai, que le jeûne du Ramadhan ; cela ne l'empêche pas d'être fanatique et intolérant comme ses coréligionnaires du monde entier.

Race indomptable, les Berbères ont été, depuis le commencement de leur histoire, le cauchemar des conquérants qui ont voulu les soumettre. Carthaginois, Romains, Vandales, Byzantins, Arabes, Espagnols et Turks n'ont jamais eu un moment de répit avec ces ennemis toujours menaçants. La puissance formidable de la France les tient actuellement en respect en Algérie ; mais qu'elle vienne à faiblir, et elle verra se lever l'étendard de la révolte, toujours prêt à sortir de sa gaîne, chez eux comme chez les Arabes. Suprême fermeté, suprême justice, telle doit être la devise des Nations européennes qui ont sous leur sceptre ces ennemis irréconciliables des Chrétiens. Songer à les assimiler est une utopie généreuse qui leur fait hausser les épaules. Le Musulman, par sa religion, son histoire, sa civilisation très réelle, se croit appelé à l'apostolat des peuples. Il a sur nous les mêmes projets que nous avons sur lui. Il veut nous convertir, nous musulmaniser, nous assimiler à lui, par la persuasion ou par la force. Il a appris avec étonnement, mais sans trouble, que nous avions sur lui des projets analogues. Il accepte la lutte, il s'entête à croire que le bloc islamique ne sera point entamé, que la victoire décisive lui appartiendra. Depuis qu'il connaît nos desseins, il est plus réfractaire que jamais à notre action civilisatrice.

Le *Berbère Algérien*, en particulier, sur lequel on s'est plu à fonder des espérances, *s'arabise* de plus en plus. Il fait cause commune avec ses anciens oppresseurs, qui furent aussi ses précepteurs. Musulman il est, musulman il restera ; c'est tout dire. L'infiltration arabe a eu sur lui une telle action dissolvante, qu'il a perdu, partout où il s'est arabisé, non seulement l'amour, mais l'idée même de la Patrie ; idée sacrée qui a fait sa force et a été son palladium pendant ses vingt-quatre siècles de luttes acharnées contre les peuples envahisseurs. Toutefois, l'amour de la terre natale a été remplacé chez lui par le fanatisme, obstacle que nous ne pourrons ni tourner ni franchir.

Les Berbères marocains, au milieu desquels les Arabes sont noyés, sont restés jusqu'ici franchement berbères, c'est-à-dire très attachés au sol, à la région qui les a vus naître. Leur patriotisme, il est vrai, n'embrasse pas tout le Maroc ; il est essentiellement provincial; il ne va pas au-delà des frontières que la nature ou la victoire a assignées à chacune de leurs divisions territoriales. L'homme de génie qui saurait réunir en un seul faisceau toutes ces forces berbères, qui s'ignorent et se neutralisent les unes les autres, créerait, aux portes de l'Europe, un empire puissant, dont l'épée pèserait lourdement dans la balance des Nations.

Les destinées politiques des Berbères marocains, leurs tendances intellectuelles et leurs évolutions sociales sont à peine connues par de maigres renseignements, épars dans des chroniques d'une sècheresse désespérante, chroniques rédigées par leurs ennemis, avec une mauvaise foi et une ignorance manifestes. Ce qu'ils furent jadis, je n'ai pas à le rechercher. De nos jours, ils forment une race à part, intelligente, industrieuse, et d'un génie bien plus pratique que celui des Arabes. On attribue volontiers aux étrangers, venus en conquérants, ce qui s'est fait de grand et de beau dans toute la *Berbèrie*, sans songer que, dès le début de l'occupation carthaginoise, les pays de race berbère étaient couverts de villes populeuses, prodigieusement riches, dans lesquelles l'élément étranger entrait pour peu de chose. Sans doute les Tyriens apprirent aux Berbères orientaux, qui les communiquèrent à leurs frères de l'Ouest, quelques-unes de leurs industries de luxe : la fabrication du verre, l'art de tisser des étoffes précieuses, l'écriture alphabétique (1) ; mais les Berbères possédaient, bien avant cette première invasion, une certaine civilisation qui les rendait peu inférieurs aux négociants phéniciens. Les villes détruites, dont on m'a signalé les importantes ruines au cœur même de la province des *Braber*, sont peut-être antérieures aux époques Carthaginoise et Romaine. Les habitants du pays les appellent *Ruines de Nemrod*, terme significatif donnant à entendre qu'elles sont contemporaines des plus vieux monuments du globe.

Les Arabes

Les Berbères forment environ les deux tiers de la population totale du Maroc. L'autre tiers est composé en grande partie par les Arabes ; après ceux-ci, viennent les Nègres et les Juifs

Une rapide esquisse des causes de la grandeur et de la décadence des Arabes nous fera peut-être entrevoir le caractère, si difficilement analysable, de ce peuple étrange et peu connu.

La religion du Christ s'était frayée sa voie avec lenteur ; c'était, avant tout, un Être moral à qui il avait été recommandé de ne pas tirer l'épée. L'Islamisme, au contraire, faisant miroiter aux yeux des disciples de Mahomet les trésors de la terre et les félicités célestes, précipita les Arabes à la conquête du monde, comme un torrent impétueux. L'invasion de cette race, venue si tard dans l'histoire, fut foudroyante. En moins d'un siècle, l'immense surface territoriale, qui s'étend du Gange aux Pyrénées, obéissait au sceptre des Califes. La côte Nord de l'Afrique fut une des premières conquêtes de ce peuple audacieux, dont le génie fut tout l'opposé du génie romain.

(1) L'inscription bilingue de Thugga était en punique et en berbère.

Tandis que celui-ci rapporte tout à l'État et veut la centralisation à outrance, l'Arabe, lui, passé brusquement de l'humble vie pastorale au faîte de la puissance politique, conserve, à cette apogée, les habitudes indépendantes de sa vie errante de berger nomade et pillard. Roi il était dans ses déserts, roi il veut être, lorsque, campé au milieu de ses ennemis vaincus, tout lui fait un devoir d'obéir à ses chefs, de rester uni avec ses compagnons d'armes. La conquête finie, il redevient ce qu'il était avant la guerre sainte, c'est-à-dire l'ennemi de toute autorité, de tout ce qui peut gêner ses instincts d'homme des grands espaces. Opposition singulière! Tandis que son naturel demi-sauvage le porte à aimer la liberté, sans frein ni limite, son orgueil le contraint d'accepter une oligarchie qu'il combat dès qu'il n'en fait plus partie, formant et détruisant tour à tour ces coteries turbulentes, qui, sous le nom de *çoff*, ont démoli peu à peu le vaste empire arabe, et rendent si difficile en Algérie, encore aujourd'hui, l'administration de ces hommes indisciplinables, nés uniquement pour la guerre et les intrigues.

Les Romains, en étendant leur puissance sur le monde antique, incorporaient à leur immense empire, en les faisant romaines, les nations qu'ils domptaient. Les Arabes, dont l'unique souci était de répandre leur religion, tout en se chargeant de butin, n'ont pas songé un seul instant à se fondre eux-mêmes en un corps de nation. Il y a une Arabie, il y a des tribus arabes, ennemies les unes des autres, mais la *Nation Arabe* n'a jamais été constituée et ne le sera probablement jamais. Les Arabes ont le sentiment profond de leur religion; ils n'ont pas conscience de leur nationalité. Comment donc auraient-ils pu penser, au milieu de leurs triomphes, à réunir, en un seul faisceau, tous ces éléments épars et hétérogènes qui peuplaient leurs immenses possessions ? Dans l'état de fractionnement général où chaque race, chaque nation, chaque tribu, se trouvaient parquées et comme isolées au milieu du chaos mahométan, les peuples soumis, certains même qui se firent musulmans, gardèrent le culte fortifiant de la Patrie; et, chacun, selon les circonstances générales ou locales, jeta à la porte, ou subjugua à son tour, ces maîtres inconscients et dédaigneux qui n'avaient pas su les manier, les assouplir, les attacher indissolublement au plus grand empire qui fut jamais. L'Arabe ne fut ni conquérant ni colonisateur, au sens admis de ces mots; l'Arabe fut et est encore un *prêtre*, un *missionnaire* ardent; il ne s'assimile pas les peuples, il les convertit, ils les *musulmanise*; grande et sublime mission qui suffit seule à sa gloire! La préoccupation dominante de ces envahisseurs, ou, pour mieux dire, leur unique préoccupation, fut en effet de convertir à l'Islam tous les peuples de la terre. Ces apôtres farouches, brandissant un cimeterre d'une main, et de l'autre un Coran, gagnaient des âmes à Allah, sans se soucier d'ajouter une province de plus à une patrie terrestre qui n'existait pas pour eux. Les paroles du célèbre Ok'ba ben Nafiâ traduisent clairement cette obsession constante de tous les guerriers mahométans.

On raconte que ce général, étant parvenu sur les bords de l'Atlantique, suivi de la vaillante petite armée avec laquelle il venait de traverser comme un éclair toute l'Afrique du Nord, poussa son cheval à travers les vagues de la mer en s'écriant: « Dieu de Moh'ammed, où n'irais-je pas proclamer la gloire de ton nom, si ces flots n'étaient pour moi une barrière infranchissable? » Toute l'armée, restée derrière son chef, s'inclina devant la volonté divine en faisant entendre un formidable *Allahou Akbar* (Dieu est le plus grand!) On campa ce jour-là sur le rivage, et, le lendemain, Ok'ba, avec sa poignée de prêtres armés, s'enfonça dans les régions méridionales du Maroc, non pour conquérir, *mais pour convertir*.

L'Arabe, ce *Sans-Patrie terrestre*, n'ayant aucun attachement pour le sol qu'il parcourt en nomade ou en conquérant, n'aime et ne convoite que la Patrie Céleste. Sa belle religion a résolu, dès son apparition, la question sociale qui trouble si gravement les Etats Chrétiens; elle a fait des Musulmans du monde entier une vaste et indissoluble Confrérie religieuse, dans laquelle les mots flamboyants de *Liberté, Égalité, Fraternité*, ont reçu la plus réelle, la plus éclatante application.

L'hégémonie religieuse et intellectuelle des Arabes, car l'hégémonie strictement politique n'exista point pour ces missionnaires belliqueux qui ignoraient le beau nom de Patrie, s'était développée d'une manière conforme au génie de ces Nomades, épris du rêve, fous de liberté, avides de *guerre sainte* et de pillage; elle avait acquis sa pleine maturité dans le courant du siècle de Haroun-er-Rachid et rayonnait alors, avec une intensité sans pareille, sur le reste du monde. Cette époque marque l'apogée et le commencement de la décadence de la Race qui nous occupe; l'heure de mort de cette suprématie se laisse déterminer avec une précision rigoureuse: ce fut l'instant où le morcellement de l'autorité des Califes d'Orient, provoqué par le manque de patriotisme des Arabes, replongea cette race au chaos et livra de nouveau aux ténèbres de l'ignorance cette Famille d'hommes, si brave, si intéressante, et l'une des mieux douées, assurément, parmi celles qui ont brillé d'un vif éclat dans le cours des siècles écoulés.

Nègres et Juifs

Je ne dirai qu'un mot des Nègres et des Juifs Marocains, minorité infime et méprisée, avec laquelle nous ferons ample connaissance dans les pages de cet ouvrage.

Un seul auteur Européen, notre compatriote le Vicomte de Foucauld, a étudié de près le Juif du Maroc et l'a fort bien observé. Le Juif Marocain, à part quelques rares exceptions, est tombé au dernier degré de l'abjection, où il a été plongé par la bassesse de sa nature et par la dureté des maîtres du sol.

Le Nègre a échappé, en devenant musulman, à cette dégénérescence morale et physique, fruit de l'intolérance et de l'oppression. Il ne diffère en rien de son seigneur, avec lequel il rivalise souvent de bravoure, de fanatisme et de générosité. Impitoyables pour leurs esclaves infidèles, les Musulmans sont d'une douceur extraordinaire envers leurs coréligionnaires que le sort des armes ou leurs deniers font tomber entre leurs mains ; grand exemple de bonté qu'ils ont donné vainement aux Puissances Chrétiennes pendant de longs siècles !

Richesse et Population du Maroc

Le Maroc, notre voisin, est un magnifique pays. Il n'y a nulle part, dans l'immense Afrique, de territoire plus beau, plus varié, plus riche ; la salubrité et la douceur de son climat sont proverbiales chez les Arabes. Sa fertilité est incomparable : quelques poignées de blé, jetées sur un terrain à peine égratigné par la charrue indigène, donnent une récolte superbe. La contrée, située dans la zône tempérée, baignée par deux grandes mers, abondamment arrosée par les pluies qui lui viennent de l'Atlantique et de la Méditerranée, devrait être le grenier d'abondance de toute l'Afrique Septentrionale, car nulle part le sol n'est aussi riche, aussi fécond. Tandis que ses voisins de l'Est souffrent quelquefois de la sécheresse, le Maroc, lui, n'aurait à se plaindre que du trop grand nombre des déluges bienfaisants, qui l'inondent régulièrement tous les hivers, et font pousser les hautes herbes de ses prairies, dans lesquelles paissent les grands troupeaux des nomades. Toutefois, le mépris de ces rois du désert pour les travaux agricoles, la rapacité du fisc, l'interdiction absolue d'exporter les céréales, sont autant de coups mortels portés à l'agriculture marocaine. Aussi la population fermière de ce pays reste-t-elle stationnaire; et il s'ensuit que la quantité de produits agricoles, apportée sur les marchés, suffit tout juste aux besoins des habitants.

Dans toutes les provinces, dans les plaines comme sur les plateaux, on s'occupe spécialement de l'élevage des moutons, chèvres, bœufs, chevaux et mulets ; les chameaux et les moutons sont la précieuse ressource des Nomades. L'exportation des animaux n'existant guère que sur notre frontière, n'enlevant du reste au pays qu'une partie infinitésimale de ses richesses pastorales, les bœufs et les moutons, entre autres, sont à vil prix dans tout l'empire, sauf dans les villes où il y a des Européens. Un beau mouton vaut trois francs sur le marché ; un gros bœuf dépasse rarement quarante francs.

Les nombreuses et superbes montagnes marocaines, dont plusieurs sont assez élevées pour avoir des neiges éternelles, sont couvertes de grandes forêts, de hautes futaies, de fourrés dangereux, où se cachent les grands fauves.

Parmi les surprises agréables qui attendent les futurs maîtres du Maroc, il faut citer, en première ligne, les richesses minérales de ce pays dans lequel on trouve en abondance l'or, l'argent, le cuivre, le fer, le plomb, etc. J'ai relevé soigneusement, dans ma relation et sur mes cartes, les points précis où se trouvent les gîtes métallifères, encore inexploités, de cette riche contrée.

Une autre surprise, plus grande encore pour tous et surtout pour la Puissance qui sera appelée à diriger les destinées du Maroc, c'est le chiffre de la population totale de cet Empire. J'espère démontrer, en effet, que toutes les appréciations faites jusqu'ici à cet égard, appréciations basées uniquement sur l'imagination de leurs auteurs, même celles qui paraissent les plus exagérées, sont encore bien au-dessous de la réalité. Le Maroc est infiniment plus peuplé que l'Algérie, avec laquelle on s'obstine toujours à le comparer. On ne sait pas, ou l'on ne veut pas se rappeler que les Berbères occupent presque toutes les parties du pays, montagnes et plaines ; leurs tribus, arabisées ou non, s'étendent fort loin jusque dans le Sud.

Si l'on veut, à tout prix, établir un parallèle entre la population marocaine et celle d'une contrée à peu près analogue au Maroc au point de vue du sol et des hommes, c'est notre Kabylie qui doit servir de terme de comparaison. En effet, ici et là-bas, même race, même sol, même mœurs, même langue, sauf des particularités dialectales peu compliquées. Le Maroc a même sur notre Kabylie cet avantage, qu'ayant été de tout temps l'asile héréditaire de l'Islam envahi, il doit avoir plus d'habitants qu'elle par kilomètre carré. L'expulsion des Maures d'Espagne, la conquête de l'Algérie par nos troupes ont fait bénéficier notre voisin de plusieurs millions d'émigrants. Ajoutons que la guerre étrangère n'est jamais venue porter ses ravages dans ce camp retranché des Mahométans Africains.

Si l'on prend pour terme de comparaison la population moyenne de notre Kabylie, qui est de 90 habitants par kilomè-mètre carré, on constate que le Maroc, avec ses 812,000 kilomètres carrés, pourrait avoir 73 millions d'habitants, presque autant que la Russie ! Toutefois, le Çah'ra occupant plus du quart de ce vaste territoire, il faut, pour ne pas tomber dans l'exagération et rétablir l'équilibre entre les parties populeuses et celles qui le sont moins, admettre une moyenne d'habitants de deux tiers moins forte pour tout l'Empire, c'est-à-dire *30 habitants environ par kilomètre carré.* Ce chiffre modeste, et très probablement inférieur à la réalité, ne nous donnera pas moins cependant de *vingt-quatre à vingt-cinq millions* d'habitants pour ce beau pays, si peu connu, et auquel toutes nos géographies s'acharnent à n'accorder que 5 à 6 millions d'âmes ! Il faut bien d'ailleurs que le Maroc soit extrêmement peuplé, puisque telle grande tribu des Braber, par exemple, peut à elle seule tenir tête à toutes les forces réunies du Sultan et mettre en ligne de bataille jusqu'à *cent mille guerriers.* Nos combats du Dahomey et du Tonkin nous paraissent de légères escarmouches si on les compare au carnage épouvantable qui se fait quand deux tribus Marocaines seulement en viennent aux mains. Vers le milieu de Mai de cette année-ci, deux tribus, non des plus considérables, les *Mehaya* et les *Beni-Znasen* (1), se sont précipitées l'une contre l'autre, tout près de la frontière Algérienne, et ont laissé *six cents hommes et trois cents chevaux morts* sur le champ de bataille. Cette boucherie fut exécutée en moins de trois heures, sans canon, avec de mauvais fusils et des sabres, à l'arme blanche, pour ainsi dire — « Le Maroc est une fourmilière

(1) Prononcez *Znacène.*

d'hommes, m'ont dit les Marocains, en me parlant de ce combat. Six cents hommes de perdus pour lui, *c'est comme six cents gouttes d'eau de moins dans la mer !* ».

Traqués jusqu'au cœur de l'Afrique par les troupes victorieuses de l'Europe, les Musulmans Africains n'auront plus bientôt que deux suprêmes refuges : La Tripolitaine et le Maroc. Malgré son immensité, le Çah'ra ne leur offre qu'un séjour à peine supportable, un manque absolu de bien-être et de sécurité. La Tripolitaine, pays aride, soumis au joug détesté des Turks, ne les attire nullement. Le Maroc, voilà la terre hospitalière idéale, le paradis rêvé du Musulman, le camp retranché de l'Islam, le sol béni, où règnent de nos jours les nobles descendants de Fat'ma la Brillante, fille chérie du Prophète ! Si cette contrée privilégiée échappe pendant cent ans encore à l'avidité des Nations conquérantes, elle aura, à la fin du XXe siècle, une quarantaine de millions d'habitants. Sans attendre une date aussi lointaine, cet Empire pourrait, dès à présent, avec ses 25 millions d'âmes, figurer dans le concert des Grandes Puissances de la Terre, s'il se décidait à entrer résolument dans le tourbillon des idées et de la politique européennes. Mais il est à prévoir qu'il voudra conserver sa tranquillité et la paix profonde dont il jouit depuis des siècles. Le musulman marocain ne s'arrachera jamais aux longues et douces rêveries, à la liberté illimitée, à la vie simple et facile, pour se précipiter dans l'engrenage dévorant de notre activité moderne, dans laquelle il ne voit que le côté matériel : la satisfaction de besoins toujours nouveaux, le désir immodéré des richesses. Et pourtant, combien on se tromperait si l'on s'imaginait que cette fourmilière d'hommes est dépourvue de pensées, de désirs, de passions, d'activité ; si on se la représentait, en un mot, comme frappée d'un abrutissement incurable ! Le Maroc ressemble à une ruche hermétiquement close ; les bourdonnements, les allées et venues des abeilles travailleuses, le bruit des batailles et des rivalités entre les propriétaires des alvéoles ne peuvent pas traverser l'impénétrable cloison qui les sépare du dehors. Il faut être une abeille de la ruche pour voir la vie intense qui s'agite dans ce pseudo-cercueil. Une réelle civilisation, fruit des préceptes coraniques, une culture intellectuelle surprenante règnent jusqu'au fond des campagnes marocaines. Les visiteurs Européens, tenus systématiquement à l'écart de la vraie Société Musulmane, ne comprenant pas d'ailleurs les finesses de la langue et ne voyant rien s'agiter à la surface de cet étrange peuple, ont pu prendre, pour de la stupidité ou de l'extase perpétuelle, un état d'âme auquel ils ne comprenaient rien. Le juif marocain lui-même n'est pas plus instruit que les Chrétiens de la vie intime de ses maîtres ; méprisé, frappé de bannissement dans presque toutes les régions indépendantes de l'Empire, c'est-à-dire dans les cinq sixièmes du Maroc, à peine toléré dans les quelques localités où il se trouve, il est tenu à distance du Seigneur Musulman qui le parque, avec sa femme et ses enfants, dans d'ignobles ghettos, connus là-bas sous le nom injurieux de *Mellah'* ملّاح

Rôle dévolu à la France dans le Nord-Ouest de l'Afrique

On dirait que notre Pays est appelé à succéder aux Arabes dans la suprématie intellectuelle qu'ils ont exercée dans toute la Berbérie depuis leurs premières invasions, et, à succéder aussi aux Berbères dans l'hégémonie politique que, malgré d'écrasants revers, ces rudes guerriers n'ont cessé de posséder effectivement sous la domination contestée des anciens conquérants.

L'Arabe fut un missionnaire turbulent et insatiable ; le Vandale, un sauvage ; le Romain, un accapareur tyrannique ; le Carthaginois, un commerçant prosterné devant le Veau d'or.

Tout autre doit être le rôle des Nations modernes, destinées à gouverner les peuples musulmans.

Après les dures leçons des Croisades, après le laborieux apprentissage de colonisation, tenté dans des conditions défectueuses de demi-science et de demi-civilisation, ont voit, dès l'aurore du XIXe siècle, les Nations européennes, à la tête desquelles ils convient de citer la France, prendre tout à coup pour but, dans leur essor colonial africain, un idéal qui échappe absolument aux conceptions et aux rêveries des Orientaux, et, poursuivre, chacune selon son tempérament, la voie que la plus pure des morales leur avait vainement tracée durant de longs siècles. Parmi ces Nations, la France est, sans aucun doute, de beaucoup la moins antipathique aux Musulmans. Ceux-ci nous reprochent uniquement la légèreté de notre caractère. Les défauts qu'ils trouvent aux autres peuples sont autrement graves. Je ne citerai que les Puissances qui peuvent avoir des prétentions à la possession du Maroc, et je dirai, avec ma franchise habituelle, ce que les

Mahométans, et les Marocains en particulier, pensent d'elles. — « Nous n'aimons pas, m'ont-ils dit cent fois, la morgue et la froideur Anglaises, le fanatisme et les idées étroites des Espagnols, l'extravagance tragi-comique des Italiens, la lourdeur Allemande ». Ils ajoutaient : « Somme toute, malgré l'étourderie des Français, malgré le penchant un peu trop accusé qu'ils ont pour les juifs, c'est encore la France que nous choisirions pour nous gouverner, si les circonstances nous y obligent ».

Bonne et chère France, votre amour démesuré des peuples, votre nature loyale et chevaleresque, votre générosité insensée et sublime attirent à vous les sympathies, touchent les cœurs les plus endurcis ! Mais votre ignorance des hommes et des choses, votre volonté bien arrêtée de faire, envers et contre tous, le bonheur des Humains a été la cause de lourdes erreurs, de cruels froissements. Vous voulez assimiler les Musulmans ! Vos philosophes, qui n'ont jamais vu un burnous, vous ont lancé dans cette voie généreuse, mais pleine de périls. Avant de songer à assimiler les Musulmans, il faut les connaître. Tout mahométan est né diplomate ; nos hommes politiques les plus fins seront toujours de modestes écoliers à côté de lui. Le musulman est une énigme ; il est connu seulement de quelques rarissimes Chrétiens qui ont vécu de sa vie et se sont, pour ainsi dire, assimilés à lui. Nature souple, intelligente, rompue aux joutes oratoires, tournant admirablement les difficultés, emportée mais sachant attendre, on ne trouvera jamais d'esprit plus complexe que le sien, plus énigmatique aux autres et quelquefois à lui-même. Notre instruction, même supérieure, ne le changera point. Il faudrait pour cela lui enlever sa religion ; chose impossible qu'il faut se garder de tenter.

Est-ce à dire que nous devons renoncer à utiliser cette grande force qui nous presse au nord et dans le cœur de l'Afrique ? Bien au contraire ! Il faut l'employer ; il faut que notre pays en profite, et le plus tôt sera le mieux.

Puisque le Musulman est inassimilable, laissons-le avec ses idées, ses croyances très respectables en somme, ses mœurs, ses lois, ses coutumes séculaires, ses statuts personnels, ses préjugés, sa foi, qui fait son seul bonheur en ce monde ; obtenons seulement son précieux concours pour trois œuvres capitales : *La Guerre, L'Agriculture, L'Elevage.* C'est tout ce que l'on peut tirer de lui, et c'est beaucoup. A notre époque troublée, au moment où la France, entourée d'ennemis, aura besoin de tous ses enfants pour la défendre contre des voisins bien supérieurs en nombre, trois cent mille épées musulmanes dans nos rangs ne seront pas à dédaigner. On connait la bravoure à toute épreuve des Mahométans, on sait leur mépris de la mort. Proclamons donc en Algérie l'obligation du service militaire pour tous les indigènes. Ils l'accepteront avec plaisir, si vous leur laissez leurs lois, leurs coutumes, leurs juges. Que le Musulman non naturalisé reste toujours *sujet français*. Traitons-le avec bonté, avec la plus grande justice, avec la plus grande fermeté. Donnons-lui une administration édifiée sur de nouvelles bases, régénérée et guère différente de l'ancienne, qu'il fallait tout simplement améliorer. Les rouages compliqués de nos administrations actuelles, les lenteurs désespérantes de notre justice, exaspèrent ce peuple primitif habitué à un juge unique, à compétence illimitée, qui tranche, séance tenante, des différends dont la solution demanderait plusieurs mois et des frais considérables devant nos Tribunaux.

Certes le juif algérien a été favorisé au détriment du musulman dont il n'a, en général, aucune des belles qualités ; mais il n'est jamais trop tard pour replacer au rang de *sujet* l'étranger qui ne mérite pas l'honneur d'être citoyen français. Remettre le juif dans la condition où il se trouvait avant l'Année Terrible serait une mesure de suprême justice, d'excellente politique. Sujets musulmans, sujets juifs, doivent avoir les mêmes devoirs, les mêmes droits. Le Musulman, qui a versé tant de fois son sang pour la France, est humilié et révolté à la pensée qu'il peut y avoir chez nous deux poids et deux mesures, et que l'être, qu'il méprise le plus, est appelé parfois à devenir son maître et le nôtre.

Si l'Algérie et la Tunisie réunies peuvent nous donner un jour *trois cent mille épées Musulmanes*, que dire du Maroc lorsqu'il entrera définitivement dans l'orbite de la France ? Ce jour-là, notre Patrie sera la maîtresse du Monde. Où est l'armée européenne capable de résister au choc de *deux millions de Berbères-Arabes*, armés et disciplinés à la française ? Et quel Empire colonial magnifique nous aurions dans cette seule partie de l'Afrique nord-occidentale ! La Tunisie ! L'Algérie ! Le Maroc ! Le Maroc surtout qui vaut plus que les deux premières ensemble ! Le Maroc, pays africain incomparable, qui sera un jour, espérons-le, le plus beau fleuron de la couronne coloniale de la France ! La part est belle et mérite qu'on s'en occupe. Bien pâles seraient, à côté de ce royal morceau, toutes nos autres possessions.

Si la très grande majorité des Marocains ne s'inquiètent

guère de l'avenir de leur Patrie, les hommes réfléchis, les responsables des destinées du Maroc distinguent fort bien l'épée chrétienne, prête à s'enfoncer jusqu'au cœur des provinces les plus reculées de l'Empire; ils savent que cette belle contrée ne doit son indépendance actuelle qu'à la jalousie réciproque des Grandes Puissances ; ils n'ignorent pas que la Question Marocaine se règlera, avec beaucoup d'autres, après la conflagration générale qui suivra le grand Duel Européen. Aussi cherchent-ils à conjurer l'orage qui gronde sur leurs têtes.

J'ai débattu souvent la Question Marocaine avec des notables de Fas et de Merrakèche, très soucieux, à juste titre, de l'avenir de leur pays. La solution, à laquelle nous nous sommes arrêtés, offrirait à la France d'incalculables avantages et au Maroc d'inappréciables bienfaits. *Pas une goutte de sang ne serait versée pour arriver à ce résultat !* Mais il n'y a pas de temps à perdre. Nos rivaux travaillent sans relâche à accroître leur influence dans ce pays merveilleux, dont ils entrevoient la richesse et l'importance. La France, dont les droits sur notre voisin de l'Ouest priment tous les autres droits, fera bien de méditer ce vers du poète arabe :

وربّما فات قوما جلّ امرهم * من التانّى و كان الحزم لو عجلوا

« Souvent les meilleurs avantages échappent à un Peuple par la « lenteur ; la vraie résolution veut qu'on soit prompt à agir ».

Oran, Jardin Welsford, le 31 Août 1895.

AUGUSTE MOULIÉRAS.

LE MAROC INCONNU

EXPLORATION DU RIF

AVANT-PROPOS

LE MAROC INCONNU

EXPLORATION DU RIF

AVANT-PROPOS

Er-Rif الريف est un mot arabe signifiant *pays cultivé et fertile, ordinairement sur les bords d'un fleuve et à la suite d'un désert.* En kabyle *rif* signifie *bord, rivage.* Les Rifains appliquent ce nom à leur pays sans en comprendre le sens.

Le Rif est borné : au nord, par la mer Méditerranée ; à l'est, par la province d'Oran ; à l'ouest, par la province des Djebala ; au sud, par cette dernière province, et, au sud est, sur une petite surface, par la province de Dhahra.

Sa rive Méditerranéenne a un développement d'environ 230 kilomètres ; sa frontière méridionale est un peu plus longue. Du nord au sud, la largeur varie beaucoup. Elle a au centre du Rif 180 kilomètres ; à la frontière orientale, elle n'atteint que 60 kilomètres et 80 à la limite occidentale. Le 35° de latitude N. partage le Rif par le milieu, à peu près. Le 7° de longitude O. le sépare de la province des *Djebala*.

De beaucoup la plus petite des dix provinces Marocaines, le Rif a su néanmoins conserver son indépendance depuis les temps préhistoriques. Il n'a jamais été soumis aux différents maîtres qui se sont succédé sur le trône du Maroc. Il a constamment servi de refuge aux rebelles et aux prétendants. De nos jours encore, cet asile est inviolable. Brigands, renégats, princes révoltés, tous ceux qui ne trouvent plus la sécurité dans les autres parties de l'Empire n'ont qu'à mettre le pied sur cette terre classique de l'indépendance, pour n'avoir plus rien à redouter.

Les Rifains accueillent volontiers les étrangers et surtout les renégats Espagnols échappés des présides. La formule musulmane *la ilaha illa Allah ; Mouh'ammed rasoul Allah* (1) est un sauf-conduit magique pour tout Européen que la destinée fait tomber entre les mains de ces farouches montagnards.

(1) Il n'y a de dieu que Dieu ; Moh'ammed est le prophète de Dieu.

Au point de vue ethnographique, les Rifains appartiennent à la grande Famille Berbère. Leur taille est inférieure à celle de nos Kabyles Algériens, mais ils sont d'une vigueur et d'une résistance extraordinaires. On peut les voir chaque année dans notre province, à l'époque des moissons et de la vendange, et étudier de près ce type parfait du travailleur sobre et infatigable. L'Oranie en reçoit plus de vingt mille, venant chercher chez nos colons le précieux métal si rare dans le Rif. Et cependant leur pays n'est pas une terre bréhaigne, puisque ses villages et ses hameaux se comptent par centaines, puisque la seule tribu de *Galîya* tient tête aux forces concentrées par l'Espagne à Mliliya. Le Rifain vient simplement gagner chez nous, en deux mois, de quoi vivre grassement chez lui pendant toute l'année, sans rien faire. Il prend plaisir à revenir au milieu des Français, dont il admire la bonne foi et la douceur relative. Il exècre le Juif et l'Espagnol ; le premier comme maudit de Dieu, le second comme ennemi séculaire.

Je voudrais laisser de côté toute considération politique dans un ouvrage purement scientifique comme celui-ci ; je voudrais me borner à découvrir ce qu'est actuellement la Société Marocaine, comment on vit dans l'intérieur des familles, de quelle manière sont organisées les tribus indépendantes, donner en un mot une idée à peu près exacte de ce pays mystérieux et de l'existence extraordinaire de plusieurs millions d'hommes, vivant en sécurité dans une anarchie complète, libres comme les fauves de leurs forêts, et ne se nuisant pas trop les uns les autres. Mais les convoitises européennes me ramènent malgré moi vers l'irritante politique ; les Marocains eux-mêmes me poussent dans cette voie, car, dans toutes mes conversations avec eux, l'éternelle question des intérêts et de la force respective des Puissances Méditerranéennes revenait sur leurs lèvres.

Deux Nations ont de grands intérêts au Maroc : la France et l'Espagne. Cette dernière est en possession depuis longtemps de quelques rocs isolés du littoral marocain. Elle n'a jamais eu la force d'étendre le périmètre de ses précaires conquêtes. A Mliliya, une seule tribu, celle de Galîya, la tient en échec. Si les Galiyens avaient des canons au lieu de leurs antiques mousquetons, la phase des choses changerait du tout au tout. La faiblesse relative de l'Espagne, même en face du Maroc, est bien évidente. La conquête de ce pays serait donc pour elle une entreprise bien au-dessus de ses forces. Garder Cuba est déjà difficile pour cette Nation qui n'a pas su conserver ses immenses possessions d'Amérique.

Reste la France, dont les intérêts sont encore plus grands que ceux de l'Espagne. La France, avec son armée formidable, sa belle et puissante marine, s'emparerait assez facilement du Maroc, avec lequel nous avons plusieurs centaines de kilomètres de frontières communes. Il ne s'agit plus ici de quelques rocs stériles, battus par les vagues et par les balles rifaines ; il s'agit d'une frontière commune immense, d'un commerce qui prend chaque jour entre les deux Voisins plus d'importance ; il s'agit de savoir à qui appartiendra une *simple enclave*, entourée de toutes parts par des *territoires français*.

Maintenant, si nous consultons les sentiments d'un peuple destiné tôt ou tard à passer sous le joug étranger, ce peuple répondra que la domination française lui est le moins antipathique. Les Espagnols, malgré un voisinage de plusieurs centaines d'années, n'ont pas su se faire aimer. Ils n'ont pas voulu ou n'ont pas pu étudier et apprendre les langues arabe et berbère. Tous les travaux d'érudition relatifs à ces deux idiomes ont été faits par des Français, des Allemands, des Anglais, des Italiens. L'arabe et le berbère entrent difficilement dans la tête des Espagnols. J'ai pu souvent en faire la remarque dans mes cours du Lycée d'Oran et dans l'intérieur de notre province. Est-ce impuissance? Est-ce antipathie de race? Dernière question : L'Espagne peut-elle sérieusement émettre la prétention de porter le flambeau de la civilisation hors d'Europe dans l'état intellectuel où elle se trouve en ce moment ?

Enfin, il y a une troisième Puissance, insatiable celle-là, l'Angleterre, qui voudrait bien avoir Tanger pour fermer le détroit de Gibraltar et tenir ainsi toute la Méditerranée. Sa tactique consistera à prendre quelques villes du littoral, car elle est assez bien renseignée pour savoir que l'intérieur du Maroc résisterait victorieusement à ses armes. Elle sait que ce pays pourrait mettre sur pied plus d'un million d'hommes aguerris, n'ayant rien de commun avec les musulmans apathiques de l'Egypte ou des Indes. Elle n'ignore pas qu'une pareille conquête nécessiterait la mobilisation de plus de cent mille Anglais. Ce serait donc encore une entreprise au-dessus de ses forces. Elle peut brûler et saccager le littoral marocain ; elle n'aura jamais un pouce du territoire intérieur.

Telles sont les trois Puissances les plus intéressées à faire passer le Maroc sous leur domination. Les Marocains optent pour la France, qui, bien conseillée, pourrait avoir ce beau pays sans verser une goutte de sang.

Depuis Louis XIII, notre politique n'a pas varié là-bas ; notre influence, comme celles de toutes les autres Nations chrétiennes d'ailleurs, n'a fait que des progrès insensibles. Les Consuls Européens, obligés de se servir d'interprètes pris dans le pays, et juifs pour la plupart, jouissent d'une médiocre estime auprès de la haute société marocaine qui les tient à l'écart et ne les considère que comme des *infidèles* revêtus d'un caractère sacré et d'une puissance redoutable. On ne peut pas dire qu'un empereur du Maroc ait jamais eu une conversation particulière avec un des représentants des Puissances Européennes, lesquels ignorent aussi bien la langue du pays que la littérature arabe.

Les historiens s'extasient volontiers sur le succès qu'obtint Golius, en 1622, à la Cour Chérifienne. Ce savant ne connaissait pas un mot d'arabe vulgaire ; mais, grâce à la supplique *rédigée en arabe* qu'il présenta au Sultan, supplique dont le monarque admira la belle écriture, il obtint ce que l'ambassade néerlandaise désirait. Que n'eût-il pas obtenu si, au lieu de parler espagnol au Sultan, il eût pu lui expliquer de vive voix, *en arabe*, et sa supplique et l'objet de la mission dont il faisait partie ! Ne comprendra-t-on jamais en France que tous nos représentants au Maroc et dans les autres pays arabes devraient être des arabisants de première force, parlant et écrivant à la perfection la langue du Prophète ?

Revenons au Rif. Sa configuration générale a beaucoup d'analogie avec notre Tell Algérien, dont il n'est du reste que le prolongement. Flanqué au sud par des montagnes élevées, quelques-unes étant, paraît-il, neigeuses en plein été, ce pays n'est facilement accessible par terre qu'à ses deux frontières maritimes Est et Ouest. Le rivage n'offre aucun abri sûr ; çà et là, des havres de peu de profondeur servant d'estuaires à des ruisselets torrentueux dont les sources ne sont guère éloignées de la mer. Presque partout, sauf dans l'affreuse solitude du Garet, la végétation est magnifique. Les chaînons du Tell, se détachant des croupes suprêmes méridionales, ondulent sous des forêts d'arbres fruitiers et viennent doucement mourir dans les flots de la Méditerranée.

Ayant à peu près une superficie de 23,000 kilomètres carrés, égal par conséquent à trois de nos départements français, le Rif est très peuplé. Les divers renseignements que j'ai recueillis à des sources différentes n'évaluent pas à moins de 250,000 hommes le nombre des guerriers rifains capables de porter les armes. En multipliant par 5 ce chiffre, nous avons *un million deux cent cinquante mille âmes* pour toute la population de la plus petite des Provinces Marocaines. On comprend à présent pourquoi cette contrée minuscule peut braver et le Sultan et l'Espagne. Fortifiée de tous côtés par la nature, aussi bien par ses côtes dangereuses que par ses ravins et ses montagnes, elle nourrit une des races les plus vigoureuses du globe, une race qui n'a jamais plié sous le joug étranger, la seule race peut-être de la terre dont l'Histoire n'ait rien à dire. Ce petit peuple a joui, à toutes les époques, de son indépendance. Aussi le Rifain aime-t-il sa patrie à l'adoration. Il a voué une haine implacable à l'Espagne qui a réussi à s'emparer et à garder (au prix de quels efforts !) quelques rochers de ce sol sacré.

Aucun Européen ne peut se flatter d'avoir traversé le Rif. Terre inexplorée, mystérieuse, elle a su garder son secret et s'envelopper d'un voile impénétrable. On se rappelle la tentative infructueuse de notre compatriote Henri Duveyrier, qui vit de loin cette terre promise sans pouvoir y entrer. Il est vrai que cet homme célèbre fit tout ce qu'il fallait pour échouer dans son entreprise. Vêtu à l'européenne, fumant en plein ramadhan, mangeant devant les indigènes qui observaient alors un jeûne rigoureux, parlant l'arabe d'une manière quelque peu défectueuse, il fut étonné et irrité de voir les Rifains s'opposer formellement à son passage chez eux, même à la suite du Chérif de Ouazzan,

Avec un peu plus d'habileté, il traversait le Rif, et, nouveau Colomb de cette Terre inconnue, il se couvrait d'une gloire immortelle. J'expliquerai dans mon deuxième volume pourquoi le Chérif de Ouazzan fut impuissant à calmer les soupçons des Rifains et à emmener avec lui Henri Duveyrier. On est fermement persuadé en Europe, surtout en France, que les nobles marabouts de Ouazzan jouissent dans leur pays d'une considération sans bornes. Le contraire est vrai. Il ne se passe pas une année sans que la célèbre Zaouiya ne soit pillée par les tribus voisines. Le Gouvernement français, illusionné par de faux rapports, permet néanmoins au chef de Ouazzan de venir récolter de temps en temps dans la province d'Oran les économies de nos indigènes, alors que dans son propre pays *il est à peine toléré*. Chaque quête faite chez nous par ce pseudo-saint lui rapporte de *deux à trois cent mille francs!* On peut dire que c'est l'argent de la France qui entretient ce santon sans importance. Au Maroc, il y a des milliers de Chérifs bien plus vénérés que le patriarche de Ouazzan. S'il prenait fantaisie à l'un d'eux de venir dans notre département soutirer l'argent de nos administrés musulmans, il obtiendrait encore plus de succès que son faible rival. Espérons qu'aucun d'eux n'aura cette idée, admirablement exploitée jusqu'ici par le seul Moulaye Abd-es-Selam, dont la mort récente mettra peut-être fin à ces singulières tournées pastorales.

Il était réservé à notre voyageur d'explorer pas à pas ce Rif inaccessible, où, sauf de légères mésaventures, il reçut partout l'accueil que comportait son triple caractère de t'aleb, de derviche errant et de mendiant.

Je n'ai pas suivi exactement le prodigieux itinéraire de Moh'ammed ben T'ayyéb pendant ses 22 ans de courses à travers le Maroc. Je me serais exposé, en le suivant, à me perdre moi-même et à égarer mes lecteurs qu'il eût fallu promener sans transition du nord au sud, de l'est à l'ouest, souvent dans la même page. J'ai préféré donner entièrement la description d'une province avant de passer à la suivante. Une très grande difficulté fut d'obtenir les dates des séjours du derviche dans les différentes parties de l'Empire. Ce sans souci de Moh'ammed, n'ayant ni mission officielle, ni affaires, ni rien qui l'appelât ailleurs, se laissait vivre doucement sans se préoccuper le moins du monde de la fuite des jours, des mois et des années. Amateur de bonne chère, ses souvenirs chronologiques ne se rapportaient qu'aux bons repas, très rares d'ailleurs, qu'il fit dans le royaume de Sa Majesté Chérifienne. Il se rappelait à merveille les localités où il avait célébré en grande pompe la *Fête des Moutons*. Sa mémoire, essentiellement gastronomique, m'a permis d'établir la liste suivante. Elle révèle en partie l'exploration extraordinaire du derviche, les longues pérégrinations exécutées par lui dans le courant d'une même année, ainsi que la date de sa présence dans telle ou telle province marocaine. Dans le cours de l'ouvrage, il m'arrivera souvent d'omettre l'époque du voyage de notre explorateur. Le lecteur voudra bien venir la chercher dans le tableau que je vais dresser ci-dessous :

Endroits du Maroc où Moh'ammed ben T'ayyéb a célébré la Fête des Sacrifices, appelée vulgairement *Fête des Moutons* (1)

TRIBUS	VILLES OU VILLAGES	PROVINCES	ANNÉES
Beni-Zeroual	Beni-Izzou	Djebala	1872
Beni-Zeroual	Ar'afsaï	Djebala	1873
El-Djaya	Aïn Er-Rih'ane	Djebala	1874
Beni-Zeroual	El-Kelaïa	Djebala	1875
Cefrou (ville de)	Cefrou	Braber	1876
Beni-Yazr'a	El-Menzel	Braber	1877
Fas (ville de)	Fas	Fas	1878
Fas (ville de)	Fas	Fas	1879
Beni-Mgild (2)	Thoulmout	Braber	1880
Medr'ra	K'çar Moulaye Ali Cherif	Tafilalt	1881
Aït Nacer	Zaouiyat Sidi Ahmed ben Nacer	Dra	1882
Taroudant	Taroudant	Sous	1883
Merrakèche (ville de)	Merrakèche (Maroc)	Merrakèche	1884
Fas (ville de)	Fas	Fas	1885
Oulad-Amor	El-Mak'am El-Fouk'ani	Dhahra	1886
Gafaït	Sidi H'amza	Dhahra	1887
Beni-Znasène	Cefrou	Rif	1888
Galiya	Bou-H'amza	Rif	1889
Beni-Ouriar'el	Tizemmourine	Rif	1890
Asfi (ville de)	Asfi	Merrakèche	1891
Debdou (ville de)	Debdou	Dhahra	1892
Beni-Meugouch des Beni-Znasène	El K'alâ	Rif	1893

Mode de transcription des mots Arabes et Berbères ; leur prononciation

S'il y a deux langues, dont les mots ont été étrangement défigurés par les Européens, c'est assurément l'Arabe et le Berbère. Allez donc

(1) En arabe *el-îd el-kebir* العيد الكبير

(2) *g* guttural.

reconnaître dans Alger le mot arabe *El-Djazaïr* (1) ; dans Oran *Ouahrane* ; dans Maroc *Merrakèche* ; dans Tunis *Tounès* ; dans La Goulette *H'alk'-el-Ouad*, etc., etc ! Puisque je suis le premier à révéler des centaines de noms géographiques nouveaux concernant le Maroc, j'espère que mes études spéciales me préserveront de commettre les mêmes erreurs que ceux qui, n'ayant appris ni l'Arabe ni le Berbère, entendent toujours fort mal et transcrivent de même les mots appartenant à ces deux langues.

Entre les mille modes de transcription adoptés par les Orientalistes, je n'hésite pas à choisir celui de l'auteur de « *l'Essai de grammaire Kabyle* », le docte et modeste général Hanoteau. C'est cette transcription qui figure d'ailleurs dans tous mes ouvrages relatifs aux dialectes berbères. Je me permettrai cependant d'y apporter de légères modifications que j'indiquerai en temps et lieu. Si les imprimeries Oranaises étaient mieux outillées, je pourrais, à l'exemple de mon ami M. René Basset (2), introduire dans mon alphabet les caractères destinés à représenter les lettres berbères *tch*, *j*, *g* (dur). Mais il n'y faut pas songer. L'imprimeur algérien, à qui l'on demanderait de faire l'achat de ces nouveaux caractères, pousserait les hauts cris, s'indignerait de la belle façon. Je serai donc forcé de représenter le *tch* par تش, le *j* par ج et le *g* (dur) par ڨ, absolument comme s'il s'agissait d'un *djim* et d'un *k'af* ; toutefois, la transcription française donnera la véritable prononciation.

---

(1) *Dzaïr* dans la prononciation locale.

(2) Cf. R. Basset. — Manuel de langue Kabyle. — Paris, in-12, 1887.

Tableau représentant l'alphabet arabe avec la valeur que lui donnent les Arabes et les Berbères

LETTRES Arabes	NOMS des lettres	TRANSCRIPTION	VALEUR numérique
ا	Alif	*a, e, i, o, ou* (suivant la voyelle convenable).	1
ب	Ba	*b*.	2
ت	Ta	*t*.	400
ث	Tha	*th* (*th* anglais de *thin*, *c* espagnol de *cinta*, θ grec).	500
ج	Djim	*dj, j*.	3
ح	H'a	*h'* (guttural) (expiration violente).	8
خ	Kha	*kh* (jota espagnole, *ch* allemand dur).	600
د	Dal	*d*.	4
ذ	D'al	*d'* (δ grec, *th* anglais de *the, this*).	700
ر	Ra	*r*.	200
ز	Za	*z*.	7
س	Sine	*s* (*dur*; jamais comme *z*).	60
ش	Chine	*ch* (comme dans *cheval, chemin*).	300
ص	Çad	*ç* (emphatique).	90
ض	Dhad	*dh* (emphatique).	800
ط	T'a	*t'* (emphatique).	9
ظ	Dha	*dh* (emphatique).	900
ع	Aïne	*â, ô, ôu, î* (guttural) (imiter le bêlement du bélier).	70
غ	R'aïne	*r'* (grasséyé); quelquefois se prononce *g'* (dur).	1.000
ف	Fa	*f*.	80
ق	Kaf	*k'* (*q* guttural); quelquefois *g* (dur).	100
ك	Kèf	*k*.	20
ل	Lam	*l*.	30
م	Mim	*m*.	40
ن	Noune	*n*.	50
ه	Ha	*h* (aspirée).	5
و	Ouaou	*ou* (w anglais dans *wind*).	6
ي	Ya	*i, y*.	10

Observations

Afin d'éviter toute confusion, je ferai usage du trait d'union, dans le corps d'un même mot, chaque fois qu'une équivoque pourra se présenter. Ainsi les lettres *t, th, kh, d, ch, dh, k* seront immédiatement suivies d'un trait d'union lorsqu'elles auront un ه *(h)* après elles dans le même mot. Ex : *Ett-hma* le soupçon ; *Ak-ha* souffler sur ses doigts ; *Ed-hem*, noir ; *Ç-had* chaleur ; *D-han* beurre fondu ; *K-hhen* dire la bonne aventure. L'interposition d'une voyelle française, entre le ه (h) et l'une des lettres précédentes, dispensera du trait d'union. Ex : *Tehem* il a soupçonné ; *Çohob* être albinos ; *Dehan* graisse, etc.

J'en aurai fini, avec ces peu récréatives mais importantes observations phonétiques et grammaticales, quand j'aurai dit que *toutes les lettres des mots appartenant à l'arabe et au berbère doivent se prononcer*. Ex : *Tizemmourin* se prononcera *Tizemmourine ; Taroudant* Taroudanete ; *Mengouch* Ménegouche ; *Aït* Aïte ; *Angad* Anegade ; *Aïth sr'er Ouchchen* Aïth ser'èr Ouch-chène, le *ch*, simple ou redoublé, se prononçant toujours *che*, comme dans le mot français *arche*.

G et G' conserveront leur prononciation gutturale devant *e, i, y* comme devant *a, o, u* Ex : *Mgild* prononcez Mguild, *Iger*, Iguer; le *g* étant toujours dur comme dans les mots *guider, guerre. Mag'rib* = Maguerib.

S sonnera toujours comme l'*s* des mots français *sauver, savoir, songer*, soit que cette lettre se trouve au commencement, au milieu, à la fin des mots, ou entre deux voyelles. Ex. Fas, prononcez *Face* ; Temsaman, prononcez *Téméçamane ;* Beni-Znasen, prononcez *Beni-Zenacène*, etc.

Ou, voyelle française destinée à représenter le *dhamma* arabe, aura toujours le son unique que les Français lui donnent dans les mots *ou, cou, fou*.

Les abrévations *(A-B) et (B-A)* signifient *arabe berbérisé* et *berbère arabisé* ; (A) veut dire (Arabe) et (B) (Berbère).

Presque partout je donne la signification des noms propres arabes et berbères. Cette tâche, toujours délicate et dangereuse quand il s'agit de noms propres, offrait de réelles difficultés. Aussi me pardonnera-t-on sans doute les erreurs que j'ai pu commettre. D'ailleurs, que celui qui ne s'est jamais trompé me jette la première pierre.

LE MAROC INCONNU

PREMIÈRE PARTIE

EXPLORATION DU RIF

TRIBUS DU RIF

Tar'zouth.
Beni-bou-Necer.
Beni-Khennous.
Beni-Seddath.
Mthioua.
Beni-Gmil.
Zerk'eth.
Targist.
Beni-bou-Frah'.
Beni-It't'eft.
Bek'k'ouya.
Beni-Ouriar'el.
Témsaman.
Beni-Touzin.
Tafersith.
Kzennaya.
Lemt'alça.
Beni-Amreth.
Beni-Mezdouye.
Beni-Ouléchchèk.
Beni-Saïd.
Beni-bou-Yah'yi.
Galîya.
Kébdana.
Trifa.
Oulad-Séttout.
Beni-Znasen.
Beni-Mah'you.
Mer'raoua.
Beni-Bechir.

PREMIÈRE PARTIE

EXPLORATION DU RIF

Les Marocains se servent d'un procédé mnémotechnique pour apprendre et retenir les noms de leurs dix provinces. Ce procédé consiste à accoupler deux par deux ces provinces, sans tenir compte de leur position géographique, et à faire rimer les désinences de chaque couple. Ex : Rif et Dhahra, Braber et Çah'ra, Djebala et Daïra, H'ouz et Dra, Sous et H'amra. — Daïra est l'abréviation de *Daïrat-Fas* et H'ouz de *H'ouz-Merrakèche*. Les mots *daïrat* et *h'ouz* sont synonymes, ils signifient « province ».

Presque toutes les provinces marocaines sont indépendantes, ne reconnaissant que l'autorité spirituelle du Sultan de Fas. Le Rif n'a jamais été soumis. Il fait partie de cet immense *blad es-siba* « pays abandonné » (par le sultan), *pays où l'on erre librement*, qui occupe les quatre cinquièmes du Maroc. L'autre cinquième est appelé *Blad el-Makhzen* « pays de gouvernement ». Tandis que dans le *Blad es-siba* l'anarchie a revêtu une sorte de forme républicaine relativement peu tyrannique, assurant mal, il est vrai, la sécurité individuelle, dans le *Blad el-Makhzen*, au contraire, les agents du sultan font sentir à leurs administrés tout le poids d'une autorité sans frein ni limite. Il n'est donc pas étonnant de voir les tribus insoumises manifester peu d'empressement à se ranger sous la houlette de Messieurs les caïds impériaux.

Le Rif, protégé par ses montagnes méridionales et par la mer, n'a rien à redouter d'un souverain sous marine et presque sans armée. Il envoie néanmoins des cadeaux au sultan, tout comme les catholiques en envoient au Pape. Ces présents, parvenus à Fas, reçoivent le nom *d'impôt*, et la vanité de l'administration marocaine est satisfaite. La seule tribu de Galiya, à cause de ses démêlés incessants avec Miliya, a consenti à recevoir quelques soldats chérifiens. Partout ailleurs le *mekhazni* (soldat régulier) est inconnu.

Tribus du RIF

Cette province compte trente tribus, dont onze baignées par la Méditerranée. Les tribus maritimes, en allant de l'est à l'ouest, sont : *Trifa, Kebdana, Galiya, Beni-Saïd, Temsaman, Beni-Ouriar'el, Bek'k'ouya, Beni It't'eft, Beni-bou-Frah', Beni-Gmil* et *Mthioua.*

Au sud de ces tribus, en allant de l'est à l'ouest, on trouve les *Beni-Znasen, Beni-Mah'you, Oulad-Settout, Beni-bou-Yah'yi, Beni-Oulechchek, Tafersit, Lemt'alça, Kzennaya, Beni-Touzin, Beni-Amreth, Mer'raoua, Beni-Bechir, Beni-Mezdouye, Zerk'eth, Targist, Beni-Seddath, Beni-Khennous, Beni-bou-Necer* et *Tar'zouth* (1).

Presque toutes ces tribus sont habitées par des Berbères auxquels la langue arabe est étrangère. Leur idiome, appelé *Thamazir'th*, offre une assez grande variété de dialectes, assez rapprochés les uns des autres, sauf en ce qui concerne *Kebdana* et *Beni-Znasen* dont la langue, appelée *Zenatia*, bien qu'étant d'origine berbère, diffère sensiblement du *Thamazir'th.*

Trifa et *Oulad-Settout* sont parcourues par des Arabes nomades. Les quatre dernières tribus, *Kebdana, Beni-Znasen, Trifa* et *Oulad-Settout* sont considérées par les berbères du Rif comme non rifaines ; leur langue et leurs mœurs s'opposant à ce qu'elles soient traitées en tribus-sœurs par les populations de langue *Thamazir'th.*

Tribu de TAR'ZOUTH

تاغزوث (le détroit, la réunion) (B)

Je ne change rien à l'itinéraire de Moh'ammed ben T'ayyéb qui a pénétré pour la première fois dans le Rif par *Tar'zouth*, tribu méridionale du Rif occidental. Il fit un séjour d'environ quatre ans dans la province ; une première fois de 1888 à 1890 et une seconde fois en 1893.

En 1888, de retour d'un voyage dans la Dhahra, il franchit le territoire qui sépare cette province du Rif occidental et pénétra dans la tribu de Tar'zouth après avoir laissé derrière lui la tribu de *Ktama* (Djebala), dont nous parlerons dans le second volume. Ses vieux habits, son aspect de derviche errant, inspirant à ceux qui le voyaient une très grande confiance mêlée de pitié, il lui était relativement facile de passer d'une tribu dans une autre, opération toujours dangereuse au Maroc.

(1) Je ne me lasserai pas de répéter qu'il faut *prononcer toutes les lettres* des mots Berbères et Arabes.

Quand on a eu le bonheur d'être bien reçu dans une tribu marocaine, le mieux est d'y rester indéfiniment, car, en sortir, c'est s'exposer à être pris pour un ennemi par les tribus voisines qui sont presque constamment en guerre entre elles.

Moh'ammed, désireux de voir le Rif, ne s'effraya nullement des périls qu'il pouvait rencontrer dans ce pays inconnu et sauvage. Il s'enfuit de Ktama sans dire adieu à ses anciens hôtes et s'engagea bravement dans la tribu de Tarz'outh, en suivant le cours sinueux de l'ouad (rivière) du même nom. Il pénétra dans le village d'*El-K'alaâ*. Il reçut immédiatement l'hospitalité dans la mosquée et il se mit sur le champ, suivant son habitude, à étudier le pays et les habitants.

Tar'zouth est bornée au sud et à l'ouest par des tribus de la province des Djebala. Elle se compose de deux fractions : *Tar'zouth-Fouk'ania* (Tar'zouth-Supérieur) et *Tar'zouth-Tah'tania* (Tar'zouth-Inférieur). Chacune de ces fractions peut lever quatre mille fantassins, c'est-à-dire huit mille hommes pour toute la tribu. (Voir la carte).

L'expérience m'ayant prouvé que le derviche, marcheur infatigable, fait allègrement à pied 40 kilomètres par jour, il m'a été relativement facile d'obtenir l'aire de chaque tribu, et, par ce moyen, de chaque province. Evidemment les jambes de l'incorrigible vagabond n'ont pas la précision de nos chaînes d'arpentage ; évidemment nous commettrons quelques erreurs dans l'appréciation des distances; mais il n'en est pas moins vrai qu'avec ce système, le seul applicable en la circonstance, je n'ai eu qu'une erreur de 30 kilomètres sur une ligne aussi longue que l'est tout le rivage rifain depuis l'embouchure de l'Ouad-Kis jusqu'à la tribu djebalienne de R'mara ! Quand on songe que la superficie du territoire français lui-même, le territoire des lumières et de la science, n'est pas connue avec une parfaite exactitude, les superficies données dans des documents officiels entre les années 1878 et 1886 variant de 52,700,680 hectares à 52,910,373 hectares, j'espère que les hypercritiques ne me chercheront pas chicane sur le peu de précision de ma triangulation forcément primitive et quelque peu défectueuse.

Tar'zouth a environ 10 kilomètres de long et 10 kilomètres de large (un quart de journée de marche dans tous les sens). L'Ouad Tar'zouth, beau cours d'eau presque comparable à la Tafna, prend sa source au sommet du *Djebel-el-Arez* (Montagne des Cèdres), sur le territoire des Beni-bou-Necer. Cette rivière a une longueur d'une quarantaine de kilomètres. Ses bords sont peuplés de villages et de hameaux nombreux. Parfois l'Ouad coule dans des gorges très encaissées. Son lit, embarrassé de rochers, est franchi sur six ponts en planches dans la seule tribu de Tar'zouth. L'eau, limpide et fraîche, fait tourner une multitude de roues de moulins le long des deux rives.

En fait d'animaux domestiques, on ne trouve dans tout Tar'zouth que des bœufs et des mulets. Les pâturages manquent pour les chèvres et les moutons. On est obligé de nourrir les bœufs à l'écurie avec des feuilles d'arbres. Autour de tous les hameaux riverains de l'Ouad Tar'zouth, s'étendent de beaux jardins où abondent les légumes. La tribu, située sur de hautes montagnes, est très boisée. Les forêts contiennent principalement des chênes-liège, des genévriers, des chênes à glands doux et des cèdres. Les vergers sont couverts de noyers et de vignes grimpantes.

J'ai signalé dans la carte spéciale de Tar'zouth les points où se trouvent des mines de cuivre, d'étain, de plomb, d'argent, d'or et de fer.

Les deux fractions de Tar'zouth sont constamment en guerre entre elles. Cette haine, entre gens issus d'une même origine, provient des meurtres fréquents dont les hommes des deux fractions se rendent tour à tour coupables. Très susceptible, très sauvage, le Tar'zoutien, s'irrite pour un mot et frappe mortellement quiconque l'injurie ou même le contredit. Berbère de race et de langue, il a les traits réguliers, la taille moyenne. Ses mœurs sont dissolues. Le voisinage des Djebala, la grande Sodome du Maroc, lui a donné des passions contre nature. Le giton, ignoble personnage nommé dans le pays *âïl* مايل, fait partie du gynécée. Les jeunes femmes elles mêmes tolèrent cette écœurante rivalité, ne rougissant pas d'avouer que, mieux qu'elles, l'*âïl* sait faire les délices du maître. Cette hideuse plaie du gitonisme est confinée heureusement sur la frontière djebalienne. Elle est inconnue dans les autres parties du Rif un peu éloignées de la province la plus dépravée de tout l'Empire Chérifien. Dans le second volume, nous serons obligés de remuer toute cette fange dont les Djebala semblent avoir le monopole. N'insistons pas pour le moment ; disons seulement que les gitons se vendent sur les marchés de Tar'zouth, tout comme les bestiaux.

Le *Thamazir'th*, dialecte berbère parlé par les Tar'zouthiens, est un peu différent des autres idiomes du Rif. Il se rapproche beaucoup du zouaoua de la Grande Kabylie. Une légende, rapportée de là-bas par le derviche, prétend que les Zouaouas algériens sont originaires de Tar'zouth même, et qu'ils ont émigré vers le Jurjura à une époque lointaine. D'ailleurs, de nos jours encore, le Tar'zouthien et le Zouaoua se livrent aux mêmes travaux, aux mêmes métiers. Tous deux fabriquent des armes, tous deux sont colporteurs. Si beaucoup de Zouaouas commencent à parler l'arabe, en revanche les gens de Tar'zouth ne sayent pas un mot de cette langue. On trouve chez eux, paraît-il, des ouvrages rédigés en berbère, entre autres une traduction de Sidi-Khelil et du H'adith. Leur littérature nationale se compose uniquement de contes populaires et de poésiés.

Tar'zouth est renommée dans tout le Maroc pour la fabrication des fusils marocains damasquinés, auxquels les armes importées d'Angleterre et d'Espagne font une concurrence désastreuse. Néanmoins, la *mouk-h'ala* (fusil) t'ar'zouthienne est encore achetée et appréciée par les tribus de l'intérieur où les armes européennes n'auraient aucune chance de parvenir, car elles seraient pillées bien avant d'arriver à leur destination.

Presque tous les Tar'zouthiens sont armuriers. Ils fabriquent une grande quantité de ces longs couteaux analogues aux poignards Kabyles. Quelques charpentiers et menuisiers savent faire de beaux coffres, de grands-plats de bois (gaçâ), des charpentes, etc.

On a essayé vainement dans le pays d'exploiter les richesses minérales de la contrée. Cinq *zaouiya* (séminaire musulman) se sont réservé les mines d'or et d'argent, dont elles sont loin de tirer tout le parti possible. Les religieux de ces établissements descendent de *Sidi Moh'ammed Akhemrich* qui fut l'objet des bénédictions du Saint-Chérif Moulaye Abd-es-Slam.

Il y a des ébénistes qui ne travaillent que le cèdre et le thuya, dont ils font des meubles très recherchés. La profession de goudronneur est exercée par quelques individus qui obtiennent le goudron et la poix de la manière suivante : Dans une chaudière percée de trous comme un *Keskas* (marmite pour faire cuire le couscous), ils exposent à la vapeur produite par l'eau bouillante les bois résineux convenables, et le goudron tombant goutte à goutte est reçu dans une autre chaudière.

De même que leurs frères du Jurjura, les gens de Tar'zouth colportent dans les autres tribus des noix, de l'écorce de noyer pour blanchir les dents, des amandes, des fuseaux, de la poudre et des balles.

Quoique indépendante, la tribu envoie chaque année au Sultan de beaux fusils. Cette sorte d'impôt ne revient pas à plus de cinq centimes par tête d'habitant. Les tribus dites : Beni-bou-Chibeth, Beni-bou-Necer, Beni-Bechir, Mernisa et Zerk'eth n'en payent point davantage ; comme Tar'zouth, elles se trouvent dans des régions relativement pauvres. La plupart de leurs villages sont bâtis sur des gîtes metallifères. La tradition prétend que sous le règne du sultan *El-Akh'al ?* le gouvernement marocain exploitait lui-même les mines de ces tribus. On raconte aussi que *Dek'ious* (Decius) avait fait construire, près de chacune de ces mines, des forts dont on peut voir encore les ruines. Les indigènes, très ignorants, ne savent pas exploiter leurs richesses minérales. Ils savent bien que les Chrétiens pourraient en tirer un grand parti, mais ils redoutent les conséquences que pourrait avoir pour leur indépendance la venue des Européens dans leur pays. Ils préfèrent mourir de misère sur leur minerai d'or que de compromettre leur chère liberté.

La maison est l'habitation du Rifain. Dans les tribus méridionales, elle consiste en un simple rez-de-chaussée couvert *en dis* (ampelodesmos tenax), quelquefois en palmier nain (chamœrops humilis) ou en h'alfa (stipa tenacissima). Dans le nord, les indigènes des tribus maritimes demeurent dans de vastes maisons, bâties en pisé, à un ou deux étages, avec terrasse. L'intérieur du quadrilatère formé par les appartements est réservé à une vaste cour creusée de silos, dans lesquels le grain est enfoui. Cette cour sert de parc aux troupeaux ; au milieu, quatre rondins monstrueux supportent une haute tour en bois. Au sommet, veille le chef de la famille quand l'insécurité règne au dehors. Du haut de son poste, plus élevé que la maison, le guetteur domine les alentours, signale le danger, reçoit à coups de fusil ceux qui viennent l'attaquer. Le four où l'on cuit le pain est aussi dans la cour, sur laquelle s'ouvrent toutes les portes des appartements. La chambre du rifin n'a rien de bien remarquable. Le long des quatre murs, blanchis à la chaux chez les riches, noirs chez les pauvres, courent de massifs et larges bancs en maçonnerie, d'un mètre de hauteur, servant de sièges pendant le jour et de lits pendant la nuit ; au-dessus d'eux, accrochées au mur, de solides étagères supportent les vêtements, les ustensiles de cuisine, les armes, etc. Les latrines sont inconnues dans les maisons ; on va dans les champs. Il y en a, au contraire, dans les chapelles et les mosquées. Chaque habitation est entourée, étouffée par des figuiers de Barbarie séculaires (opuntia vulgaris), précieuse ressource des misérables qui font une consommation effrayante de ces fruits à la pulpe aqueuse, rougeâtre, au goût sucré, peut-être un peu fade, appelés par les arabes *Karmous En-Nçara* (figues des Chrétiens).

Revenons au derviche que nous avons laissé au village d'El-K'alâ. Il alla, selon son habitude constante, tout droit à la mosquée, où il trouva des jeunes gens occupés à apprendre le Coran en le récitant à haute voix. Son entrée ne fit nullement sensation. Il s'accroupit à côté de l'un des étudiants et psalmodia avec lui les versets du livre divin. Il coucha dans la mosquée après avoir soupé avec ses nouveaux condisciples. Le lendemain, il obtint de l'instituteur l'autorisation de suivre ses cours (1). C'était obtenir en même temps la *retba* (nourriture et logement à la mosquée). La nourriture est fournie par les habitants charitables, qui croient faire œuvre pie en entretenant pendant de longues années des jeunes gens occupés uniquement à apprendre par cœur les longs chapitres du Coran qu'ils ne comprennent point. La mode djebalienne, introduite à Tar'zouth, veut que chaque étudiant majeur ait avec lui un *dîl*, sorte d'esclave, ignoble factotum bon à tout faire. C'est une précaution que l'on prend, paraît-il, pour préserver la vertu des jeunes gens de bonne famille. Le derviche ne dérogea pas à cette règle. Il avait emmené avec lui de Ktama un éphèbe, grâce auquel l'instituteur l'autorisa à rester à la mosquée et à profiter de ses leçons. La présence des minerais d'or et d'argent, que les indigènes sont

(1) L'âge du *t'aleb* (étudiant) n'est compté pour rien chez les Marocains. Qu'il ait 10 ans, qu'il en ait 40, c'est toujours un *écolier*, un *étudiant*. Il ne perd cette dénomination qu'en devenant professeur, magistrat, ou en cessant de suivre des cours.

incapables d'exploiter, a donné naissance dans le pays à une fièvre cabalistique dont le derviche ressentit lui-même les effets. C'est là-bas qu'il apprit cette branche de la magie, appelée par les Arabes *Khank'at'ira*, sorte de *prestidigitation* qui a pour objet d'opérer des *transformations*. Les Marocains et nos musulmans oranais ont une foi profonde dans la *Khank'at'ira*. Des gens de bonne foi m'ont assuré avoir vu, de leurs yeux vu, des métamorphoses étonnantes, faites en leur présence. Le prestidigitateur prend par exemple des feuilles sèches, les cache sous un voile, prononce sur elles des formules magiques et soulève le voile. Les feuilles se sont changées en beignets ou en crêpes, qu'il faut s'empresser de manger car ses produits ont une tendance déplorable à reprendre leur état primitif. Ces mêmes feuilles, à la volonté de l'opérateur, pourraient se transformer en pièces d'or ou d'argent dont l'existence serait tout aussi éphémère que celle des beignets, si l'on ne se hâtait de les écouler. L'imprudent qui les a acceptées retrouve le lendemain, dans sa bourse ou dans sa caisse, des feuilles sèches occupant la place des beaux louis d'or de la veille.

Je dévoile ici le secret de la *Khank'at'ira métamorphosante* que je dédie aux amateurs de connaissances ésotériques en les informant que je tiens à leur disposition le texte arabe de la formule cabalistique. Voici le secret et la formule que je traduis de l'arabe :

« Prenez sept têtes de chauves-souris, autant de peaux de serpents, « faites brûler le tout ; prenez sept morceaux de graisse provenant « d'un bouc noir, pilez-les ; prenez sept morceaux d'alun blanc, « pétrissez-les dans de l'eau de céleri. Enfouissez tout cela dans un « vieux tas de fumier ayant au moins trois ou quatre ans de date. Au « bout de vingt-un jours, retirez le tout ; faites-le sécher à l'ombre et « pilez-le bien. Mettez-le ensuite dans une boite que vous tiendrez « dans vos mains au moment même de l'opération. Alors vous « prononcerez la formule suivante qu'il faut savoir par cœur : O fils de « vos fils, ô fils de vos fils, manifestez vos prodiges ! Où est le Maître « du tonnerre ? Où est le Maître des nuages ? Où est le Roi dont le « front est couronné du grand serpent à mille têtes, dont chaque tête a « mille faces, chaque face mille bouches, chaque bouche mille langues, « chaque langue proclamant la gloire du Seigneur en mille idiomes « différents ! Où est *Achine, Chachouchine, Kahdouchine, Aouachine,* « *K'anouchine, Yarouchine, Elouah'ène?* Vite ! Vite ! Immédiatement ! « Immédiatement ! Hâtez-vous ! Hâtez-vous, ô serviteurs de ces *Noms*, « de métamorphoser *telle et telle chose (on prononce le nom de l'objet à* « *métamorphoser)*. Où est le pacte conclu entre vous et Soulayemane « fils de Daoud ? Hâtez-vous avant que la foudre ne tombe sur vous ! « Apportez-moi ce que je vous ai commandé. Que Dieu vous bénisse ! ».

Les Marocains sont les plus grands charlatans du monde musulman.

Ils exploitent indifféremment la crédulité de leurs coréligionnaires et celle des Infidèles. Que d'Européens, et même de Français, ont été les dupes de ces découvreurs de Trésors, de ces diseurs de bonne aventure, qui accomplissent quelquefois sous vos yeux des prodiges bien faits pour frapper le moral vacillant de ceux qui ont recours à leurs sortilèges !

Les monts de Tar'zouth sont assez élevés pour avoir à leur cime de la neige en hiver. Dans les endroits ombragés des hautes vallées, la neige persiste jusqu'au cœur de l'été. L'ouad Tar'zouth et son affluent l'ouad Beni-bou-Chibeth coulent souvent au pied des montagnes, dans des gorges profondes. A cause des richesses minières de leur pays, les indigènes de Tar'zouth prétendent que leur tribu fut la *mine* de laquelle sortit tout le genre humain. D'ailleurs *Tar'zouth*, dans leur dialecte, signifie aussi *mine, endroit abondant en tout.*

On compte dans cette tribu quarante-cinq villages environ contenant chacun une moyenne de cent feux.

Principaux Villages de Tar'zouth :

Aith Ali (enfants d'Ali) 300 feux. أيث علي

Zaouiyat-sidi Moh'ammed Akhemrich (1). 300 feux. زاوية سيدي محمد اخمريش

Tazrouth (B), (le petit rocher). 100 feux. تازروث

El-K'alâ (la forteresse) (A). 100 feux. القلعة

Forces militaires : 8,000 fantassins.

Population probable : 40,000 habitants.

Nulle part des routes ; rien que des sentiers muletiers. Instruction primaire très peu répandue. En 1893, le caïd était un nommé Moh'ammed Akhemrich. (Voir la carte spéciale de Tar'zouth et la carte générale du Rif).

Tribu des BENI-BOU-NECER

بني بو نصر (les enfants du protecteur) (A). (2)

Elle est bornée à l'ouest par *Tar'zouth* (Rif) ; au sud par les *Beni-bou-Chibeth* (Djebala) ; à l'est par *Zerk'eth* (Rif) et au nord par les *Beni-Khennous* (Rif). Elle a dix kilomètres en longueur et autant en largeur (un quart de journée de marche dans tous les sens). Elle occupe, avec

---

(1) *Séminaire de mon seigneur Mohammed le béni*, *Akhemrich* (B) se prononce *Akhemlich* dans les pays où l'*r* se change en *l*, *Akhemlich* plu. *Ikhemlichen* signifie *béni* et correspond à l'arabe مبروك

(2) Il est bien entendu que je conserve les dénominations locales, sans corriger ce qu'elles peuvent avoir d'incorrect relativement à la grammaire arabe. Ainsi *Beni-bou-Necer* devrait s'écrire en arabe littéraire *Benou-abi-Necer*. Je fais cette observation une fois pour toutes.

les *Beni-Khennous* et les *Beni-Seddath*, les plus hautes cimes des Monts Çanhadjens du Rif. La grande quantité de neige, qui tombe sur ces sommets, oblige les indigènes à n'avoir que des constructions basses, massives. Les villages sont en pleine forêt. L'été y est d'une fraîcheur délicieuse, froid même quelquefois, car, en juillet, on est contraint d'allumer du feu, sur le soir, pour se chauffer. Partout de l'eau, partout des sources et des ruisseaux.

Sur la crête du *Djebel-el-Arez* (Montagne des Cèdres), se dresse le coquet village de *Tameddith*, de cinq cents feux environ. Une source abondante, au milieu du bourg, donne naissance à l'*Ouad-Tameddith*. Le Djebel-el-Arez est très élevé. Sa cime est couronnée d'arbres, parmi lesquels domine le bois précieux du cèdre. Sur ses flancs, poussent la vigne et le noyer. La montagne entière disparaît sous un tapis de verdure. Dans toute la tribu beaucoup de chèvres et de bœufs. La principale culture dans les vallées est le *chenti* (sorte de blé blanc) et les lentilles. Les indigènes font une grande consommation de glands doux, d'*arguel* ou *argal*. L'arguel est un arbuste de la taille du lentisque. Son fruit, semblable à l'arachide, est moulu ; la farine, ainsi obtenue, sert à faire du pain, du couscous, de la *zemmita* (farine provenant de la graine torréfiée qu'on détrempe dans l'eau pour la manger) et de la *h'arira* (espèce de bouillie claire, au piment et à l'ail). Le fruit de l'arguel est noir, très sucré. Les nombreux potagers sont couverts d'oignons, de maïs, de piments et de citrouilles.

Marchands ambulants, les indigènes de Beni-bou-Necer colportent dans les autres tribus noix, amandes, fuseaux, goudron, poix, etc., qu'ils échangent contre de la laine. Ils exportent aussi de la gelée de raisin (*çamet*), utilisant ainsi ce fruit qu'ils font difficilement sècher sous leur rude climat. Dans les villages, on voit, de tous côtés, de vastes chaudrons, dressés hors des habitations. C'est dans ces récipients qu'on prépare la gelée de raisin, dont voici la recette : Le raisin bien mûr est écrasé ; le moût, recueilli dans un chaudron, subit une triple cuisson, après chacune desquelles on le laisse se refroidir, pour le replacer ensuite sur le feu. On reconnaît que la gelée est faite, quand le moût, réduit des deux tiers par l'évaporation, est complètement coagulé et doux comme du miel. On le verse alors dans de grandes jarres où il se conserve indéfiniment. On mange cette gelée en la délayant dans de l'eau. Les enfants sont friands des tartines de gelée pure. Le *çamet énivrant*, car il y a une variété de gelée qui provoque l'ivresse, ne subit qu'une seule cuisson. On abuse du çamet alcoolique dans les Djebala.

La laine, rapportée par les colporteurs, sert aux femmes à faire des *djellaba* (longue blouse en laine pour hommes) que l'on vend sur les marchés de la tribu. Les hommes s'occupent à fabriquer de la poudre, des balles, des montures de fusil en noyer. Aussi a-t-on donné aux montagnes Çanhadjiennes du Rif le nom de *Çanhadjet es-serra* (Çanhadja des bois de fusil).

Les indigènes des Beni-bou-Necer portent la *djellaba* rayée de blanc et de noir, et les femmes, de gros *haïks* (pièce de laine longue et étroite). Tous parlent le berbère, presque le pur *thamazir'th*. Les femmes ne se voilent pas; leurs mœurs sont pures. Ce sont elles qui travaillent la terre, la pioche à la main, car, dans beaucoup d'endroits, il serait impossible de labourer un sol si accidenté. Elles moissonnent, font du jardinage, mènent aux champs les troupeaux. Les hommes ne font rien ou presque rien.

Les Beni-bou-Necer sont divisés en trois fractions: *Rebô-el-Fouk'ani* (1), *Beni-H'emaïd* et *Tameddith*. Chacune de ces fractions peut lever 500 fusils (fantassins). Total: 1,500 hommes. Beaucoup de gibier et quelques animaux sauvages dans la tribu. Les Arabes de l'intérieur viennent chez les Beni-bou-Necer échanger leur blé contre des noix, des amandes, des raisins, du tabac à priser, du chanvre à fumer. On trouve aussi dans la tribu les câpres (*el-Kebar*), le thym (*zaâter*), le peganum harmala (*H'armel*), le pouliot (*afliou*), la pomme de terre (*bat'at'a*).

Chaque tribu rifaine a son cadi. Le rôle de ce magistrat est réduit à peu de chose. Il dresse les contrats de mariage, de vente, de divorce, ne s'occupant nullement de justice criminelle, dans un pays où n'existe d'ailleurs aucune autorité reconnue. Nous parlerons plus loin de l'organisation administrative de ce peuple insoumis.

Détail curieux: le savon est inconnu chez les Beni-bou-Necer, car la tribu est riche en terre à foulon, sorte de terre blanche qui fait de la mousse et décrasse assez bien le linge. Tous les villages des Beni-bou-Necer, au nombre d'une cinquantaine, sont situés sur les bords de l'ouad Tameddith et de l'ouad Tar'zouth. Les maisons sont très espacées les unes des autres. Les chapelles et mosquées sont nombreuses. Elles servent d'hôtellerie aux étrangers et aux étudiants qui y reçoivent une hospitalité aussi gratuite qu'agréable.

Principaux Villages des Beni-bou-Necer:

Taberrant (le vilebrequin) (A.-B.) 300 maisons. تابرانت

Tameddith (le soir) (B) 500 maisons. تامديث

Ibezzazen (les malpropres) (B) 300 maisons. ببزازن

Forces militaires, 1,500 piétons Population probable 7,500 habitants.

(1) *Rebô* signifie *tribu* en dialecte arabe marocain. Ce mot, suivi des termes *el-Fouk'ani* et *Tah'tani* (supérieur et inférieur), indique que ce n'est pas le véritable nom de la fraction de tribu qu'il m'a été impossible de me procurer.

Pays montagneux sans routes. Forêts partout. Même caïd que la tribu précédente. Instruction primaire peu répandue. Meurtres très fréquents.

Tribu des BENI-KHENNOUS

بني خنوس (Les enfants de goret)

Perchée sur le sommet des montagnes, cette tribu ne reçoit presque jamais la visite des étrangers. L'on dit même, dans le Rif, que le sultan ignore certainement l'existence des Beni-Khennous. Partout des rochers énormes, des pics vertigineux, d'immenses forêts, des troupeaux de singes.

Le derviche, en arrivant chez ces sauvages, fut entouré, palpé, retourné de tous les côtés. On ne lui fit pourtant aucun mal. On l'amena dans une sorte de tanière servant d'habitation et on lui servit, pour toute pitance, une centaine de glands doux. Tandis que le voyageur se livrait à une mastication pénible (les glands étaient durs comme du roc), une bande de sangliers domestiqués fit soudain irruption dans la tanière avec des grognements significatifs. D'un bond, le derviche fut debout, et, bon gré mal gré, il dut abandonner à ces nouveaux hôtes la plus grande partie des glands qu'il n'avait pas eu le temps de manger. Il constata alors que ces peu fervents musulmans élèvent, pêle-mêle, les sangliers avec les chèvres. Tout ce monde vit dans la même caverne, en parfaite harmonie, y compris le maître du logis, qui engraisse consciencieusement, avec des glands, le marcassin dont il adore la chair bouillie.

L'homme des Beni-Khennous ne sort jamais de sa forêt. Il cultive pour sa propre consommation des choux, du tabac à priser, du chanvre à fumer. Il tombe beaucoup de neige dans cette horrible tribu où personne ne s'aventure. Au bout de trois jours seulement passés chez ces sauvages, le derviche, dégoûté d'eux et de leur grossière nourriture, se hâta de s'esquiver. Il était resté chez eux juste le temps de savoir que leur dialecte est le thamazir'th et que leur tribu, longue et large d'une dizaine de kilomètres, compte deux fractions : *El-Ouad* et *Tazrouth* (le petit rocher) (B). Cinq petits villages dans toute la tribu. Forces militaires : mille fantassins. Instruction nulle. Pays très accidenté ; aucune route. (Voir les cartes).

Tribu des BENI-SEDDATH

بني سدّاث (1)

C'est une petite tribu de 10 kilomètres dans tous les sens. Elle est limitée au nord par Mthioua ; au sud par les Beni-Khennous ; à l'est par Zerk'eth ; à l'ouest par la province de Djebala. Trois fractions dans la tribu : *Oud'rar* (montagne) (B), *Ikhemlichen* (les bénis) (B) et *Azila*. En tout une soixantaine de villages de cent feux chacun environ. Pays très montagneux ; forêts, précipices. Chûtes d'eau, ruisseaux de tous côtés. En hiver, la neige couvre tout. On fait ses approvisionnements vers la fin du printemps et en été. A la fin de l'automne, les pluies commencent déjà, rendant les sentiers impraticables. Gibier abondant ; il constitue la nourriture principale des populations, au point qu'on en fait des conserves alimentaires. Les grands fauves sont représentés par la panthère, l'hyène, le sanglier. Les bergers mangent souvent ce dernier. Les glands doux et l'arguel servent à faire du pain. Beaucoup de miel, mais il est amer parce que les abeilles butinent les fleurs de l'arbousier (*bekhnennou* en thamazir'th, *asesnou* en zouaoua). Cela n'empêche pas les indigènes d'en être fous. Les ruchers sont installés dans l'intérieur des maisons à cause de la rigueur du climat.

A peine le derviche avait-il pénétré sur les terres des Beni-Seddath, qu'un vieillard, rencontré sur la route, lui dit : « Mon ami, tu es ici en *blades-siba* (pays insoumis). Garde-toi de dire que tu viens de Tar'zouth ; on te tuerait ou l'on te dévaliserait ». Les deux hommes se séparèrent. Le derviche continua sa marche. Tout à coup il aperçut, couchés le long du sentier, silencieux, le fusil au poing, des individus qu'il prit pour des bergers. L'un, sans quitter sa place, l'interpellant en berbère, lui dit : « *I ou achou ou terril' fellaner' esselam* ? » (Pourquoi ne nous as-tu pas rendu le salut ?) — Le derviche : « *A oulidi, our zrir' hadd* ». (Mon cher, je n'avais vu personne).— L'homme : « *Anisik kedj* ? » (D'où es-tu ?). — Le derviche : « *Nekki d'akthami* ». (Je suis de *Ktama*). A ces mots, tous se levèrent, criant : « *Kedj d'athar'zouthi !* » (Tu es de Tar'zouth !). Celui qui paraissait être le chef leur dit : « *Tikhreth fellas. Ath k'echchether'. Itskiddib ! Netta d'azouggar'. Aith Tar'zouith d'izouggar'en am netta* ». (Eloignez-vous de lui. Je vais le dévaliser. Il ment ! Il est blond. Tous les gens de Tar'zouth sont blonds comme lui). — Il ajouta : « Habits bas, fils de chrétien ! ». Et armant son fusil, il mit le derviche en joue, hurlant : « Tu n'es pas encore

(1) Etymologie douteuse. On m'assure que cette tribu a été ainsi dénommée, parce que la neige et les brouillards l'entourent, la *bouchent* de toute part. *Seddath*, mot arabe berbérisé, viendrait donc de la racine arabe *sedd* سدّ *boucher, clore hermétiquement ?*

déshabillé ! » Moh'ammed n'en entendit pas d'avantage. Une main vigoureuse venait de le jeter par terre ; il fut dépouillé en un clin d'œil de tous ses vêtements. Il perdit dans cette affaire deux *djellaba*, une paire de babouches, une somme de quarante centimes et sa coiffure, c'est-à-dire 4 ou 5 calottes blanches empilées les unes sur les autres, entourées d'un turban. Aussi pourquoi s'était-il si bien vêtu, lui qui d'habitude voyageait en guenilles ?

Il redemanda en vain ses babouches. On ne lui laissa que sa chemise. Comme il insistait pour avoir ses chaussures (elles étaient presque neuves !), on lui dit brutalement : *Sousem aner' ak ner'res !* (Tais-toi ; sinon, nous t'égorgeons ! ».

Dans ces hautes montagnes, le vent est froid. Des ouragans soufflent, d'une violence terrible. Le derviche, abandonné en simple chemise de calicot, ne laissait pas de ressentir douloureusement les effets de la bise glacée qui ne tarda pas à le faire claquer des dents. Il marchait pour se réchauffer, ne sachant pas trop où se trouvait le village de Tizdemth, but de son voyage. Un berger, à qui il demanda où était Tizdemth, lui dit : « Suis toujours le même chemin. Quand tu seras au sommet de la montagne, tu verras le village. Méfie-toi de la neige. Il y en a par là-bas. » Moh'ammed, poursuivant sa route, rencontra un autre berger qui chantait en s'accompagnant d'une mandoline. « Pourrait-on savoir, lui demanda l'écolier vagabond, s'il y a de la neige sur la route ? » L'autre, mauvais plaisant, voyant le voyageur en chemise, crut spirituel de lui jouer un vilain tour. « Non, non, dit-il, tu n'en trouveras pas. » Rassuré par ces paroles, le derviche continua son ascension. Quand il fut sur le sommet de la montagne, il vit tout le versant nord couvert de neige. Certainement Tizdemth devait se trouver à ses pieds, dans le creux de quelque vallée ; mais comment le découvrir au milieu des arbres et de ce linceul éblouissant ? La descente commença. Plus il avançait, plus ses pieds enfonçaient dans la neige. Vêtu d'une seule chemise, il était à moitié mort de froid, n'avançant que prudemment, de peur de rouler dans quelque précipice. Il ne savait plus où il était ; il commençait à désespérer de son salut, quand les aboiements d'un chien parvinrent à son oreille. Ils semblaient venir du creux d'un profond vallon que ses yeux fatigués n'avaient pas encore aperçu, à quelques centaines de pas de lui. La teinte sombre des arbres, la couleur noire du sol indiquaient que la neige n'existait pas dans cette bienheureuse vallée tempérée qu'il s'agissait d'atteindre sans retard, la nuit étant déjà venue. Le voyageur fit un dernier effort. Bientôt la terre mouillée, cette terre tant désirée qui marquait la limite des neiges, opposa à ses pieds une résistance qu'il appelait de tous ses vœux depuis plusieurs heures. Au même moment, il distingua des maisons enfouies au milieu des grands arbres. C'était Tizdemth. Il était sauvé ! Il se traîna jusqu'à la porte de la mosquée, devant laquelle il tomba épuisé. Un écolier qui sortait fut surpris de voir là un homme en chemise par cette température. Il rentra aussitôt dans la mosquée, appela ses compagnons, disant en berbère : « *Aouith ed timessi. As nâd'el tafgirth ad' izzizen.* » (Apportez du feu. Nous lui ferons une flambée afin qu'il se réchauffe.) Tous les étudiants se mirent à l'œuvre ; ils eurent bientôt allumé un grand feu de bois de chêne, dont la forte chaleur ne tarda pas à ranimer le pauvre derviche, plus rapidement peut-être qu'il n'eût voulu, car on l'avait tenu si près des flammes, qu'il faillit être rôti tout vif, après avoir manqué de périr par le froid. Cette pénible journée laissa dans la mémoire de Moh'ammed une impression ineffaçable. En me la racontant, il claquait encore des dents, maudissait énergiquement et ceux qui l'avait dévalisé et le sinistre farceur de pâtre qui lui avait indiqué ce chemin. Cependant les écoliers de Tizdemth s'empressaient autour de Moh'ammed. Dès qu'ils le virent complètement ranimé, ils l'introduisirent dans la mosquée. Un petit panier rond en palmier nain, débordant de glands grillés tout chauds, fut posé devant lui. On lui servit ensuite une assiette remplie d'arbouses confites au sel, des figues de Barbarie desséchées (*hendiya mcherrah'a*), du miel amer, du *zambou* (baies grillées de l'arguel), du *chenti* (blé blanc), des fèves et du sorgho. Les étudiants mangeaient avec lui, plongeant leurs doigts dans le miel, les enfonçant ensuite dans le *zommit* (farine grillée). Le repas achevé, on donna à Moh'ammed des vêtements convenables, on lui désigna dans la mosquée un bon coin pour dormir, et tout le monde se coucha.

Le lendemain matin, le derviche ayant demandé dans quel village il était, quelqu'un lui fit cette réponse : « Tu es dans la *dechra* (village) de *Daroutane*, appelée aussi *Tizdemth*. Et puisque tu es *chergui* (Oriental), tu es obligé, avant d'aller à tout autre endroit, de te rendre en pèlerinage au tombeau de Sidi Moh'ammed Djemôun, le plus grand *ouali* (saint) des Beni-Seddath, enterré en pleine forêt, tout près d'ici. Il vivait au 9e siècle. Il a fait une multitude de miracles ».

N'oublions pas que le Maroc, refuge des descendants de Mahomet, est la partie du Monde Musulman où il y a le plus de saints. Une hagiographie complète de cette contrée exigerait une vie d'homme et cinquante volumes in-octavo.

Des Beni-Seddath, on domine la Méditerranée dont la nappe bleue se voit dans le lointain. Les indigènes de cette tribu sont convaincus que tout bateau chrétien, passant en vue du tombeau de Sidi Mohammed Djemôun, placé sur le flanc septentrional de la montagne faisant face à la mer, est brisé, détruit, englouti en quelques minutes !

Autre miracle du saint : Un jour il réunit les fauves de la forêt et leur tint ce langage : « Je ne veux pas que mes chers Beni-Seddath perdent leur temps à garder leurs troupeaux. Chèvres, bœufs, ânes, mulets, juments iront sous bois sans gardien ; défense vous est faite de happer un seul de ces animaux. » Depuis cette époque, les troupeaux errent librement en forêt, dans la plus complète sécurité ; la nuit venue, ils reviennent d'eux-mêmes à la maison. Les bœufs font exception à cette règle ; ils vivent pour ainsi dire à l'état sauvage dans les montagnes, mais ils se laissent prendre sans dificulté quand on veut les faire travailler, les vendre ou les manger. La tribu ne possède pas de chevaux. Les juments sont fécondées par des étalons choisis dans les pays voisins. La légende rapporte qu'un chacal, transgressant les ordres du saint, voulut un jour s'attaquer à une chèvre seddathienne ; il fut immédiatement entouré par tout le troupeau et tué d'un vigoureux coup de corne.

Avant de mourir, le bienheureux Sidi Moh'ammed Djemoûn prescrivit à ses contribules de donner, chaque jeudi, une *ouaâda* (fête de charité) près de son tombeau. Or, et c'est là qu'est le miracle, les Seddathiens ont suivi ponctuellement jusqu'à ce jour les ordres de leur patron. Le derviche profita d'un jeudi pour faire le pélerinage ; il entra dans le monument élevé au-dessus du tombeau, fut frappé de ses proportions grandioses et de ses décorations intérieures. Des centaines de pélerins peuvent y pénétrer en effet, traînant, derrière eux, les victimes destinées au sacrifice. Les Berbères y entrent tout armés, semblables à des soldats. Leurs djellaba noires et courtes, s'arrêtant au-dessus des genoux ; leurs pantalons étriqués, ne descendant eux aussi qu'aux genoux, et cachés en grande partie par la djellaba ; deux ou trois cordons en poils de chameau autour de leur tête nue ; un long fusil *bou-chefer*, c'est-à-dire de Tétouan, en bandoulière, tel est l'aspect truculent de ces sauvages montagnards qui, à peine entrés dans le sanctuaire du *Seyyid* (Seigneur, saint), déchargent tous à la fois leurs armes. Après chaque salve, le crieur public vocifère : « Bienvenue à la tribu une telle ! » La visite accomplie, les guerriers sortent. Ils se placent sur une espèce de balcon, en face de l'entrée du sanctuaire, tirent de leur gaîne des couteaux finement aiguisés, égorgent, en prononçant la formule obligatoire, les victimes dont le sang ruisselle tout chaud dans la campagne. Alors seulement ils déposent leurs armes. Le marché qui se tient autour du monument se remplit peu à peu. Les hommes doivent y entrer désarmés et ne reprendre leurs fusils, déposés dans l'intérieur du marabout, que pour s'en retourner chez eux quand la *ouaâda* est finie. Toute *ouaâda* donne lieu à une effrayante consommation de couscous, viande, pâtisseries, etc. Les pauvres, pour lesquels la fête est donnée, ne manquent pas de se trouver à ces intéressantes réjouissances. Le derviche, alléché par les repas plantureux qu'il faisait régulièrement au tombeau du saint, semblait ne plus pouvoir s'arracher au village de Tizdemth. Ses visites au sanctuaire étaient si fréquentes, son air de dévotion si convainquant, qu'on finit par lui proposer la place de gardien du lieu saint. Emporté par sa curiosité naturelle, par ce besoin incessant de déplacement, il préféra cependant renoncer à cette grasse sinécure pour se livrer tout entier aux explorations. Au bout d'un mois, il quitta le village, se mit à errer dans la tribu, couchant chaque soir dans un village nouveau, recevant dans chaque mosquée l'hospitalité, considérée comme un devoir sacré par tous les habitants du Maroc.

Une sécurité relative règne dans le pays. Les Seddathiens sont graves, mentent rarement, ne plaisantent jamais. Ils sont très casaniers, n'aimant pas à aller chez leurs voisins ni à ce qu'on vienne les voir. Assez éloignés du littoral, il n'y a chez eux ni exportation ni importation. Ils ne savent pas ce que c'est que le sucre, les bonbons, le café, le thé, les cotonnades européennes. Ici et dans les tribus que nous venons de visiter, le *juif* et le *chrétien* sont inconnus. La culture dominante est celle du coton, du chanvre et du tabac à priser. Les indigènes consomment le chanvre à fumer (*kif*), le chanvre indien (*h'echicha*) qu'ils prennent en électuaire, l'opium et une espèce de plante appelée *kebar* (1), ayant des propriétés énivrantes. Les femmes fument le *kif* comme les hommes, portent des vêtements de laine. La nourriture principale est le *biçar* (2), couscous mélangé de fèves, les lentilles, les petits pois et la *viande de cèdre* (*lah'm el-arez*), c'est-à-dire cette partie de l'écorce du cèdre qui, convenablement bouillie, est presque aussi nourrissante que la chair des animaux. L'escargot est un mets recherché. Les bergers, très voraces, les mangent crus, s'empiffrant en même temps de glands, dont ils épargnent à peine les cupules.

Dans une de ses excursions, Moh'ammed ben T'ayyéb, surpris par le mauvais temps, alla se réfugier sous un chêne ballote (quercus ballota) (en arabe *bellout'a*), non loin d'un enclos, au centre duquel s'élevait une maison. La neige tombait dru et le derviche commençait à en être couvert, lorsqu'un vieillard, sortant de l'enclos par un trou de la haie, lui dit en thamazir'th : « *Manis tchouchedh ?* » (Que cherches-tu ?) Moh'ammed lui ayant répondu : « *K'imer' oua ha* » (je suis assis et voilà tout), le dialogue suivant, dont je laisse au point de vue du pur dialecte seddouthien toute la responsabilité au derviche, s'engagea entre eux.

Le vieillard : « *Atad'fedh r'er taddarth inou ?* » (Entrerais-tu dans ma maison ?).

Le derviche : « *Ia Llah !* » (Allons !) Le voyageur emboîte le pas au vieillard, pénètre dans le logis, trouve la famille occupée à faire rôtir des hérissons et des lièvres (*inisyin d'iouthal*). Tous mangent ; le repas terminé, le vieillard dit à Moh'ammed : « *Ekhser' ak oucher' illi ; mâna*

---

(1) Mot homographe de kebar *(câpre)* ; mais il ne s'agit pas ici du produit du câprier.

(2) Voyez mes *Légendes de la Grande Kabylie*, tome 3e, 23e légende, ce vers *irouh' ad immes ad' ietch abiçar* et la note qui concerne cet aliment.

anisik, chekk ? » (Je voudrais bien te donner ma fille ; mais d'où es-tu, toi ?)

Le derviche : « *G elh'akama ouroumi.* » (Du territoire du chrétien).

Le vieillard : « *Tâjiben yi medden enni.* » (Ces gens-là me plaisent).

Le derviche : « *Ma r'er ?* » (Pourquoi ?). Le vieillard : « *Lejdoud enner' d'Ifranciyin.* » (Nos ancêtres étaient Français). A ces mots, le vieillard se leva, alla chercher un vieux livre dans une caisse et le montrant au derviche : « *Lektab agi feilas arbâ lek'roun. Thira ines tafrancist. Tamourth a n aith Seddath oufrancis ; h'acha souffer'en ten aith Merin d'aith Ouat't'as. Iina ik'imen d'ououlen d'inselmen.* » (Ce livre a quatre siècles. Il est écrit en *français*. Ce pays-ci des Beni-Seddath était aux Français ; mais ils en ont été chassés par les Aith Merin et les Aith Ouat't'as. Ceux d'entre eux qui sont restés se sont faits musulmans.)

A en croire Moh'ammed, des sympathies nous attendraient dans cette tribu. J'aime mieux le croire que d'aller m'en assurer par moi-même. Le derviche, qui s'était séparé de son giton dès son entrée chez les Beni-bou-Necer, ne crut pas cependant devoir donner suite aux projets matrimoniaux du vieillard. Il lui promit de revenir, n'osant refuser ouvertement la main de sa fille, et il s'enfonça dans la forêt pour ne plus reparaître chez ce prétendu ami et descendant des Français.

Principaux Villages des Beni-Seddath :

Taddarth (La maison) (B) 50 feux ; sur l'ouad Azila. تدّارث
El-Akhmaïcha (les bénis) (B) 100 feux ; près de l'ouad Azila. الاخمايشة
Ez-Zaouiya (le séminaire) (A) 50 feux ; sur l'ouad Azila. الزاوية
Tizdemth (le fagot) (B) 50 feux ; sur l'ouad Azila. تيزدمث
El-Khemis (le jeudi) (A) 20 feux. الخميس
El-K'alâ (la forteresse) (A) 10 feux. القلعة
Sidi-Belk'asem (A) 50 feux. سيدي بلقاسم

Forces militaires 2,500 fantassins. Population probable 12,500 habitants. Sentiers muletiers partout. Pays très accidenté, couvert de forêts. Instruction coranique assez répandue. En 1893, caïd Si Moh'ammed Akemrich. Tribu absolument indépendante.

Tribu de MTHIOUA

مثيوة (l'énorme) (B)

On peut suivre pas à pas, sur les cartes, l'itinéraire du derviche. Parti des tribus méridionales de l'ouest rifain, il s'avance lentement vers le nord, sans quitter pour ainsi dire la frontière djebalienne. Le voici arrivé, maintenant, dans la tribu maritime la plus occidentale du Rif. *Mthioua* sert de tampon entre cette dernière province et les Djebala ; et il faut que le tampon soit résistant car le pays présente, surtout sur le littoral, des points faibles. Aucune barrière naturelle ne s'élève en effet, du côté de la mer, entre R'mara et Mthioua. R'mara, puissante tribu djebalienne, infiniment plus grande et plus peuplée que Mthioua, se rue de temps en temps sur sa voisine rifaine. Celle-ci finit toujours par la repousser à l'aide des contingents fournis par le Rif alarmé.

Mthioua présente à la mer un littoral d'une vingtaine de kilomètres, s'enfonce dans le sud à une journée de marche (40 kilomètres). Elle est bornée à l'ouest par R'mara, tribu Djebalienne ; à l'est par les Beni-Gmil (Rif) ; au sud par les Beni-Seddath (Rif) ; au nord par la Méditerranée. Elle est divisée en cinq fractions : Les *Aith Mh'ammed* sur le bord de la mer, limitrophes de R'mara ; *Tithoula* (les fossés) (B), aboutissant au nord à la Méditerranée et au sud-ouest aux Djebala ; *Aith Abd-Allah* (enfants d'Abd-Allah), fraction également maritime, limitrophe des Beni-Gmil (Rif) ; les *Beni-Ali* au centre, et *Rebô-el-Fouk'ani (fraction supérieure)*, au sud. Chacune de ces fractions peut lever douze cents fusils, soit un total de six mille fantassins pour toute la tribu.

Frontière occidentale du Rif, baignée par la Méditerranée, Mthioua a une importance particulière. Elle sert en effet de passage entre le Rif et la province de Djebala. Ses collines peu élevées sont loin d'opposer aux voyageurs une barrière aussi sérieuse que les hauts monts des tribus rifaines méridionales. C'est par ce chemin, ou par les tribus maritimes de l'est rifain, que devront pénétrer les corps d'armée ayant à opérer dans le Rif. L'épaisse muraille de cactus, que Mthioua parait laisser à dessein entre elle et les Djebala, ne constitue pas un obstacle infranchissable pour les armées modernes. On aura donc raison du Rif en domptant d'abord les tribus maritimes, et en bloquant ensuite dans leurs montagnes les populations méridionales, qui ne manqueront pas d'opposer une forte résistance dans le retranchement naturel formé, sur toute la ligne du sud, par les chaînes maîtresses du petit Atlas.

Avant de se séparer de ses hôtes de Daroutane, Moh'ammed reçut d'eux une blouse en laine (djellaba), une paire de babouches neuves, un h'aïk et une petite somme d'argent, 2 fr. 25 environ. Il alla faire une longue tournée dans les tribus limitrophes de la province de Djebala et il rentra dans le Rif, venant de la tribu djebalienne de R'mara, par la tribu de Methioua. De R'mara au village rifain d'El-K'alâ, le littoral est une plaine ondulée de rocs gigantesques, dont les vagues de basalte ne peuvent être franchies que par l'oiseau ou par le pied agile de la chèvre. Cette espèce de Chaussée des Géants est appelée par les indigènes *Selloum* (échelle). Laissant à sa gauche le petit port de *Takmout*, connu aussi sous le nom *d'El-Djebha* (le front, c.-à-d. le cap), le derviche, venant de R'mara, dut prendre par le sud des Aith Moh'ammed afin d'éviter les falaises rocheuses du *Selloum*. Après avoir fait ce détour, il parvint, au bout d'une journée de marche, au village *d'El-Kalâ*. Situé sur le bord de la mer, bâti sur les deux rives de l'Ouad Tithoula qui a là son estuaire, El-Kalâ est une sorte de petit port désigné dans le pays sous le nom de *Morset sidi Fetouh'* (port de monseigneur Ftouh'). Les gros navires peuvent, paraît-il, y jeter l'ancre. La crainte d'une invasion espagnole fait que, depuis des siècles, il y a à El-Kalâ une garnison berbère fournie à tour de rôle par chaque fraction de Methioua.

Le soir même de son arrivée à *El-Kalâ*, le derviche fut comme d'habitude, cordialement accueilli à la mosquée où il trouva des étudiants et plusieurs voyageurs étrangers. Il attendit patiemment l'heure du souper. Dans tout le R'arb, on ne dîne guère qu'après la dernière prière du soir, c'est-à-dire vers neuf heures. A peine le moued'd'ène (muezzin) eût-il fait entendre son premier appel, que la mosquée fut envahie par une foule de jeunes gens, vieillards, étudiants, marabouts, qui venaient faire leur prière sans lâcher leurs fusils (klait') de provenance anglaise. Ce spectacle d'un peuple armé en prière fit penser au derviche que la confiance ne régnait pas entre ces dévots. Il en eut la preuve un moment après. Cependant le souper, qui se faisait attendre, fut apporté par quelques hommes, escortés d'une soixantaine d'individus, le fusil en bandoulière. Ils apportaient aux hôtes de la mosquée des poules, du poisson, du miel, du beurre, du pain d'orge. On ne connait guère le pain de blé dans tout le Rif ; depuis Mthioua jusqu'à Nemours, on en sème très peu, pour ne pas dire pas du tout.

Le repas terminé, les soixante individus s'en retournèrent chez eux, remportant les plats vides. Ils n'avaient pas fait cent pas dehors, qu'on entendit une vive fusillade. La conversation et les rires des hôtes de la mosquée ne s'interrompirent pas pour si peu. L'un des assistants dit négligemment : « Tiens ! On se tue par là-bas ». Un moment après, on vint annoncer que deux des porteurs du souper avaient été tués, en plein village, par leurs ennemis personnels. « Quelle est donc cette tribu où l'on se fusille si facilement, demanda le derviche habitué aux mœurs plus douces des Djebala ? » — « Que tu es naïf (*r'echim*), lui répondit un écolier ! Ne sommes-nous pas dans le Rif ? A-t-on jamais vu un rifain mourir de mort naturelle ? Tous périssent par le fer ou les balles. Leur oraison funèbre est vite faite. Quelqu'un annonce : « Un tel est mort. C'est X qui l'a tué. Que Dieu lui soit miséricordieux. Prions sur lui et enterrons-le. C'est d'ailleurs ce que nous allons faire, ajouta le jeune homme en se levant ». Tous ses camarades l'imitèrent et sortirent avec lui de la mosquée. Le derviche les suivit. On se rendit au domicile des deux morts. Des lampes fumeuses éclairaient les deux cadavres, que l'on avait prestement lavés et recouverts d'un suaire, la tête restant visible. Les maîtres de la maison servirent aux étudiants du miel, du beurre, du pain ; mangèrent et burent avec eux, sans manifester le moindre chagrin. Moh'ammed leur ayant dit : « Pourquoi ne pleurez-vous pas ? », ils répondirent : « Ils ont tué. On les a tués ». La nuit se passa à prier, à manger et à boire. La veillée des morts n'a rien de lugubre dans tout le Rif, du moins pour les écoliers qui trouvent là une excellente occasion de faire ripaille, tout en gagnant quelques centimes en récompense des versets du Coran, ânonnés sur les trépassés.

Le lendemain matin, le derviche quitta El-K'alâ, se rendant au marché du lundi (*Souk'-el-Ethenin*), situé au centre de la tribu, dans le village même de *Sidi-Brahim* (monseigneur Abraham). Tournant le dos à la mer, il se mit à gravir une succession de collines et de petites montagnes couvertes de villages. A perte de vue, s'étendent des figuiers de Barbarie, couvrant collines et vallons de leur masse verte, inextricable. Les sentiers étroits ne manquent pas cependant dans cette singulière forêt. Bien que ce fût l'été, la brise de mer rafraîchissait l'atmosphère, soufflait sans discontinuer. Le derviche voyageait sans se presser, allant d'un village à l'autre, étudiant le pays, les mœurs et les coutumes des habitants.

Les indigènes de Mthioua sont de race berbère. Tous parlent le thamazir'th ; très peu connaissent la langue arabe. Ils sont braves, très enclins au meurtre, vivent dans une indépendance complète. Presque partout, existent entre eux, de village à village, de maison à maison, de terribles inimitiés. Chaque jour, des combats ensanglantent la tribu. Il n'est pas rare de rencontrer des jeunes hommes de vingt ans, déjà sillonnés de cicatrices de balles ou de coups de couteau. Le Mthiouien est robuste, fort comme un sanglier. Malgré sa grossièreté et son naturel farouche, il est de tradition chez lui de bien accueillir les hôtes. On se les arrache littéralement de famille à famille. Le derviche fut témoin un jour d'une bataille rangée, occasionnée par un voyageur étranger que se disputaient deux familles. Trois hommes restèrent finalement sur le carreau, et les vainqueurs emmenèrent triomphalement l'étranger dans la chapelle de leur *âzoua*. Dans le Rif, on appelle *âzoua* un petit clan constitué, dans chaque village, par deux ou trois maisons confédérées. Chaque âzoua a sa chapelle particulière. Il arrive souvent que les différentes âzoua d'un même village sont entre elles à couteaux tirés. Alors les hommes ne sortent que la nuit; s'ils s'avisaient de se montrer pendant le jour, des balles, parties des âzoua voisines de la sienne, l'arrêteraient promptement dans sa course. En revanche, les femmes peuvent circuler sans danger dans les rues, en tout temps; pour elles seulement il y a amnistie complète et éternelle. Elles vont à l'eau, au bois, aux champs, sans être jamais inquiétées. Les chefs de famille, exposés à tant de périls, sont obligés de louer des étrangers pour labourer leurs terrains et garder leurs troupeaux. Ces mercenaires sont sacrés comme les femmes. A Mthioua, et dans tout le Rif du reste, quand un chef de famille veut entreprendre un voyage, il se garde bien de l'annoncer. Il part furtivement pendant la nuit en se faufilant le long des murailles. Dès qu'il est hors du village, il se lance à toute vitesse dans la campagne, sous bois, si c'est possible. Il trouvera, en atteignant le territoire de la fraction voisine, une sécurité relative ; mais quelle sécurité ! La forêt de Bondy était, par rapport à notre Rif le séjour de la paix, de la sûreté et du bonheur. C'est pour cela que les voyages et les voyageurs sont rares au Maroc. Il faut être poussé par une impérieuse nécessité pour quitter son hameau, sa ville, ou son douar. Des trêves interviennent de temps à autre entre âzoua et villages voisins, mais, en général, elles durent peu. A Mthioua, les étrangers n'ont rien à craindre s'ils portent des vêtements d'une autre couleur que celle des effets des habitants du pays, dont les djellaba sont toutes noires, ou rayées de blanc et de noir. Cette immunité ne concerne que les étrangers hébergés dans les mosquées. Tout parent ou ami, recevant l'hospitalité dans une famille, court les mêmes dangers que ses membres.

La femme mthiouienne est belle. Elle est vêtue d'une sorte de toile blanche appelée *(rehif)* ; elle porte des babouches rouges ; des périscélides, des bracelets d'or ou d'argent ornent ses chevilles et ses poignets. De riches boucles d'oreilles aux énormes circonférences, un diadème doré ou argenté, des colliers chargés de louis d'or ou de pièces d'argent, de grandes agrafes d'argent retenant sur la poitrine les deux pans du *(rehif)*, complètent ses atours. N'oublions pas les bagues d'or et d'argent dont ses doigts sont chargés. Peu de monnaie marocaine parmi les pièces de ses colliers. Les pièces françaises et espagnoles dominent. L'usage du voile est inconnu. Les femmes et les filles se montrent à visage découvert.

Les vierges se marient très jeunes ; entre dix et quatorze ans. Elles coûtent fort cher aux maris qui les achètent au père ou au tuteur légal. Les laides montent jusqu'à 500 fr. ; les beautés moyennes valent de 1,000 à 1,500 fr. ; les très jolies, de 4 à 5,000 fr., plus le trousseau et les bijoux. Le prétendant, accompagné de trois ou quatre camarades, part demander au père ou au tuteur la main de la jeune fille et le montant du douaire. Il va sans dire que la principale intéressée n'est jamais consultée. Si la demande est agréée, le père, ou le tuteur, sort avec le futur et ses amis et l'on se rend chez le cadi de la tribu qui dresse l'acte de mariage. Ensuite le fiancé rentre chez lui faire les préparatifs de la noce. Suivant sa fortune, il tue 2, 3, 4, 5 ou 6 bœufs. Des montagnes de couscous sont préparées ; des jarres au ventre rebondi se remplissent de lait. Les sœurs, les tantes, la mère du jeune homme confectionnent des piles de *msemmène* (crêpe feuilletée), baignant dans un océan de miel. Quand tout est bien prêt, le futur réunit les habitants du village. Il les amène chez lui et les invite à boire et à manger. Dans l'après-midi, une centaine d'hommes à pied, armés de leurs fusils, la ceinture fortement serrée autour des reins, comme s'ils partaient au combat, se dirigent vers la demeure de la jeune fille. Ils déposent entre les mains du père le douaire promis, font monter la mariée sur un mulet sellé d'une élégante bardelle, donnent le signal du départ par une décharge générale de leurs fusils. La femme, toujours voilée, est placée au milieu du bruyant cortège, dont les salves continuelles de mousqueterie annonçent au loin l'arrivée. Dans la maison du futur maître, les femmes, en entendant les détonations, commencent à pousser des you-you étourdissants. Dès que l'escorte est en vue, elles se précipitent à la rencontre de la jeune fille, l'enlèvent de sa selle, la conduisent dans sa nouvelle demeure, s'installent avec elle dans une pièce où elles lui tiennent compagnie jusque vers le milieu de la nuit. A ce moment, elles se retirent, la laissant seule. Le fiancé, qui était resté dehors à jouer et à tirer des coups de fusil avec ses amis, est prévenu par une matrone de l'instant solennel. Il quitte furtivement ses compagnons et court trouver sa femme. Un moment après, il ent'rouvre une croisée, par l'entrebaillement de laquelle s'allonge le canon de son fusil. Un éclair, suivi d'une forte détonation, annonce à la population du bourg que la jeune fille n'est plus vierge. Cette nouvelle est accueillie par d'indicibles you-you auxquels répondent des feux de salve bien nourris. Tandis que les mariés restent enfermés, les invités continuent à festoyer toute la nuit. Hommes et femmes chantent tour à tour, déclamant d'anciennes poésies, en improvisant de nouvelles. Les you-you de l'assistance féminine sont la récompense des rimes bien tournées. Aux premières lueurs du jour, les invités, complètement repus, regagnent leur logis en se promettant de recommencer la fête à une prochaine noce.

Le mariage des veuves et des divorcées n'a pas l'éclat de celui des vierges. Il se fait sans tapage, modestement, comme il convient d'ailleurs à celle qui a perdu la plus grande partie de sa valeur, sa virginité. On ne néglige rien, dans tous les cas, pour satisfaire largement l'estomac des convives qui accourent avec empressement à toutes ces fêtes, comme à une curée.

La femme rifaine est très féconde. Il n'est pas rare de voir une mère entourée de sept ou huit enfants. On en cite quelques-unes en ayant eu quinze. Hommes et femmes de ce pays terrible considèrent les nombreuses familles comme une bénédiction du ciel. On n'attend pas, chez ces rudes montagnards, comme on le fait trop souvent en Europe, que l'homme soit aux trois-quarts épuisé pour le marier. Le rifain se marie jeune ; entre 15 et 20 ans. Quelle différence entre ce gars bien musclé, solide comme un taureau, et nos antiques fiancés de quarante ans, dont l'éreintement physique égale la décrépitude morale ! Les Rifains n'aiment pas les femmes stériles qu'ils répudient, après une attente de deux ou trois ans, avec des marques non équivoques d'un profond mépris. L'infortunée a bien des chances de ne plus se remarier ; elle vit chez ses parents qui l'accablent d'injures et la soumettent aux plus durs travaux. Elle n'aura pas la suprême ressource de la paresseuse européenne : la prostitution. Cette plaie de nos pays civilisés est extrêmement rare dans le Rif où l'on ne plaisante pas avec l'honneur des femmes.

J'ai déjà dit que toutes les tribus rifaines sont indépendantes et ne reconnaissent nullement l'autorité du sultan de Fas. Galiya cependant a une garnison marocaine et paie un impôt régulier. Voilà à quoi se borne sa soumission. Pour ne plus revenir sur ce sujet, je vais dire comment Mhtioua et ses sœurs du Rif se donnent des caïds, quand elles veulent bien les tolérer.

Les caïds rifains sont des fonctionnaires cent fois plus instables encore que nos ministres et mille fois plus exposés qu'eux au fer de leurs concitoyens On les élit, on les destitue avec une facilité incroyable ; on les massacre plus facilement encore. La mort naturelle, violente le plus souvent, d'un caïd, ou sa destitution prononcée par ses contribules, donne lieu aux opérations suivantes, quand on veut bien en élire un autre à sa place : Les principaux notables du pays, sorte de syndicat tout puissant formant la *djemaâ* (assemblée) suprême de toute la tribu, se réunissent dans une mosquée ou dans un lieu de marché très fréquenté. Ils se sont entendus d'avance sur le nom du futur élu, qui ne peut être que l'un d'eux, leurs mœurs n'étant pas encore assez démagogiques pour leur permettre d'aller choisir, dans les bas-fonds de la société, l'homme qui doit occuper le premier rang parmi ses pairs. La djemaâ désigne donc l'un de ses membres en remplacement du caïd disparu. Elle rédige l'acte de nomination qui sera ratifié, pour la forme, par le sultan.

Le nouveau titulaire, muni de cet acte, se met en route pour Fas ou Merrakech, emportant avec lui 1,500 ou 2,000 francs de cadeaux, destinés à sa Majesté Chérifienne. Mais on ne le laisse pas partir seul ; on lui adjoint quatre ou cinq de ses anciens collègues, chargés de surveiller le nouvel élu ainsi que la précieuse sacoche. Afin d'éviter toute désagréable aventure, ces obligeants camarades se chargent eux-mêmes de porter l'argent, véritable fardeau consistant le plus souvent en pièces de cent sous. La députation, armée jusqu'aux dents, se met en marche, montée sur des mulets. Elle évite adroitement de tomber dans les nombreuses embuscades qui lui sont tendues. Si elle n'a pas ce bonheur, elle revient bredouille à la tribu, après avoir laissé entre les mains des voleurs cadeaux, habits, mulets et un ou plusieurs de ses membres. Si, au contraire, elle arrive sans encombre à Fas ou à Merrakeche, c'est-à-dire là ou se trouve l'Empereur, son premier soin est de se rendre à la porte du palais impérial. Elle prévient les chambellans de son arrivée et de son désir d'être introduite auprès de leur maître. Ceux-ci font la sourde oreille jusqu'à ce qu'ils aient prélevé une partie de la somme destinée au souverain. Si la députation s'avisait de se soustraire à cet abus, elle ne verrait jamais le sultan, et celui-ci ne saurait pas d'avantage qu'elle est là, à sa porte, attendant une audience.

Une fois satisfaits, les chambellans introduisent les députés, pieds-nus, dans une salle d'attente. L'huissier de la salle du trône vient leur poser quelques questions : d'où ils sont, ce qu'ils veulent. Ce personnage, d'habitude proche parent du sultan, assez riche pour dédaigner les petits cadeaux des pauvres montagnards, rentre dans la salle du trône, ouvre la porte à deux battants, annonçant à très haute voix : « Les Beni X sont arrivés ! » Le sultan, prévenu d'avance, est assis sur un siège élevé. Il fait un geste signifiant: Faites entrer. Le nouveau caïd suit l'huissier dans la salle. Il salue le prince à la mode marocaine, c'est-à-dire en s'embrassant le bout des doigts de la main droite, politesse connue là-bas sous le nom de *bendok'* (بندق). Le sultan répond de la même manière à ce salut. Le futur fonctionnaire s'avance lentement jusqu'au pied du trône, non sans terreur, car il voit à la droite et à la gauche du souverain, debout et l'épée haute, deux gardes du corps, aux regards peu rassurants. L'un de ces terribles archanges parle soudain. D'une voix brève, il ordonne au nouveau venu de s'asseoir sur un siège, placé en face du sultan, très près du trône. Le caïd obéit et présente au prince, sans dire un mot, son acte de nomination. L'empereur prend le papier ; il le passe à l'un des ministres assis à ses côtés, un peu en arrière, sur des sièges moins élevés et moins luxueux que le sien. Le ministre lit l'acte à haute voix.

Alors le sultan adresse la parole au caïd, l'interroge sur sa tribu, ses notables, l'esprit de la population, les récoltes, les troupeaux. Pour rompre l'entretien, le prince fait un geste de la main. L'huissier s'approche aussitôt du caïd : « *Noudh, a s* (1). » (Lève-toi, ô seigneur.) Le caïd se lève. S'il est au courant de l'étiquette de la cour chérifienne, il se retire à reculons (بالتاخرة). Si, ignorant cet usage, il tourne le dos au Chérif, on ne lui en fait pas un reproche. On se contente seulement de sourire de la grossièreté du rustre. Le caïd est conduit par l'huissier dans la salle du conseil (مطحنة), affectée spécialement aux réunions des caïds à certaines époques de l'année. Resté seul dans cette vaste

(1) En Algérie, *sidi* (monseigneur) a été abrégé en *si* et au Maroc en *s*. C'est pousser un peu loin l'amour de la concision ! *a*, précédant *s*, est une altération de la particule vocative *ya* يا

pièce, il aura le temps d'admirer les beaux tapis et les riches tentures, dont il fera plus tard, à ses contribules émerveillés, une description romanesque. Le sultan reçoit les députés les uns après les autres, et l'huissier les fait passer successivement dans la salle du conseil où ils retrouvent leur élu. Le dernier personnage présenté au souverain offre les cadeaux ; il les dépose au pied du trône en disant : « Voici l'offrande du caïd, » et il va, à reculons, rejoindre ses compagnons. L'huissier ouvre alors la porte de la salle du conseil toute grande. Le sultan et les députés ne peuvent pas se voir, mais ils voient l'huissier, debout sur le seuil de la porte.

Alors a lieu, dans la salle du trône, une scène grave et solennelle, à laquelle nul européen n'a jamais assisté. Le souverain et ses ministres, assis sur leurs sièges, les mains rapprochées et ouvertes, élevées à la hauteur du visage, comme s'ils lisaient dans un livre, psalmodient à haute voix le premier chapitre du Coran (El-Fatih'a), auquel ils ajoutent toujours des invocations et des souhaits en faveur du caïd, des députés et de leur tribu. Ces prières, écrites sur un papier, sont transmises à l'huissier. Celui-ci qui, jusqu'alors, avait fait face à la salle du trône, se tourne vers les étrangers, récite la Fatih'a et lit les vœux écrits sur le papier. Les députés savent que l'audience est terminée ; ils sortent du palais. Si l'on est à Fas, c'est la mosquée de *Moulaye Idris* qui leur offrira le gîte et le couvert ; si c'est à Merrakèche, ils seront hébergés dans le temple consacré à *Sidi-bel-Abbès Es-Sebti*. Le lendemain matin, le sultan envoie au nouveau caïd un cachet d'or ou d'argent, suivant l'importance du personnage et celle de sa tribu. Le cachet porte l'inscription suivante : « *X caïd de telle tribu, de gré ou de force.* » Un beau vêtement et un superbe cheval accompagnent cet envoi. Le tout est destiné au caïd, qui part alors, escorté de dix cavaliers réguliers (*mkhazni*, pluriel, *mkhazniya*), chargés de l'accompagner jusqu'à sa tribu afin d'en rapporter les impôts arriérés.

La mission reprend le chemin du Rif avec ces dangereux auxiliaires qui seront logés chez le caïd et deviendront les exécuteurs de ses vengeances. A la vue des cavaliers réguliers, les villages s'empressent d'apporter des cadeaux à l'élu des notables, dont le choix a été ratifié par le sultan. Les mkhazniya font des tournées dans la tribu, vivent sur les hameaux soupçonnés de sourde hostilité contre le caïd, amènent à celui-ci, qui les emprisonne, ses ennemis personnels accusés d'être en retard pour le paiement de l'impôt. Après un ou deux mois de cette existence, les cavaliers, repus, chargés de présents, retournent dans leur garnison, apportant au sultan une infime partie des sommes perçues, dont la presque totalité s'est engouffrée dans leurs poches, dans celles du caïd et de ses partisans.

Le chef indigène, privé du concours des agents impériaux, gouverne avec l'appui de son çoff, commet toute sorte d'abus, d'exactions, jusqu'au jour où, le nombre des mécontents s'étant accru et son parti s'étant affaibli, il est assassiné ou obligé de se démettre. Le çoff vainqueur lui donne un successeur et, selon les circonstances, fait ou ne fait pas ratifier cette élection par le sultan. Celui-ci, dans ce dernier cas, apprend par hasard, quelques mois plus tard, que son féal caïd est révoqué ou a succombé sous le poignard des assassins. Il use alors de diplomatie pour faire rentrer la tribu rebelle dans le devoir. Il y réussit quelquefois. Souvent aussi il attend plusieurs années avant de voir revenir à lui ses enfants égarés et ses contributions impayées. Il ne ramène ces prétendus sujets à de meilleurs sentiments qu'en pleurant misère dans de longues missives, où il fait honte à ces tièdes musulmans de ne pas accomplir l'un des préceptes fondamentaux du Coran. Il met en avant sa qualité de petit-fils de l'Apôtre, argument irrésistible devant lequel s'inclinent les tribus les plus indépendantes. Les cadeaux reprennent le chemin de Fas ou de Merrakèche, et les Agences européennes apprennent au monde étonné que Sa Majesté Chérifienne a fait rentrer, *par la force*, les impôts de telle ou telle tribu insoumise !

Le rifain se prêterait peut-être assez docilement à une perception régulière et équitable des impositions, qu'il considère plutôt comme un présent dû au descendant de Mahomet que comme une redevance obligatoire. Au surplus, les quotes-parts sont minimes. Elles sont fixées par la djemaâ au prorata des moyens de chacun, n'excédant jamais, même pour les plus riches, 10 ou 15 francs par an. La part du pauvre est minime ; quelques centimes tout au plus. Malheureusement, les caïds et les membres de la djemaâ sont insatiables, souverainement injustes. Ils exemptent leurs partisans de toute charge, accablant sous de lourdes taxes leurs adversaires. C'est ce qui explique l'agitation continuelle des tribus rifaines et leur peu de considération pour un souverain, incapable de les protéger contre la rapacité des caïds impériaux ou indépendants.

Aussi quelques-unes ont-elles pris le sage parti de s'administrer elles-mêmes. Elles nomment une djemaâ qui reçoit le mandat impératif de ne prélever aucun impôt. Le rôle de cette Assemblée se borne à réprimer, tant bien que mal, les crimes et délits, à représenter la tribu dans les relations extérieures et à prononcer, dans les circonstances graves, des condamnations capitales. Malheureusement les membres de la djemaâ eux-mêmes ne sont pas incorruptibles. L'exercice du pouvoir grise ces élus du peuple. Ils finissent par s'entendre entre eux pour pressurer le pauvre monde. Une révolution est nécessaire pour leur arracher la puissance dont ils abusent. Les discordes, les vengeances, les assassinats se multiplient ; l'anarchie est à son comble. C'est le moment psychologique attendu patiemment par le sultan. Grâce à ses intrigues et aux quelques partisans qu'il peut avoir, il finit par imposer une de ses créatures à la tribu rebelle que l'anarchie a épuisée, et il fait rentrer alors les impôts en retard, besogne délicate et dangereuse pour le caïd qui s'en charge.

Aucune espèce d'administration n'existant dans le Rif, on ne sera pas surpris d'apprendre que l'autorité judiciaire y est également inconnue. Le t'aleb, décoré du titre de *Cadi*, est plutôt un scribe dont la plume est utilisée pour fixer sur le papier (scripta manent) quelque évènement mémorable: un mariage, un divorce, une vente. La répression des crimes et délits n'incombant à personne, les parents des victimes se chargent d'en tirer vengeance eux-mêmes. Sur toute l'étendue du Rif, la vendetta est à l'ordre du jour. Quelquefois cependant, quand un crime revêt des circonstances particulièrement atroces, la djemaâ s'interpose, et alors malheur à celui qu'elle poursuit! Il sera traqué comme une bête fauve, condamné à vivre éternellement dans la brousse ou à s'expatrier, s'il n'est pas tué dans une battue. Ses biens deviennent la proie des membres de la djemaâ qui s'attribuent les plus gros lots, laissant aux pauvres diables de la tribu quelques hardes avidement partagées.

Un rifain des Beni-bou-Gafer, fraction de Galiya, me racontait cette année son histoire, particulièrement instructive. Son frère, injustement accusé d'un meurtre, avait été arrêté par les membres de la djemaâ et fusillé à bout portant, dans sa propre demeure, au milieu de sa famille épouvantée. La nuit venue, le rifain, entraînant avec lui ses proches parents, femmes et enfants, se jeta dans la broussaille et commença contre les assassins de son frère une guerre d'extermination dans laquelle six de ses cousins germains et dix-sept de ses ennemis trouvèrent la mort. Il était le seul homme de sa famille restant debout. Aussi, bien que sa carabine eût abattu huit membres de la djemaâ, ne put-il plus tenir dans la tribu. Il s'embarqua à Mliliya et vint à Oran chercher du travail et un peu de tranquillité. Depuis dix ans, il attend une occasion favorable, guettant la possibilité de rentrer dans ses foyers, obsédé de l'idée fixe de ne pas mourir sans avoir envoyé encore quelques balles à ses derniers ennemis.

Depuis plusieurs années, Mthioua n'a pas de caïd. Cette petite république s'administre elle-même au moyen de représentants élus dans chaque fraction. La djemaâ générale, composée de tous les représentants des diverses fractions, ne se réunit que dans les circonstances graves. C'est elle qui décide de la paix ou de la guerre, frappe les amendes, prononce les bannissements. Chaque village a sa petite djemaâ. Malgré son indépendance absolue, Mthioua expédie de temps à autre quelques cadeaux au sultan. Ce sont des présents faits au *descendant du Prophète*, non un acte de soumission envers l'Empereur dont la puissance temporelle n'a jamais effrayé les Rifains.

Une vieille tradition locale prétend que les Mthiouiens sont d'origine espagnole. Ils ont une taille au-dessous de la moyenne. Leur intelligence, un peu épaisse, ne comprend pas la plaisanterie. Les discussions sont généralement closes par des coups de fusil.

On trouve sur la limite occidentale de la tribu, non loin de la mer, des mines d'or et d'argent. Il est vrai que Mthioua est limitrophe de R'mara, pays où la nature semble avoir réuni les plus belles richesses minérales du monde. Les habitants de Mthioua, pas plus que leurs voisins de l'ouest, ne savent exploiter le précieux minerai. Un seul ruisseau un peu important, *l'ouad Tithoula*, prend sa source dans le Rebô-el-Fouk'ani, court du sud au nord et se jette dans la Méditerranée à El-K'alâ où il forme un petit havre.

Principaux Villages de Mthioua

Takmout (*l'entourée de rochers*) (B), port de mer. 100 feux تاكموت

Sidi-Ftouh' ou *El-K'alâ* (la forteresse) (A), port de mer. 100 feux القلعة

Tithoula sur l'ouad du même nom. 100 feux تيثولا

Souk' el-Ethnin (le marché du lundi) (A), emplacement où se tient le grand marché de la tribu.

Tazayyarth (la vigne) (B). 100 feux تزيارث

Forces militaires : 6,000 fantassins. Population probable : 30,000 habitants. Une soixantaine de hameaux. Instruction coranique peu répandue.

Tribu des BENI-GMIL

بني قميل (les enfants du bien, du beau) (1)

Tribu maritime, enclavée entre *Mthioua* à l'ouest, *Beni-bou-Frah'* à l'est, *Zerk'eth* au sud, elle présente à la mer un littoral d'une dizaine de kilomètres et s'enfonce, dans l'intérieur des terres, à une vingtaine. Elle se compose de trois fractions : *Mest'aça* au nord ; *Ichaouiyyin* (les Chaouia) (B) à l'ouest, les *Aïth Ali* à l'est. Ces deux dernières forment le sud de la tribu.

C'est en vain que les habitants de Tazayyarth voulurent dissuader le derviche de s'engager dans les Beni-Gmil. Ils eurent beau lui représenter que ceux-ci étaient en guerre avec Mthioua, ils ne parvinrent pas à le retenir. Une seule chose ennuyait Moh'ammed : il portait une djellaba mthiouienne, et il avait le pressentiment que ce vêtement, le seul qu'il possédait, lui attirerait des désagréments chez ses futurs hôtes. Parti de bon matin de Tazayyarth, il se dirigea vers le nord-est. Toute la campagne, des deux côtés de la frontière de Mthioua et des

(1) C'est le mot arabe جميل dont le *dj* a permuté avec un *g*.

Beni-Gmil, était déserte. Les habitants avaient abandonné leurs demeures, fuyant les horreurs de la guerre. Les récoltes abandonnées pourrissaient sur place. Les fruits mûrs jonchaient la terre. A côté des maisons vides, les ruches, regorgeant de miel, laissaient couler dans l'herbe des flots d'or, dans lesquels le derviche trempa plusieurs fois ses doigts. Les animaux sauvages avaient élu domicile dans les hameaux déserts. Chacals, renards, sangliers traversaient tranquillement les rues, pénétraient dans les habitations, s'effrayant à peine quand notre voyageur, peu rassuré lui-même, cherchait, par ses cris, à les épouvanter. Vers le milieu du jour, il aperçut, du haut d'une colline, dans la direction du nord-est, une petite ville bâtie sur le flanc d'un coteau. Au pied de ce coteau, un petit ouad, étalant, çà et là, des mares peuplées d'une infinité d'oiseaux de passage. Des arbres fruitiers à perte de vue. A deux kilomètres devant lui, la mer, que le derviche n'avait pu entrevoir que deux ou trois fois à travers le dédale des cactus, s'ouvrait largement au nord. La petite ville, c'était Mest'aça, capitale des Beni-Gmil. Moh'ammed, piquant droit sur elle, descendit la colline. Au bout de cent pas, il tomba dans une embuscade de 150 à 200 individus, vêtus de djellaba noires. Ils étaient couchés dans l'herbe, à l'ombre des arbres, armés de fusils anglais. La tête, complètement nue, laissait pendre, du côté droit, une mèche de cheveux, divisée en trois tresses, d'une longueur extraordinaire. Autour de la racine de cette mèche, appelée *guet't'aya*, tout le cuir chevelu était soigneusement rasé.

A la vue du derviche et de sa djellaba mthiouienne, à raies blanches et noires, ils se mirent à crier en arabe : « C'est un mthioui ; tuons-le ». Et ils se précipitèrent sur le voyageur. Le premier arrivé près de lui le mit en joue. Le vagabond dit alors ces seuls mots : *la bas* (1) ; l'autre releva de suite le canon de son fusil. Ces deux mots magiques sont arabes : ils signifient *point de mal*. Dans le Rif, notamment chez les Beni-Gmil, ils ont le sens de : *je suis un ami ; je n'apporte pas le mal avec moi*. L'homme dit à ses compagnons qui arrivaient : « C'est un ami ; il n'est pas de Mthioua. » Moh'ammed se hâta de confirmer ces paroles et de déclarer qu'il avait été simplement l'hôte de cette tribu. Les chefs de la troupe le soumirent à un long interrogatoire relativement aux intentions de leurs ennemis, aux forces dont ils pouvaient disposer. « Le bruit a couru chez nous, dirent-ils, que Mthioua, alliée à R'mara, doit nous attaquer sous peu. Mais la frontière est bien gardée. Nous, gens de Mest'aça, nous la surveillons, depuis le littoral jusqu'à la limite des Ichaouiyyin, et, ceux-ci, jusqu'à Zerk'eth. » Le derviche les rassura, leur disant que les Mthiouiens, bien tranquilles chez eux, ne songeaient nullement à se mettre en campagne. Un chef lui

(1) Dites *la basse*. Ne pas oublier que toutes les lettres arabes et berbères *se prononcent*.

donna un morceau de pain ; c'était une énorme tartine de miel. « Pars, dit-il. Te voilà à présent en terre musulmane. Tu n'as plus rien à craindre. Notre tribu, riche et prospère, aime les étrangers. Quant aux gens de Mthioua, ce sont des *nçara* (chrétiens). » Moh'ammed, laissant là ces guerriers, poursuivit sa route. Il arriva dans la vallée de l'Ouad Mest'aça qui porte, en amont, le nom de *Ouad Beni-Gmil*. Sauf les mares dont nous avons déjà parlé, il n'y avait pas une goutte d'eau dans la rivière.

Moh'ammed traversa le lit rocailleux du torrent et fit son entrée dans la ville de Mest'aça, bâtie sur la rive droite. Sa djellaba mthiouienne provoqua un rassemblement. Hommes, femmes, enfants l'examinaient curieusement. « C'est un mthioui, disait-on. » Le voyageur, accentuant encore plus son air habituel de derviche un peu timbré, se hâta de gagner la mosquée. La foule, le prenant pour un fou, ne le suivit pas longtemps.

On sait que les aliénés sont, chez tous les musulmans, l'objet d'une grande pitié, d'un profond respect. Leur folie est généralement inoffensive. L'alcoolisme, source de tant de démences furieuses chez nous, est inconnu dans le Rif.

Le derviche, débarrassé des curieux, dont l'hostilité s'était subitement changée en vénération, entra dans une mosquée. Une cinquantaine d'étudiants de tout âge, psalmodiant à tue-tête des versets du Coran, étaient accroupis sur des nattes. Deux allèrent décrocher du mur un panier bourré de pain d'orge. Ils le placèrent devant le voyageur qui, dès son entrée, s'était assis dans un coin. D'autres écoliers lui apportèrent, sur des assiettes en terre vernissée, du poulet, des œufs, du miel, du beurre. Aucune parole n'avait été échangée. On laissa le derviche manger à son aise. Le repas fini, on lui demanda de quel pays il était. Moh'ammed déclara qu'il était rifain, sans désigner son lieu d'origine. Ayant manifesté le désir de changer de djellaba, on lui en apporta immédiatement deux, toutes blanches, couleur distinctive des hôtes. Le derviche les endossa et jeta à la rue la djellaba mthiouienne, cause de tant d'alarmes. Nourri, logé à la mosquée, il eut le temps d'examiner à loisir la ville de Mest'aça. Cette localité mérite bien le nom de *mdina* (ville). Elle est presque aussi grande que notre Mostaganem. Mais quelle cité malpropre ! Le derviche lui-même, et ce n'est pas peu dire, en était écœuré. Imaginez des ruelles tortueuses, des tas de fumier et d'ordures alternant avec des cloaques où croupit l'urine des animaux. Des figuiers de Barbarie, des plantes vivaces poussent en plein guano humain, rendant la circulation difficile. Les animaux crevés pourrissent au soleil, empestant l'atmosphère. Malgré tout, la ville n'est point malsaine. La brise de mer souffle régulièrement de 10 heures du matin à 6 heures du soir, emportant au loin l'atroce puanteur.

Il y a à Mest'aça une nombreuse colonie juive. C'est la première fois, depuis notre départ de Tar'zouth, que nous rencontrons des représentants de cette race malheureuse, qui a su se faufiler partout, et jusque chez ses plus mortels ennemis, les Musulmans. Chose remarquable, les Juifs de Mest'aça ne sont pas parqués dans un *mellah'* (ghetto), ainsi que cela a lieu dans les autres cités marocaines. Leurs habitations ne se distinguent nullement de celles des rifains. Elles sont éparpillées un peu partout, mais elles appartiennent à des musulmans, car, dans tout le Rif, le juif ne peut posséder un pouce de terrain, un seul immeuble. Il en est réduit à thésauriser sans cesse, à accumuler des monceaux d'or qu'il enfouit dans le sol, sans pouvoir faire rapporter à ce cher métal l'intérêt qu'il sait si bien retirer de son argent dans les pays où règne l'usure. Non-seulement il a su s'introduire au milieu de la population marocaine, la plus fanatique et la plus intransigeante du monde, mais encore il a trouvé le moyen de *se faire protéger par elle*. Il a employé pour cela un expédient extrêmement ingénieux : il s'est fait le *juif du musulman*.

Être le *juif d'un musulman* c'est lui appartenir, aux trois quarts, corps et biens. C'est un état intermédiaire entre l'esclavage et le vasselage, conférant au seigneur le droit de battre son juif, de le tuer même impunément dans certaines circonstances, telles que : le vol, la rebellion, la trahison, l'insulte au Prophète, la tentative de viol ou de séduction d'une musulmane. Il peut le faire travailler, l'empêcher de se marier, l'obliger à divorcer, lui imposer le choix d'une épouse, convoiter sa fille ou sa femme, enfin l'expédier en voyage pour ses propres affaires. Comme compensation, le juif a droit à la protection de son seigneur, qui doit, même au péril de sa vie, défendre les biens, la famille et la personne de son vassal. On est surpris de trouver des colonies juives dans des coins perdus du Maroc, au milieu de populations mahométanes absolument farouches, ne tolérant chez elles la présence d'aucun coréligionnaire étranger, supportant cependant le contact de ces Sémites, étrangement tenaces et rusés. Il faudrait un volume pour détailler les différentes avanies que subit le juif marocain. Les insultes les plus sanglantes, les outrages à son adresse sont tellement fréquentes, qu'il n'y fait plus attention. Les galopins musulmans prennent un cruel plaisir à voir détaler devant eux les colosses barbus d'Israël, qu'ils poursuivent à coups de pierre. Les parents ont beau leur interdire sévèrement ce jeu barbare, il ne manquent jamais l'occasion de le recommencer, dès qu'ils ne sont plus sous l'œil paternel. Le juif doit toujours appeler le musulman *sidi* (monseigneur) ; il est tenu d'enlever ses chaussures, de marcher courbé et très vite, quand il passe devant une mosquée. Telle est, sommairement exposée, la condition du juif marocain dans le Rif.

La ville de Mest'aça compte cinq mosquées. Une seule est pourvue d'un minaret très élevé ; c'est plutôt un observatoire du haut duquel on domine la Méditerranée et la Crique de *Sidi-el-Hadj-Es-Saïd*, située à quelques centaines de mètres au nord-ouest. Une vieille bombarde toute rouillée, aux dimensions énormes, la gueule menaçant la mer, repose sur le sommet de la tour. Les plus vieux habitants n'ont jamais entendu sa voix ; ils en sont fiers néammoins, attribuant à la vue seule du monstre un effet médusant bien plus grand que toute les bordées de nos plus forts cuirassés. La baie de Sidi-el-Hadj-Es-Saïd sert de port à Mest'aça; elle reçoit, en hiver, les eaux de l'ouad Beni-Gmil, torrent impétueux complètement desséché l'été. Sur le bord de la mer, au ras des flots, se dresse le tombeau du saint qui a donné son nom à la baie. Ce monument, surmonté d'une assez belle coupole, est battu par les vagues furieuses, les jours de grande tempête.

La banlieue de Mest'aça est une plaine couverte d'arbres fruitiers et de figuiers de Barbarie. Les Aith-Ali et les Ichaouiyyin possèdent de petites montagnes bien boisées. Malheureusement le cactus envahit tout. Beaucoup de figuiers et de vignes dans toute la tribu. On cultive principalement l'orge, les fèves, les lentilles. Le blé est méprisé, sous prétexte qu'il ramollit ceux qui en font usage, tandis que l'orge donne de la force et du courage! Sur la frontière méridionale, on fait beaucoup de gelée de raisin. Partout des chèvres, bœufs, mulets, ânes ; très peu de chevaux.

La tribu entière ne lève que trois mille fusils, mais elle bat souvent quand même Mthioua, avec laquelle elle est constamment en chicane. Le dialecte est le thamazir'th. A Mest'aça, et dans quelques hameaux du centre, la langue arabe domine. Pour expliquer ce fait surprenant, les Berbères prétendent que les indigènes des Beni-Gmil et des Beni-bou-Frah' descendent des Maures Andalous, et que c'est pour cette raison que l'arabe est encore en usage dans quelques cantons de ces deux tribus, dont les habitants sont appelés par dérision *mkerkebîn er-ras* (à la tête ronde et bosselée). Les Beni-Gmil ne reconnaissent nullement l'autorité du sultan. Ils nomment et destituent leurs caids avec une facilité merveilleuse. Il leur arrive souvent de rester sans chef pendant plusieurs années consécutives. Alors les djemaâ sont souveraines. Musulmans peu fervents, ils ne prient jamais, se contentant, pour toute pratique extérieure, d'observer assez bien le jeûne du ramadhan.

A Mest'aça, le derviche eut une aventure peu ordinaire. Il se trouvait, par hasard, à côté de la demeure d'un juif, du nom de Mchichou. Une juive d'un âge mûr, ayant ouvert la porte et vu Moh'ammed, cria à son mari : « Il y a ici un juif. Je crois que c'est un rabbin ». Le derviche, avec sa figure de Christ encadrée de longues mèches temporales, ressemblait en effet à un rabbin authentique. Mchichou étant venu en personne sur le seuil de la porte, lui dit respectueusement : « *echchelam âlikoum, ya ahl echlam* (1). » (Salut à vous, gens de paix). Moh'ammed, sûr de ne pas être compris, lui répondit : « *essilam âlik* (que des pierres soient sur toi ; c'est-à-dire *puisses-tu être lapidé* !). Il avait prononcé rapidement *silam* (pierres) et non *selam* (paix, *salut*), selon la coupable habitude qu'ont certains arabes de dire ce mot, quand ils s'adressent à des mécréants *mauvais arabisants*.

Le faux rabbin, introduit dans la maison, remarqua que celle-ci, sans être ni plus propre ni plus sale que les habitations des musulmans, était badigeonnée intérieurement d'une manière bizarre. Les murs offraient les teintes les plus variées, depuis le rose tendre jusqu'à l'écarlate ardent, en passant par toute la gamme des couleurs. Le derviche s'accroupit sur une vieille natte avec toute la famille, homme, femme, enfants ; on mangea des gâteaux (*mek'rout'*) et du miel. Moh'ammed, invité à dire de quel pays il était, répondit que les juifs d'Azila s'énorgueillissaient de l'avoir pour compatriote et coréligionnaire. On insista pour qu'il se décidât à s'installer à Mest'aça où il ferait l'école aux jeunes israélites. Il déclara qu'il était obligé d'aller, avant tout, à Azila consulter à cet égard la colonie juive de cette ville.

Une dernière question lui fut posée. Il s'agissait de savoir s'il était issu de *Benjamin* ou de *Juda*. Le voyageur n'hésita pas à répondre qu'il était de la tribu de Juda. Il savait en effet que Juda compte très peu de représentants au Maroc, tandis que les enfants de Benjamin pullulent dans ce pays. L'hôtesse, très dévote et ravie de posséder chez elle un rabbin, grand honneur extrêmement recherché par tous les juifs marocains, ne cessait de baiser humblement l'habit et les mains du bon apôtre. Elle lui prodiguait ses soins les plus empressés, le bourrant de nourriture, lui reprochant de ne pas manger assez, lui demandant à chaque instant si sa cuisine lui plaisait. Elle finit par lui dire : « Seigneur, si vous restez, ma fille sera votre servante et votre épouse. » — « Je reste, répondit laconiquement le vagabond. » Mchichou, ayant à sortir, tua une poule pour le souper. Moh'ammed, malgré sa qualité de rabbin, ne voulut pas se charger de ce soin. Il invoqua une excuse quelconque ; en réalité, il craignait de se démasquer par une maladresse qui aurait donné l'éveil à ces gens par trop crédules. Mchichou rentra au coucher du soleil et pria le derviche de dire la prière. Moh'ammed, qui ignore profondément l'hébreu, se tira néanmoins de ce mauvais pas en invoquant audacieusement une prétendue coutume des enfants de Juda. « Les fils de Juda, déclara-t-il, ne doivent jamais diriger la prière chez les étrangers qui les reçoivent. » Mchichou, très ignorant des usages d'une tribu à laquelle il n'appartenait pas, crut le voyageur sur parole et se mit en devoir de présider

(1) Les juifs de langue arabe donnent à l's un son chuintant qui révèle immédiatement leur nationalité. Dans la phrase arabe ci-dessus, on doit prononcer *esselam* et non *echchelam*.

lui-même à la prière. Il alla se mettre debout, devant un mur faisant face à l'est, dans la direction de Jérusalem. Toute la famille, y compris Moh'ammed, avait pris place derrière lui. La prière commença. Le derviche ne soufflait mot ; il observait. A de forts éclats de voix de l'homme en extase, succédaient parfois de longs silences. On aurait dit ensuite qu'il comptait sur ses doigts. Deux mots, les deux seuls que Moh'ammed crut saisir, *Mousa et Haroun*, étaient prononcés fréquemment. La prière finie, on soupa et l'on se coucha pêle-mêle sur un unique tapis. Le derviche se trouva placé entre un enfant et la pieuse hôtesse, qui ne se lassait pas d'adresser au seigneur des actions de grâces pour la divine journée qu'elle venait de passer. Le voyageur, peu galant de sa nature, lui tourna le dos en murmurant tout bas : *aôud'ou biliahi mina chchit'an erradjim !* (1) (Je cherche, auprès de Dieu, un refuge contre Satan le lapidé), formule que prononcent les musulmans dans les grands dangers. Dieu exauça sans doute cette prière, car la dame Mchichou ne tarda pas à s'endormir profondément.

Le lendemain matin, un vendredi, après avoir pris le thé en famille, Moh'ammed dit à ses hôtes : « Laissez-moi aller à Snad'a visiter la tombe de mon oncle (2). Je m'embarquerai ensuite à Badès pour Azila. Je demanderai à la colonie juive de cette dernière ville l'autorisation de venir faire l'école ici, et je reviendrai. Toutefois, j'ai honte de vous l'avouer, je n'ai pas le sou pour prendre le bateau. » Mchichou lui donna une cinquantaine de francs. Les deux hommes sortirent dans la rue. La juive les suivait en pleurant. Un drapeau vert flottait, comme tous les vendredis, au sommet du minaret de la grande mosquée. Le voyageur, voulant savoir ce que les juifs du Rif pensent des musulmans et de leur religion, montra du doigt le pavillon à Mchichou. — « Pourquoi ceci? dit-il » — Ça, répondit le juif, ça indique que le vendredi est un jour de deuil pour les Mahométans. » Ce mot de *vendredi* lui brûlait les lèvres. La vue du drapeau et de la mosquée lui portait sur les nerfs; il tourna le dos en grommelant : « Les musulmans transgressent les commandements de Dieu ! Ils devraient se reposer le samedi, selon la parole de l'Éternel. Et c'est le vendredi qu'ils choisissent pour ne rien faire ! ». La conversation continua longtemps sur ce chapitre. Elle prouva au derviche que le Juif Marocain exècre tout ce qui n'est pas israélite. Nous retrouverons notre voyageur à Debdou et à Cefrou, vivant dans les ghettos, étudiant de près ces êtres extraordinaires qui luttent, depuis des siècles, contre la malveillance universelle.

Moh'ammed, après des adieux très courts, quitta ses hôtes, remonta l'ouad Bèni-Gmil et alla coucher à *Ouahran* (Oran) (3), bourg de

(1) أعوذ بالله من الشيطان الرجيم

(2) Voyez *tribu de Bek'k'ouya* (détails sur l'unique cimetière juif de tout le Rif).

(3) Consultez mon ouvrage, *Les Beni-Isguen (Mzab)*, page 40, à l'article *Oran*. — In-8°. — Oran-1895.

cinquante feux, situé au sud de la ville de Mest'aça, sur l'ouâd du même nom. Il ne pensait déjà plus à Mchichou.

Principaux Villages des Beni-Gmil :

Mest'aça (ville de). Voir ci-dessus. مسطاصة

Ouahran (démonstration) (B). Voir ci-dessus. وهران

Sidi-bou-Zid, au sud de Ouahran, sur l'ouad Beni-Gmil ; 100 feux. سيدي بوزيد

Ichaouiyyin, au sud de Sidi-bou-Zid, sur l'ouad Beni-Gmil ; 100 feux. اشاوين

Tamert'ast, au sud de Ichaouiyyin ; 10 feux. تامرطاست

Forces militaires : 3,000 fantassins. Population probable : 15,000 habitants. Sentiers muletiers. Plaine au nord. Petites collines boisées au sud. Instruction primaire peu répandue. Il y a encore dans la tribu une cinquantaine de hameaux, dont je n'ai pas pu avoir les noms.

Tribus de ZERK'ETH et de TARGIST (1)

زرقت (bleue) (A. B.) تارقيست (glacée) (B)

Le derviche ne resta qu'un mois dans les Beni-Gmil. Par une belle matinée d'automne, il sortit du village d'Ichaouiyyin, se dirigeant au Sud, dans la direction du grand marché du samedi (Souk' es-Sebt), sur le territoire de Allal, fraction de Zerk'eth. A partir d'Ichaouiyyin, le pays devient ravissant. De nombreux hameaux, se succédant à de courtes distances, sont enfouis dans la verdure. Partout des jardins, des vergers, dont les arbres touffus et serrés protègent le voyageur, sous leur voûte de feuillage, contre les rayons brûlants du soleil. Des ruisselets à l'eau fraîche et limpide courent de toutes parts. Le sol, abondamment arrosé, donne naissance à de petites prairies marécageuses, couvertes de fleurs. Des milliers d'oiseaux nichent sur toutes les branches, mêlent leurs cris assourdissants au bruit des cascatelles, très nombreuses dans cette contrée privilégiée. Le noyer, la vigne, le chêne, l'amandier, l'arguel, l'abricotier, le pommier, le poirier, le cèdre, le myrte, le grenadier, le laurier d'Apollon, le caroubier, le jujubier forment le fond commun de la végétation arborescente de toute la région comprise dans les hauts monts méridionaux du Rif. La tribu entière de Zerk'eth est comprise dans le massif du *Djebel el-Arez* (Montagne des Cèdres), dont la croupe suprême se dresse à peu près au centre de la tribu, dans la fraction même de Zerk'eth. Le plan général de cette chaîne de montagnes se relève à mesure qu'on s'éloigne des

(1) Prononcez *Targuist*.

Beni-Gmil, c'est-à-dire de la mer. Un grand nombre de chaînons de ce massif se prolongent dans tous les sens, formant entre eux des vallées profondes, très peuplées, aussi bien cultivées que celles de notre Kabylie. On trouve quelques hameaux perchés sur les sommets ou pendus aux flancs de ces chaînons. Le point culminant du Djebel-el-Arez est assez élevé pour conserver de la neige, dans ses dépressions, jusqu'au cœur de l'été. Il aurait donc à peu près la même altitude que le Jurjura

Vers la fin du jour, le derviche fit son entrée dans le bourg d'*Allal*. C'est un gros village d'une centaine de maisons, accroché aux flancs d'une des nombreuses ramifications du Djebel-el-Arez. Cette région, quoique pierreuse, disparaît sous les arbres. Les habitants d'Allal étaient alors occupés à faire sécher des figues, des poivrons et des tomates sur des claies recouvertes de feuilles de lentisque (dherou) et de garou (lezaz). Installé confortablement à la mosquée, où il reçut un accueil cordial, Moh'ammed, selon son invariable habitude, ne dit pas de quel pays il était. Il se contenta de répondre aux questions qui lui furent posées à cet égard : « *men hena oua ha* » (de par là et voilà tout), formule magique qui a le don de satisfaire tous les Marocains.

Les haines de tribu à tribu, de village à village, expliquent cette réserve. Elle est admise dans tout le Maroc où jamais un indigène ne dira, ni son vrai nom, ni celui de sa tribu. En Algérie même, où ils ne devraient avoir rien à craindre, les Marocains s'enveloppent de mystère ; conséquence d'une vieille habitude. Après plus d'un an de séjour à Oran, le derviche était encore, pour ses coréligionnaires du Village-Nègre, aussi inconnu que le soir de son arrivée. Aux Sousiens, il disait qu'il était du Sous ; il confiait aux Rifains qu'il était du Rif ; il se vantait, auprès des habitants de Fas, d'être leur compatriote. Les Zouaoua de la Grande Kabylie, le prenant pour un des leurs, l'appelaient « *notre pays* ». Sa profonde connaissance de l'Afrique nord-occidentale lui permettait de s'attribuer les origines les plus diverses. Une fois, pourtant, sa supercherie fut dévoilée. Étant entré dans un café maure, où se trouvaient réunis plusieurs de ses soit-disant compatriotes, il fut traité en frère par les Zouaouas ; les Sousiens protestèrent, affirmant que le voyageur était de leur *tamazir't* (pays). Les Rifains, indignés, soutinrent que Moh'ammed avait vu le jour dans le Rif. Mis au pied du mur, le derviche déclara qu'il était de Tunis, mais que, ayant beaucoup voyagé, il se considérait comme l'enfant de toutes les contrées qu'il avait visitées. Cette excuse fut trouvée bonne. D'ailleurs, son caractère sacré de derviche ne permettait pas qu'on lui tînt rigueur pour si peu.

Le lendemain de son arrivée à Allal, Moh'ammed se joignit à une bande d'étudiants qui se rendaient au marché du samedi (Souk' es-Sebt), appelé aussi *Souk' Targist* (Marché de Targist), bien qu'il se trouve sur le territoire de Zerk'eth. Ce marché est très important ; il sert de rendez-vous et de lieu d'échanges aux indigènes de plusieurs tribus. La coutume du pays veut, qu'avant de pénétrer sur le marché, on fasse une visite au tombeau du saint de la contrée, *Sidi Bou-Themin* سيدى بو ثمين. Le monument, élevé à l'entrée du marché, est une lourde bâtisse carrée, couronnée d'une vaste coupole, dont les carreaux de faïence, vernis et multicolores, étincellent au soleil. Tous les samedis, l'intérieur du bâtiment ne désemplit pas. Les Rifains de Zerk'eth, Targist, Beni-It't'eft, Beni-Ouriar'el et Beni-Mezdouye s'y rencontrent avec les Djebaliens des Beni-Ayyache, Mernisa et Beni-Bechir. On reconnait ces indigènes à leurs vêtements et surtout à leurs armes. Les Rifains ont des fusils et des cartouches de fabrication anglaise et espagnole; les Djebaliens sont armés de fusils marocains, sortis des ateliers de Tar'zouth, tribu rifaine dont nous avons déjà parlé. La foule se presse dans l'intérieur du sanctuaire. Le sarcophage en bois, placé à l'endroit où repose le saint, est pris d'assaut lui-même et gémit sous le poids des rustres qui s'y étalent de tout leur long. Tous les fusils, les crosses par terre, les canons appuyés aux murs, sont rangés par groupes de tribus. Un meurtre, commis dans cette enceinte inviolable et sacrée, serait un sacrilège. Les visiteurs, ceux du moins qui connaissent le livre divin, récitent en entrant, à haute voix, le 67e chapitre du Coran, commençant par ces mots : تبارك الذى بيده الملك وهو على كل شى قدير (Béni soit Celui dans la main de qui est l'empire et qui est omnipotent). Autour du monument, les gens pieux et charitables égorgent moutons, chèvres, poules, et préparent de monstrueux plats de couscous; le tout est destiné au gardien du sanctuaire qui doit, à son tour, nourrir les nombreux pélerins attirés là, plusieurs par dévotion, le plus grand nombre par la perspective de faire un bon repas, sans bourse délier. Le *mok'addem* (gardien du tombeau) prélève, en outre, tout l'argent déposé par les fidèles dans un tronc cloué au sarcophage. Ces riches prébendes feraient des envieux à ce fonctionnaire, s'il n'était relevé chaque année de sa grasse sinécure.

L'immense plateau, où se tient le marché, peut à peine contenir les tentes, les boutiques des marchands, les bestiaux innombrables et les 15 ou 20 mille hommes qui s'y rassemblent ordinairement tous les samedis. Non moins régulièrement, des rixes, de véritables batailles à coups de fusil se livrent entre les membres des différentes tribus ennemies, qui se trouvent là face à face. Tous ces rudes montagnards sont venus et s'en retournent à pied, ou à mulet. On trouverait difficilement dix chevaux dans toute cette foule. Le Maroc étant le pays du bon marché, on ne sera pas étonné d'apprendre qu'au Souk' es-Sebt, par exemple, le quintal d'orge vaut 2 fr.; une chèvre 2 fr. 50; un gros bœuf 25 francs; une belle poule 0 fr. 20; les œufs, 24 pour un sou, etc. Pas une femme au Souk' es-Sebt. Dans le Rif, Galiya et les tribus orientales exceptées, l'entrée des marchés, réservés aux hommes, est interdite aux femmes. Elles ont, par compensation, des marchés à elles, d'où les hommes sont sévèrement exclus.

Ce jour-là, tandis que le Souk' es-Sebt battait son plein, les Beni-Ouriar'el et les Beni-Mezdouye (Rif) se prirent de querelle. On s'empressa de faire le vide autour d'eux. Les balles des fusils anglais et espagnols firent merveille, ne tardant pas à jeter sur le carreau une dizaine de belligérants. A une distance respectueuse du champ de bataille, on faisait ses affaires, sans s'émouvoir des détonations et des cris. Le combat fini, chaque tribu réoccupa son emplacement particulier. Moh'ammed passa cette nuit-là sous la coupole du saint, en compagnie de plusieurs autres berbères. Le gardien, dont l'habitation est tout près du tombeau, gava ses hôtes de couscous, de viande et de fruits. On causa de la bataille de la journée. Tous furent unanimes à déclarer que jamais jour de marché n'avait été plus calme, car, d'ordinaire, quatre ou cinq combats au moins se livrent, chaque samedi, au Souk' es-Sebt, et cinquante ou soixante individus y trouvent la mort.

Zerk'eth a quatre fractions : *Ir'madh* (B. A.) أغماض (terrain encaissé entre des montagnes) (A. B.), *Zerk'eth*, *Allal* et *Bellah'kem* (1). Ces deux derniers noms sont arabes. Le premier signifie : « Qui donne à boire une seconde fois », le second est une altération de *ben-el-H'okem* « fils de l'autorité ».

Targist n'est pas plus grande qu'une de ces fractions. Bien que tribu distincte, on la considère comme une fraction de Zerk'eth, à laquelle tant de liens l'unissent. Ces deux tribus-sœurs lèvent 4,000 fantassins. Elles sont entourées de tribus rifaines (V. la carte).

Dans tout le massif du Djebel El-Arez, on jouit d'un climat tempéré, même en été. Les pluies, commençant vers la fin d'octobre, finissent en mai, avec des alternatives de neige et de grêle sur les hauts sommets. Les épidémies sont rares dans cette belle région. Les habitants, très vigoureux, arriveraient aux dernières limites de la vieillesse, si le poignard ou les balles ne tranchaient prématurément le fil de leurs jours. On rencontre pourtant quelques octogénaires ayant échappé, par miracle, à l'escopette de leurs ennemis. Les étrangers musulmans sont bien accueillis partout. L'instruction coranique, c'est-à-dire élémentaire, est assez peu répandue. La carte indique les endroits où se trouvent des mines d'or, d'argent, de plomb, d'alun et de soufre, que personne n'exploite.

L'une des sources du fameux *Ouad Ouarr'a* ou (*Ouarg'a* pour ceux qui ne peuvent, ou ne savent pas prononcer l'r' grasseyé), est située un peu au sud de la Zaouiyat Sidi-Abd-el-Kerim.

---

(1) علّال * بالحكم On peut écrire *Ir'madh* avec un ي initial, en lui donnant le son *i*.

La légende attribue aux indigènes de Zerk'eth et de Targist une origine française. Serait-ce parce que la contrée délicieuse qu'ils habitent a quelques rapports avec nos beaux sites alpestres ?

Principaux villages de Zerk'eth et de Targist :

Allal, déjà cité, 100 feux. علال
Sidi-bou-Thmin (monseigneur le précieux), 100 feux. سيدى بو ثمين
Zaouiyat Sidi-Abd-el-Kerim (séminaire de), 50 feux. زاوية سيدى عبد الكريم

Il y a encore dans les deux tribus une centaine de hameaux. Dans ces dernières années, le caïd était un chérif du nom de Abd-el-Kérim El-Ouazzani (de Ouazzan). Son autorité temporelle et spirituelle était peu considérable.

Forces militaires : 4,000 fantassins. Population probable : 20,000 habitants. Zerk'eth, pays de montagnes élevées, mais non escarpées. Targist, montagnes moyennes ; nombreux sentiers.

Tribu des BENI-BOU-FRAH'

بني بو فراح (Les enfants du père la joie) (A)

Après une vingtaine de jours consacrés à l'exploration de Zerk'eth et de Targist, le derviche reprit le chemin du nord. Il revint chez les Beni-Gmil où il était déjà connu. A Mest'aça, ses anciens condisciples de la mosquée fêtèrent son retour ; ils voulurent le détourner d'aller chez les Beni-bou-Frah', lui disant qu'il serait très probablement dévalisé et tué dans le *Djebel Bou-Khechkhach* بو خشخاش (Montagne des pavots) (A), qui sépare les deux tribus. Ils lui racontèrent des choses terribles sur les exploits des coupeurs de route retranchés dans les grottes de cette montagne, qui se dresse, comme une muraille, entre les Beni-bou-Frah' et les Beni-Gmil, courant, en droite ligne, du sud au nord jusqu'à la mer. Ses derniers contreforts viennent plonger dans la Méditerranée, non loin du havre de Sidi-el-H'adj Es-Saïd. Le derviche quitta néanmoins Mest'aça. Il allait vers l'est, suivant une route muletière parallèle au rivage de la mer, dont il n'était guère éloigné. Quoique voyageant sous bois et ne pouvant voir la grande nappe bleue que des rares clairières qu'il traversait, il entendait très bien le bruit des vagues déferlant sur la grève. Il faut croire que les rois du Bou-Khechkhach, ramassis de vauriens appartenant à toutes les tribus rifaines, étaient occupés ailleurs, car Moh'ammed ne rencontra personne sur sa route. Du haut d'un dernier piton de la terrible montagne, il put voir à ses pieds une magnifique plaine couverte de villages. C'était le canton de *K'oubiâ*. Il se hâta de laisser derrière lui le sinistre Djebel Bou-Khechkhach que les berbères des environs ont surnommé *ad'rar ad'eg bet't'oun adouin* (la montagne dans laquelle on partage les provisions de route), avec les bandits, bien entendu.

Il arriva bientôt au village de K'oubiâ (petite alouette) (A), situé à quelques centaines de mètres de la mer et de la petite baie de *Lellèch* الأش (calendule), (nom scientifique du *souci*, plante de la famille des Composées) (A). A une petite distance du rivage, se dresse l'îlot de Lellèch (*Djezirat Lellèch*), rocher couvert de cactus. En face, sur le continent, est bâtie une assez grande mosquée, servant principalement de corps de garde à une centaine de Rifains bien armés.

Le grand village d'*Aougni* (plaine) (B), s'étalant dans l'intérieur des terres au sud de K'oubiâ, est littéralement enseveli sous la verdure. Le minaret de la mosquée dépasse à peine la cime des grands arbres.

Les Beni-bou-Frah' comptent trois fractions : *K'oubiâ* au N-O, *Aougni* au N-E, *Rebô-el-Fouk'ani* (fraction supérieure, c.-à-d. nom inconnu) au S. Toute la contrée est couverte de belles et grandes prairies, alternant avec des jardins parfaitement cultivés, plantés d'un grand nombre d'arbres fruitiers. Des sources abondantes arrosent le pays, qui n'est qu'une vaste plaine très peu ondulée. On cultive partout avec succès l'orge, la pomme de terre, l'avoine, les fèves, le chanvre. Beaucoup de chèvres, bœufs, mulets.

Dans les villages, on se livre volontiers à l'étude du Coran. La langue arabe, parlée d'abord par les pédants, s'est vulgarisée et a maintenant des tendances à supplanter le berbère. Contrairement à la coutume générale des Rifains, qui se rasent presque tous le visage, le port de la barbe est très fréquent chez les Beni-bou-Frah'. Tous vont tête nue et rasée, laissant pendre seulement la *guet't'aya*, longue tresse dont on a déjà parlé. Le vêtement des hommes est la djellaba noire. Les indigènes sont braves, hospitaliers, ont un goût très vif pour l'étude. Leur tribu a environ 1/2 journée de marche (20 kilomètres) du N. au S. et autant de l'E. à l'O.

Principaux villages des Beni-bou-Frah' :

K'oubiâ, 200 feux. قويعة

Aougni, 200 feux. أوقني

Sidi Ali ou Chaïb, 300 feux. سيدي علي وشعيب

Il y a encore une quarantaine de hameaux disséminés dans les arrondissements d'*Aougni* et d'*El-Fouk'i*, et quatre ou cinq seulement dans le district de K'oubiâ.

Forces militaires : 3,000 fantassins. Plaine partout. Population probable : 15,000 habitants.

Tribu des BENI-IT'T'EFT

باي يطّفت (Les enfants (A) de l'empoignement) (B)

Encadrée au N. par la Méditerranée, à l'O. par les Beni-bou-Frah' à l'E. par Bek'k'ouya, au S. par Zerk'eth-Targist, cette tribu a environ 20 kilomètres du N. au S., 10 de l'E. à l'O. Elle se compose de trois fractions : *Snad'a*, سنادة (appui, refuge), (A. B.) (1). *Beni-Mh'ammed*, بني محمد et *Aoufas*, أوفاس. Ces deux dernières offrent une série de petites collines courant en général du N. au S. *Snad'a* est en plaine. La langue berbère domine dans les deux fractions méridionales. A Snad'a, véritable ville de 7 à 800 maisons, l'arabe est très répandu. L'Ouad Badès, encombré de lauriers-roses, bordé de marécages aux eaux fétides, empoisonne la contrée. La fièvre règne sur ses bords. Cependant, partout où les jujubiers sauvages ne l'ont pas envahi, le sol est fertile. Beaucoup de champs de fèves et d'orge ; quelques troupeaux de moutons, bœufs, juments.

Les deux tribus, Bek'kouya et Beni-It't'eft, fournissent chaque jour, chacune à son tour, dix hommes de garde, chargés de surveiller les faits et gestes des Espagnols cramponnés à leur rocher (*Peñon de Velez*). Il est défendu à ces Européens de mettre le pied sur le continent. Les Rifains au contraire peuvent se rendre au peñon qu'il nomment *Djezirat Badès* (île de Badès). Ils y font emplette de toutes sortes de marchandises. Ils sont tenus d'y débarquer sans armes. Ils laissent leurs fusils au corps de garde rifain bâti sur la terre ferme.

La haine de l'espagnol est tellement vivace chez les Berbères, qu'ils refusent de vendre à leur ennemis des vivres ou de l'eau douce, même au poids de l'or.

Un jour, il prit fantaisie à Moh'ammed de visiter Badès. Il s'embarqua, avec quatre ou cinq t'olba des Beni-It't'eft, dans un canot manœuvré par quatre rameurs rifains. En sa qualité d'hôte, il fut dispensé de payer les 10 centimes exigés pour la traversée de la terre ferme au peñon. Non loin du rivage, s'élève le rocher aride de Badès, constamment battu par les flots. Après leur débarquement, les cinq musulmans se présentèrent à la porte du presidio. Ils furent arrêtés par les hommes du corps de garde et soumis à une visite en règle. Comme ils étaient sans armes, on les laissa pénétrer dans l'enceinte fortifiée. Des ruelles encombrées de soldats espagnols, quelques maisons particulières, des cabarets, des boutiques, certains individus aux mines patibulaires, voilà ce qui frappa le plus notre voyageur dans sa courte visite au

(1) Mot arabe berbérisé. *Snad'a* peut être aussi un mot berbère signifiant « *baratter* » Cf. mes *Légendes et Contes merveilleux de la grande Kabylie*, p. 230, ce vers *sened ir'i*, etc. In-8° Paris, 2e fascicule, 1894.

Peñon de Velez. Partout la roche nue, sans une pincée de terre, sans une goutte d'eau. La garnison reçoit d'Espagne l'eau et les vivres. Il a fallu faire venir aussi de la métropole le sable et les pierres destinées à bâtir le fort et les maisons particulières. Dans l'intérieur de la forteresse, les relations entre Espagnols et Rifains ne sont pas empreintes de la plus grande cordialité. Les Berbères se plaignent de la grossièreté des maîtres du Peñon, qui se gardent bien, paraît-il, d'apprendre un mot d'arabe ou de thamazir'th. Beaucoup de Rifains heureusement parlent couramment l'espagnol ; ils vont même assez fréquemment en Espagne acheter des armes, des cotonnades, du savon, du sucre, des bougies, etc. A en croire Moh'ammed, toutes les marchandises vendues là-bas seraient d'un bas prix excessif. Les Espagnols ont raison d'agir ainsi ; ils finiront par attirer à eux une grande partie du commerce de la contrée. S'ils s'étaient montrés plus doux et plus polis dans leurs rapports avec les indigènes, il y a beau temps que l'hégémonie politique et commerciale serait passée de leur côté sur tout le littoral du Rif.

Les Berbères ont installé une douane et un corps de garde sur le continent, à l'endroit où s'élevait autrefois l'importante cité connue dans l'histoire sous le nom de *Badès* ou *Badis*. D'après la tradition locale, les Espagnols, lors de leur prise de possession du Peñon de Velez, s'amusèrent à détruire à coups de canon cette ville célèbre. Les habitants fondèrent alors, dans l'intérieur des terres, le gros bourg actuel de *Snad'a*, mais ils réussirent à empêcher les Chrétiens de débarquer pour s'emparer de la ville détruite. La légende raconte, en outre, que le fort de la *Djezirat Badès* fut construit par les maîtres actuels du Peñon *en une seule nuit !*

Les Beni-It't'eft et Bek'k'ouya abominent ces conquérants européens. Chaque fois que leurs regards se tournent vers l'îlot maudit, ils prononcent des imprécations terribles, demandant à Dieu de les aider à jeter à la mer ces *infidèles*, ces *intrus*, dont ils dévoreraient volontiers les entrailles. Ils ne tolèrent pas, dit-on, que les bateaux européens restent plus d'une heure dans ce qu'ils appellent avec emphase *Mersat-Badès* (le port de Badès). En y séjournant plus longtemps, les navires courent le danger d'être pris pour cible par le poste berbère.

L'antique Badès était une grande ville. On voit encore ses ruines, étouffées au milieu des cactus dont la plaine est couverte. Dans une dépression du sol, les Musulmans ont élevé une mosquée consacrée à *Sidi Bou-Yaâk'oub*, grand saint du Moyen-Age, fort vénéré dans le Rif. Un minaret très élevé se dresse dans les ruines, au milieu des figuiers de Barbarie. Un mouvement du terrain masque cet édifice aux Espagnols qui l'ont pris maintes fois pour cible de leurs boulets. Obligés de tirer au jugé, ils n'ont jamais pu envoyer un seul projectile dans le temple que protège l'ombre de *Sidi-Bou-Yaâk'oub*. Les Berbères sont persuadés que leur saint ne permettra à aucune puissance étrangère de s'emparer de ce sol sacré. Badès n'est pas le seul point des Beni It't'eft riche en ruines. Sur toute l'étendue de ce territoire, on en trouve d'assez bien conservées, avec de nombreuses inscriptions en caractères inconnus des gens du pays. Suivant la localité, ces vestiges du passé sont appelés *benian Dek'ious* (constructions de Decius), ou *benian En-Nemroud* (constructions de Nemrod). On m'affirme que les monuments, encore debout, sont ornés de bas-reliefs et d'inscriptions gigantesques. Malgré leur haine irraisonnée de l'antiquité païenne, les Rifains n'ont pas eu l'idée, heureusement, ou n'ont pas voulu se donner la peine de détruire ces restes précieux d'une civilisation disparue.

C'est à *Snad'a* que se trouve l'unique cimetière juif de tout le Rif. Il occupe, assez loin de la cité, un vaste emplacement, dallé pour ainsi dire par les pierres tumulaires venues à grands frais de Tit't'aouin (Tétouan), toutes prêtes à être posées, surchargées d'inscriptions hébraïques. Les Israélites de Galiya, à trois jours de marche, viennent porter leurs morts à Snad'a. Le cercueil est attaché sur un mulet. Des *mkhazniya* (cavaliers réguliers) accompagnent le convoi funèbre. Les parents mâles suivent à pied, les vêtements en désordre, l'air navré. Il leur est défendu de troubler par leurs gémissements le repos des musulmans dont ils traversent les hameaux.

Au nord, à une portée de fusil de Snad'a, existe un ancien donjon massif, bâti par le sultan Moulaye Sliman (1795-1822). Il est encore armé des canons que ce prince envoyait, un peu partout, aux endroits les plus menacés de son Empire. Ces grosses pièces d'artillerie du siècle dernier sont, depuis longtemps, hors d'usage. Elles n'en menacent pas moins, de leurs longs cous, la rade de Badès. Au milieu des ruines de cette vieille cité, dans le sable du rivage, et jusque sous des amas de feuilles de cactus pourries, le pied heurte des masses d'airain abandonnées, qui furent autrefois des bouches à feu redoutables. Quelques-unes, visibles sous l'eau, dorment sur les roches sous-marines, témoins muets des catastrophes passées. Pour pallier leur incurie, les Rifains accusent les Espagnols du Peñon de Velez d'avoir soudoyé des berbères de la côte. Ces faux frères auraient encloué toute cette antique ferraille, bonne tout au plus actuellement à figurer dans un musée.

La présence des maîtres du Peñon constituant un danger permanent, une alliance défensive a été conclue entre Bek'k'ouya, Beni-It't'eft et Beni-bou-Frah'. Une seule djemaâ administre les trois tribus ; elle est composée de 20 membres : 10 de Bek'k'ouya, 5 des Beni-It't'eft, 5 des Beni-bou-Frah'. Les droits de douane, perçus à Badès, sont partagés par les deux premières tribus. Les Beni-bou-Frah' se contentent des recettes faites à leur poste de K'oubiâ.

Les Beni-It't'eft sont indépendants. Depuis de longues années, les sultans les dispensent même des cadeaux traditionnels, dans le but de maintenir vivace la haine de l'espagnol. Le Cadi de la tribu habite Snad'a.

Principaux Villages des Beni-It't'eft :

Snad'a (ville de), 800 feux (v. p. 88). سنادة
Badès, 10 feux (v. p. 88). بادس
Er-Raïs, 10 feux. الرايس
Sidi-l-H'adjdj Moh'ammed, 10 feux. سيدى الحاج محمد
Tazzout (le petit genêt) (B), 10 feux. تازوت
El H'adj-bou-Beker des Beni-Mh'ammed, 100 feux. الحاج بو بكر
Aïth-ou-Ali, 10 feux. ايث وعلى
Sidi l-H'adj-Amran, 10 feux. سيدى الحاج عمران
Talioui̇n (les sources) (B), 10 feux. تاليوين
El-H'adj-bou-Beker de Aoufas, 20 feux. الحاج بوبكر انتاع اوفاس

Il y a, dans la tribu, une vingtaine d'autres hameaux. Forces militaires : 6,000 fantassins. Population probable : 30,000 habitants. Aucune route. Des sentiers partout. Instruction coranique très répandue, surtout à Snad'a.

Tribu de BEK'K'OUYA

بقوية (L'intrépide) (B)

L'espace qui s'étend sur la Méditerranée, depuis Badès jusqu'à la baie d'*Iguer Ayyache Ouadda* à l'ouest de la presqu'île terminée par le cap du Maure, et, depuis la côte septentrionale jusqu'aux *Beni-Amreth* au sud, appartient à la tribu de Bek'k'ouya. Celle-ci a environ 20 kilomètres de l'Est à l'Ouest et 40 du Nord au Sud.

Sur toute cette étendue, l'eau courante n'existe pas ; l'eau de source y est très rare ; mais elle n'en renferme pas moins d'immenses champs d'orge, de fèves et de nombreux villages. A part quelques ondulations du sol au nord et au sud, Bek'k'ouya est une terre plate où poussent le cactus et l'alfa. C'est une plaine rase, remarquablement unie, coupée en plusieurs endroits par le lit desséché d'anciens torrents, parcourue dans tous les sens par de grands troupeaux de bœufs et de chèvres. Les habitants ont construit pour eux des citernes profondes dans leurs maisons, et, pour les bestiaux, d'immenses réservoirs creusés dans le roc ou dans la terre imperméable.

Sur le littoral, les indigènes, fils des pirates d'autrefois, pirates eux-mêmes à l'occasion, pêchent le poisson avec des filets, des hameçons et des cartouches de matière explosive qu'ils fabriquent eux-mêmes. Ils se procurent, on ne sait comment, de longs canots qui leur servent à la pêche et à la course sur mer. Ces forbans poursuivent à la voile ou à la rame les embarcations, les petits voiliers qui s'approchent trop près du rivage.

Le propriétaire d'un minuscule yacht à vapeur me racontait, il y a quelques années, qu'il s'était amusé un jour à se faire donner la chasse par deux chaloupes rifaines, entre Badès et le cap du Maure. A un moment donné, le vapeur ayant, à dessein, ralenti sa marche, les berbères firent force de rames, s'approchant rapidement de leur proie. Cette imprudence faillit coûter cher à son auteur car, à peine les corsaires virent-ils le bateau repartir à toute vitesse, qu'ils lui envoyèrent une grêle de balles dont quelques-unes sifflèrent assez près des oreilles du téméraire voyageur.

L'homme de Belk'k'ouya est d'une bravoure à toute épreuve. Il est redouté par tous ses voisins. Il porte la djellaba noire très courte, un pantalon de coton blanc s'arrêtant aux genoux, des sandales en alfa. Une ceinture de cuir, véritable arsenal rempli de cartouches, hérissé de pistolets et de poignards, lui serre fortement la taille. Le fusil à la main, tête nue, sa longue natte pendant le long du dos, il ressemble à nos plus sauvages guerriers kabyles. S'il est tiède musulman, s'il prie peu et se nettoie encore moins, il pratique, en revanche, les lois de l'hospitalité d'une manière franche et cordiale. Il n'a ni l'astuce, ni la finesse de l'arabe. C'est le berbère à tête carrée, ne comprenant aucune plaisanterie, détestant la perfidie et le mensonge, cruel à l'occasion, mais toujours sincère, brutal et franc.

Ad'ouz, perchée sur un monticule du haut duquel on domine la plaine environnante et la mer, est incontestablement une ville. Cette capitale de Bek'k'ouya, avec ses rues larges et malpropres, sa ceinture épaisse de cactus qui l'enserre de toutes parts, est le rendez-vous des marchands et des étudiants de toute la tribu. C'est là que se font les transactions commerciales les plus importantes peut-être de toute la côte, après Mliliya. Dans le fouillis de ses 700 maisons, grouille une population de plus de 3,000 âmes. Boutiques, magasins bondés de marchandises, cafés où l'on absorbe des quantités invraisemblables de thé anglais à un centime la tasse, gargotes où des relents de poissons frits vous saisissent à la gorge, il y a de tout dans cette métropole de Bek'-k'ouya, dont les indigènes sont si fiers. Fondée par des Maures andalous, on dirait que l'emplacement sur lequel elle s'élève a été choisi exprès pour apercevoir encore, par delà l'étroit chenal méditerranéen, le rivage du grand empire perdu.

Beaucoup d'étudiants dans la ville. La langue parlée est le pur thamazir'th qui règne depuis Bek'k'ouya jusqu'aux Beni-Saïd, sur le littoral, s'enfonçant, au sud, jusqu'à Kzennaya. C'est le cœur du Rif, éloigné de l'étranger, n'ayant jamais subi l'influence des autres idiomes marocains. Les Arabes appellent le thamazir'th *rifiya*, et, plus ordinairement, *chelh'a*. Ce dernier terme s'applique indistinctement à tous les dialectes berbères. Les Berbères eux-mêmes sont désignés, en arabe, sous l'appellation commune de *chelouh'*, singulier *chelh'i* (1). Ces mots ont donné naissance à de graves erreurs dans les ouvrages européens relatifs au Maroc. L'ethnographie, la géographie, la régularité orthographique ont eu à souffrir, encore une fois, de l'ignorance des auteurs qui ont écrit de longues pages sur un peuple dont ils ne connaissaient ni la langue ni les mœurs.

J'ai relevé quelques différences dialectales entre les tribus où le *thamazir'th* pur est en usage : ces divergences ne portent que sur certains mots très employés.

En voici quelques-unes :

MOTS FRANÇAIS	BEK'K'OUYA	B. OURIAR'EL	B. SAID	B. OULECHCHEK	BENI-TOUZINE
Demain	Thiouchcha	Aitcha	Taitcha		
Enfants	Ih'ramen	Ih'ramouchen	Inougba	Ih'loulloumen	
Œufs	Thimedjdjarin	Thimeddarin	Thimerrarin	Thimellalin	Thichemrarin
Poudre	Aberkan	Aberchan	Abaroud'	Abertchan	Aberkan
Maintenant	Roukha	Rekhthou	Rouk'a	Louk'a	Ilek'k'ou

Malgré son aspect de pays desséché, le territoire de Bek'k'ouya est très peuplé. La tribu met sur pied 9,000 fantassins.

La présence de nombreux étudiants, à Ad'ouz et dans les gros bourgs, favorise le charlatanisme médical. Le t'aleb écrit, sur de mauvais chiffons de papier, des formules, connues de lui seul. Ce talisman, acheté fort cher dans les cas graves, et enfermé dans une poche de cuir, doit reposer sur la partie malade. L'intervention de ces morticoles hilarants n'est pas toujours grotesque ou anodine. On en a vu d'assez hardis pour pratiquer de douloureuses opérations chirurgicales. Très heureusement pour eux, les malades acceptent de bonne grâce les talismans, refusant énergiquement, la plupart du temps, de se laisser charcuter. A proprement parler, le médecin n'existe pas dans le Rif, où le climat est en général fort sain. Le *h'irz* (talisman) voilà la panacée du rifain indisposé ; sa foi profonde fait quelquefois des miracles.

Le voisinage des Beni-Ouriar'el, tribu où la musique est en honneur, a rendu les indigènes de Bek'k'ouya sensibles à la mélodie, ou plutôt au bruit des deux instruments les plus en vogue : la flûte en roseau et le grand tambour de basque.

Bek'k'ouya jouit d'une indépendance absolue. Elle nomme et révoque ses caïds, qui administrent sous le contrôle souverain des membres de la djemaâ. Ceux-ci se distinguent des simples particuliers par leur djellaba noire et un rouleau de cordons en poil de chameau autour de la tête. On m'assure que des ouvrages en langue berbère, existant encore dans certaines bibliothèques, assignent aux gens de Bek'k'ouya

(1) شلحة, شلحي plur. شلوح. C'est le chellok ! des Auteurs européens,

une origine romaine ; cela ne les empêche pas d'avoir une foule de marabouts, morts en odeur de sainteté dans la foi de l'islam. On compte en effet 110 sanctuaires consacrés aux santons de la tribu. Quant aux petits murs en pierre sèche, indiquant le lieu où repose un bienheureux, ils sont innombrables.

Principaux Villages de Bek'k'ouya (Voir la carte)

Imok'ranen (les grands) (B), 20 feux. امڨرانن ou يمغرانن

Ad'ouz (*l'énorme*) (B), 700 feux. اذوز

Tigéjd'ith (1) (le poteau) (B), 50 feux. تيڨجديث

Bou-Sekkour (qui a des perdrix) (A et B), 10 feux. بوسكّور

Iger (1) *Ayyach-ouadda* (le champ inférieur de Ayyach), 100 feux. اڨرعيّاش واذا

Iger (2) *Ayyach-oufella* (le champ supérieur de Ayyach), 100 feux. اڨرعيّاش وفلّا

Tafensa (le petit falot, le petit phare), de l'arabe فانوس (*fanous*), mot emprunté au grec Φανὸς (falot, lanterne). Petite ville de 500 maisons, rivale de *Ad'ouz* pour le commerce et les études coraniques. تافنسا

Bou-Djah'moum (qui a des merles) (A), 50 feux. بوجحموم

Thak'oulièth (petite forteresse) (A. B), 50 feux. تاقليعت

Tigid'ith (2) (étagère) (B), 50 feux. تيڨيذيث

Sidi Moh'ammed Amok'ran (*le grand*), 50 feux. سيدى محمد امقران

Sidi Amor, 50 feux. Grand marché le lundi. سيدى عمر

Izemmouren (les oliviers (B), 500 feux. Cette petite ville est entourée d'un bois d'oliviers. Peu de commerce. ازمّورن

Sidi Malek, 50 feux. سيدي مالك Dans ce village se tient un marché, chaque samedi, uniquement réservé aux femmes.

Il y a encore, éparpillés dans toute la tribu, une vingtaine de hameaux. Forces militaires : 9,000 fantassins. Population probable : 45,000 habitants. Plaine partout. Bek'k'ouya, comme on le verra sur la carte, se compose de trois fractions : *Ad'ouz*, au nord ; *Tigid'ith* (2) et *Izemmouren*, au sud. Dans cette tribu, vivent plusieurs renégats espagnols échappés des présides. Nous parlerons d'eux plus longuement quand nous serons chez les Beni-Ouriar'el.

---

(1) Prononcez toujours *g* guttural : *gué, gui, gue. Iguer Ayyache. Tiguéjd'ith.*
(2) Prononcez toujours *g* guttural ; *gué, gui, gue. Iguer Ayyache. Tiguid'ith.*

Tribu des BENI-OURIAR'EL (1)

بني ورياغل

En pénétrant sur le territoire des Beni-Ouriar'el, nous passons d'une plaine nue, celle de Bek'k'ouya, à un pays moins plat, couvert d'une luxuriante végétation.

Le derviche eut la désagréable surprise d'être dévalisé sur la frontière par trois vauriens qui, le prenant pour un indigène de Bek'k'ouya, lui dirent : « *Agga Ibek'k'ouyin khof sen ai netchouch ! Sers aroudh ennek* » (Justement nous cherchions des gens de Bek'-k'ouya ! Deshabille-toi). Comme le voyageur hésitait à se dépouiller de ses effets, les bandits ajoutèrent : « *Hak'k' sidi bou Khiyar, ama our thersedh er-kesoueth rekhthou, h'acha ma nenr'itch !* » (Par sidi bou-Khiyar, si tu ne mets pas habits bas immédiatement, très certainement nous t'égorgerons !) Moh'ammed s'exécuta. On ne lui laissa que sa chemise (*tchamir*). Plusieurs indigènes, l'ayant aperçu ensuite dans ce simple costume, lui demandèrent ce qu'on lui avait fait. Après avoir entendu les explications du derviche, ils s'absentèrent un instant, disant qu'ils allaient à la recherche des malfaiteurs. Ils revinrent en déclarant qu'ils n'avaient rien trouvé. Moh'ammed, continuant sa route, arriva bientôt à un immense village de 1,000 feux, *Ajd'ir*.

Situé sur le flanc d'un côteau, tout près de la mer, *Ajd'ir* renferme cinq mosquées. Celle dans laquelle le derviche alla demander l'hospitalité et des vêtements est la plus grande. On y lit tous les vendredis la *khot'ba* (prière publique en l'honneur du souverain). La façade principale du monument est tournée du côté du Roc de Nekour (*H'adjrat En-Nekour*), îlot stérile occupé par l'Espagne, ainsi que le Peñon de Velez, depuis plus de trois siécles.

Le rocher de Nekour a reçu des Espagnols le nom de *Alhucemas (les lavandes)*, mot emprunté aux Arabes et légèrement défiguré, lavande se disant en arabe الخزامى *El-H'ouzama*. On voit, amoncelés dans la cour de la grande mosquée où ils ont été recueillis, les boulets, obus, biscaïens et autres projectiles, dont les maisons d'Ajd'ir ont été criblées par les maîtres actuels d'El-H'ouzama. Les indigènes ne songent pas à riposter avec leurs antiques bombardes qui gisent, çà et là, dans les rues ou dans la campagne. Trois obusiers

(1) Les berbères que j'ai consultés sur l'étymologie du nom de cette tribu ne m'ont guère éclairé. Les uns prétendent que c'est une altération de *our ier'li* (il n'est pas tombé); d'autres, que c'est un pluriel de *er-r'oul* (A. B.) (l'ogre). Les Rifains, ceux du moins qui changent le *lam* en *ra*, prononcent *Ouriar'er*. La racine رغل existe en arabe, mais je n'insiste pas sur cette étymologie, pas plus d'ailleurs que sur les précédentes.

à la gueule démesurée gardent l'entrée de la grande mosquée. Les habitations, enfouies au milieu des figuiers de Barbarie, sont très espacées les unes des autres. Cette disposition est dûe à un sentiment inné d'hostilité, qui porte l'homme des Beni-Ouriar'el à considérer ses voisins comme ses ennemis les plus dangereux. On peut y voir aussi l'amour de l'espace, l'aversion de tout ce qui peut gêner des habitudes de grande indépendance.

Le territoire occupé par la tribu est très vaste ; il a environ 60 kilomètres du N. au S. et 20 de l'E. à l'O. A droite, Témsamane ; à gauche, Bek'kouya ; au nord, la Méditerranée qui s'enfonce assez profondément dans les terres pour former le croissant presque parfait du *Mersat-Imjahaden* (le Golfe des Martyrs), appelé par les Espagnols : Baie d'Alhucemas ; au sud, on trouve des tribus rifaines, dont on peut lire les noms sur la carte. Tel est le cadre qui entoure les Beni-Ouriar'el, réputés, à cause de leur position géographique, pour des hommes de pur sang et de pur langage rifains.

La tribu géante a 11 fractions : *Ajd'ir* corruption de جدرو (souche) (A), *Aith-Mousa ou Amor* (A et B), *Aith-H'ad'ifa* (A et B), *Aith-Zeyyan* (A et B), *Aith-Zekri* (A et B), *Imrabdhen* (les marabouts) (A. B.), *Aith-Arous* (les fils du fiancé) (A et B), *Aith-Abd-Allah* (A et B), *Kemmoun* (cumin) (A), *Aith-Oud'rar* (les enfants de la montagne) (B), *Méchkour* (comblé d'éloges) (A.) (1) Notre énumération va du N. au S. Chacune de ces fractions lève de 3 à 4,000 fusils, c'est-à-dire que les guerriers des Beni-Ouriar'el forment un total de 40,000 hommes environ, tous armés de fusils à répétition anglais ou espagnols.

Tribu remuante, indomptée et indomptable, elle vit dans la plus complète anarchie, se ruant rarement sur ses voisines, mais se décimant elle-même par les guerres fratricides de fraction à fraction, de village à village, de maison à maison. Les hommes, sortant rarement à cause de la fréquence des agressions, sont obligés de renoncer aux transations commerciales, à l'agriculture, à l'élevage. Les femmes les suppléent heureusement, dirigeant à merveille les mercernaires étrangers, venus dans la tribu louer leurs bras.

Homme dur, intraitable, l'ouriar'eli supporte difficilement chez lui la présence des musulmans, arabes ou berbères, attirés par le commerce ou l'étude. Il a une horreur profonde du juif, lequel ne s'aviserait jamais du reste de mettre le pied dans la redoutable tribu. Peu d'individus arrivent à la vieillesse. Ces frères ennemis se moissonnent réciproquement, bien avant que leur longue tresse de cheveux ne soit devenue grisonnante. Rarissime est le jeune homme qui n'est pas criblé de blessures. Honte, trois fois honte au guerrier qui n'a pas cinq ou six

(1) اجذير * ايث موسى وعمر * ايث حذيفة * ايث زيّان * ايث زكري *
إمرابضن * ايث عروس * ايث عبد الله * كمّون * ايث وذرار * مشكور *

cadavres sur la conscience ! Un ouriar'eli va à la mort sans pâlir. Pour lui, mourir n'est rien. Aussi considère-t-il la vie d'autrui comme aussi peu importante que celle d'un moucheron. La mort, violente ou naturelle, du chef de famille donne lieu presque à des réjouissances. Les parents offrent un repas pantagruélique à tous ceux qui se présentent. Les écoliers, qui ont suivi le convoi en chantant les vers de la Borda, poème arabe en l'honneur du Prophète (1), sont particulièrement choyés. C'est pour leur profit que l'on vend les vêtements du défunt sur sa fosse fraîchement comblée ; pour eux aussi les friandises servies à la fin du festin funèbre.

Puritains intransigeants, ces hommes terribles ne tolèrent même pas qu'un homme se trouve, par hasard ou autrement, trop près de leurs femmes. Quand on en voit une, il faut s'éloigner sans la regarder si l'on ne veut être pris pour cible par les fusils de ses parents. Ils ont sujet d'ailleurs d'être jaloux, car l'*ouriar'lya* est très belle. Eux-mêmes sont de forts beaux hommes. Le visage est complètement rasé, la tête aussi, sauf la longue natte nationale qui leur pend, tantôt dans le dos, tantôt sur la poitrine.

Sept grands marchés se tiennent chaque semaine dans la tribu : 2 le lundi, 1 le mardi, 2 le mercredi, 1 le jeudi et 1 le samedi ; ce dernier est réservé aux femmes seules. Avec des gens aussi peu commodes que les Beni-Ouriar'el, tout échange, tout commerce serait impossible si l'on n'accordait aux négociants étrangers trois jours de trêve par semaine, pendant lesquels leur existence n'est relativement pas menacée. Lorsqu'une bataille s'engage sur le marché (ce qui arrive très souvent), les crieurs publics s'empressent de hurler : « Que les étrangers sortent ! » On comprend ce que ces mots signifient. On se sauve en laissant aux prises les gens du pays, qui s'exterminent avec un courage sans pareil. La même coutume salutaire existe à Bek'k'ouya et dans beaucoup d'autres tribus rifaines.

Chaque fraction a un caïd particulier, élu par la djemaâ. Pour la forme, on fait ratifier cette élection par le sultan, qui reçoit à cette occasion la visite et les cadeaux du nouveau chef. Celui-ci retourne chez lui avec quelques cavaliers réguliers, chargés de percevoir tout ou partie des impôts arriérés. Le caïd profite de la présence de ces auxiliaires pour exercer ses vengeances et commettre le plus d'exactions

---

(1) Voici le premier vers de cette poésie célèbre :

امن تذكر جيرا ن بذي سلم * مزجت دمعا جرى من مقلة بدم

« Est-ce le souvenir des voisins de D'ou-Salam
» Qui fait couler de tes yeux des larmes mêlées de sang ?

M. R. Basset en a donné une bonne traduction, Paris, Leroux, In-12, 1894, traduction analysée sommairement, par celui qui écrit ces lignes, dans le Bulletin de Géographie et d'Archéologie de la Province d'Oran (facicules LXII et LXII, Juillet à Décembre 1894).

possible. Dès que les *Mkhazniya* sont partis, il redevient simple particulier, occupé uniquement à veiller à sa propre sécurité.

Le vêtement est le même qu'à Bek'k'ouya. Hommes et femmes portent des habits de laine, fabriqués et teints dans la tribu.

La présence des Espagnols à *H'ajerat En-Nekour* (Alhucemas), nécessite chaque mois, chez les Beni-Ouriar'el, la mobilisation de cent hommes de garde, chargés de surveiller le maudit rocher. Les onze fractions fournissent le poste à tour de rôle. Les guerriers passent trente jours sur le bord de la mer, avec leurs tentes, leurs provisions de bouche, leurs armes, toute leur famille. Ils surveillent notamment les faits et gestes de la garnison espagnole, prêts à repousser toute tentative de débarquement qu'on essaierait d'opérer dans tout le *Golfe des Martyrs (Mersat-Imjahaden)*. Les Rifains ont dénommé ainsi la Baie d'Alhucemas, parce que des milliers de héros musulmans, champions de la foi مجاهدين (*Moudjahdin*), ont succombé là, sous les coups des *Infidèles*. Cette grève, arrosée du sang de tant de *martyrs*, considérée comme un sol trois fois saint, est un but de pieux pélerinages. A chaque garde montante, les nouveaux arrivés font des sacrifices solennels sur les tombes des *Martyrs* enterrés sur le rivage. Parmi ces saintes sépultures se trouvent celles de : Sidi-el-H'adj Es-Saïd, Sidi Moh'ammed Aberkan, Sidi Daoud, morts il y a bien longtemps, en combattant pour leur foi. Ce sont des *Imjahaden* comme disent les Rifains, estropiant ce mot emprunté aux Arabes. De petites coupoles marquent la place où ces Martyrs dorment leur dernier sommeil.

Le poste berbère, situé sur le bord de la mer, en face de l'îlot espagnol, non loin d'Ajd'ir, se compose d'un grand bâtiment, espèce de caserne aux nombreuses chambres, et d'une mosquée. Mosquée et caserne sont protégées par des dunes de sable, qui les cachent aux yeux de leurs ennemis établis sur le roc de *Nekour* (Albucemas). Les Rifains ont à leur disposition une centaine de vieux canons, dont ils ne savent que faire. Ils accusent naturellement les Espagnols d'avoir fait enclouer ces bouches à feu par de faux frères, grassement soudoyés. Ils se servent avec adresse de leurs fusils à répétition, s'exerçant au tir derrière leurs dunes de sable, rempart naturel que Dieu, dans sa bonté, disent-ils, a placé là exprès, pour annuler l'effet des projectiles lancés par les canons de la place ennemie.

Le Golfe des Martyrs (*Mersat Injahaden*), abrité des vents d'est et ouest, est terminé par les deux pointes du Cap du Maure et du Cap Aquilates. Pourra-t-on plus tard, quand le fanatisme aura fait place à la tolérante civilisation, utiliser cette vaste échancrure qui s'ouvre un peu trop largement au souffle de l'aquilon ?

Le Roc de Nekour, sinistre prison de la mer, est à une portée de fusil du poste berbère établi sur la terre ferme. Défense absolue est faite aux Rifains de vendre quoi que ce soit aux Espagnols, éternellement bloqués sur leur presidio. Les berbères *désarmés* peuvent aller faire des achats dans l'îlot. On n'accueille sur le continent que les déserteurs ou les galériens espagnols, qui préfèrent à l'affreux roc la vie du Rifain. Presque tous se sauvent à la nage ou dans des canots appartenant aux indigènes. Dès qu'ils mettent le pied sur la terre ferme, ils lèvent les mains au ciel, bredouillant affreusement le *la ilaha illa Llah ; Mouh'ammed rasoul Allah* (il n'y a de dieu que Dieu ; Moh'ammed est le prophète de Dieu). Cela suffit, ils sont sauvés. Non-seulement les Rifains les protègent contre toute agression, mais encore ils se font un plaisir de leur donner des vêtements et de l'argent. On leur désigne une demeure confortable, un champ où ils pourront ensemencer le grain libéralement mis à leur disposition. Si l'un d'eux veut se marier, le bruit s'en répand dans la tribu ; aussitôt, les personnages les plus huppés s'empressent d'offrir la main de leurs filles. Celle qui est choisie est fière d'épouser un néophyte dont elle aura à compléter l'instruction religieuse.

Je disais dans la préface que le musulman est un prêtre ; j'aurais pu ajouter : et la musulmane aussi. Il ne m'est jamais arrivé de causer avec d'honorables mères de famille mahométanes, sans qu'elles n'aient abordé, les premières, la question de religion, dans le but de me prouver l'excellence de l'islamisme, et, conséquemment, l'infériorité des autres doctrines. Tandis que le juif se refuse absolument à faire du prosélytisme et que le chrétien se refroidit de plus en plus pour ce genre de propagande, le mahométan est resté l'ardent missionnaire des premiers siècles de l'hégire. Il croit encore fermement qu'un *roumi*, devenu musulman, entrera dans le paradis avant lui et avant les meilleurs soutiens de la foi islamique.

On comprend, maintenant, pourquoi les misérables déserteurs des presidios espagnols de la côte rifaine trouvent un si chaleureux accueil chez des berbères que redoutent leurs propres coréligionnaires des autres parties de l'empire chérifien. Le renégat, jouissant d'une considération qui ne serait certainement pas accordée au Maroc au plus grand homme de la Chrétienté, profite habilement de sa situation exceptionnelle pour se créer, sans rien faire, des ressources qu'il n'eût jamais osé espérer lorsqu'il traînait sa chaîne ou montait sa faction. Habillé comme les autres berbères, il parcourt la tribu plus facilement que les enfants du pays, recevant partout et toujours une large hospitalité. On ne le reconnaît qu'à son accent étranger. A Bek'k'ouya, on en trouve beaucoup. La plupart sont des évadés du Peñon de Velez. On en voit quelques-uns chez les Beni-It't'eft et les Beni-bou-Frah'. Ils sont libres d'aller où bon leur semble, mais ils ne s'éloignent pas d'habitude du bord de la mer, d'un lieu d'où ils peuvent voir encore leur ancienne prison. On en cite qui ont fait fortune à Fas, à Merrakèch ; d'autres sont allés se fondre dans les tribus de l'intérieur. Ils font souche dans le pays, et leurs petits-enfants ignorent déjà qu'ils descendent d'un *roumi*, ancien forçat des bagnes du littoral africain.

Le presidio de Nekour paraît être tout aussi exigu que celui de Badès. L'intérieur ne diffère aucunement de l'autre bagne. Soldats, boutiques, galériens, tout cela existe comme à Badès. Il y a en plus, cependant, des endroits hospitaliers où la débauche règne et où les berbères eux-mêmes sont admis. Les Espagnols font tout venir de la métropole, jusqu'à l'eau nécessaire aux habitants de ce triste rocher. Une douane rifaine, installée sur le continent, près du poste berbère, prélève une certaine redevance sur les marchandises venant d'Espagne par la voie de Nekour.

Les Beni-Ouriar'el possèdent un territoire fertile, abondamment arrosé par de nombreuses sources. Dans les fractions septentrionales, les vastes plaines, légèrement ondulées, permettent aux indigènes de se livrer en grand à la culture de l'orge, des fèves et du blé. Tous les villages ont une épaisse ceinture de vergers et de jardins potagers, produisant tous les fruits, tous les légumes de la création. Peuplée d'environ 200,000 habitants, l'énorme tribu compte plus de 200 hameaux de 10 à 100 feux. Elle est traversée, du sud au nord, par *l'Ouad R'is (rivière limoneuse)* (A), qui, après avoir perdu les trois quarts de son débit par les saignées que lui font ses riverains pour arroser leurs cultures, se jette dans le Golfe des Martyrs sous le nom de *Ouad En-Nekour*. Grâce à ses eaux bienfaisantes, ses bords, depuis la source jusqu'à la mer, sont ombragés par le figuier, le noyer, l'amandier, le grenadier, le pommier, l'abricotier, etc. Cette tribu, la plus favorisée de la côte, sous le rapport des eaux et de la végétation arborescente, possède, loin de la rivière, de grands vergers, des bois et des prairies qu'inondent les nombreuses sources de la région.

Au sud, dans les *Aïth Ouad'rar*, s'élève un pâté montagneux couvert d'oliviers. C'est le *Djebel Sidi bou-Khiyar* (montagne de monseigneur le possesseur de melons) (A), dont l'entablement supérieur forme un large plateau au milieu duquel est bâti un village de 100 feux : *Zaouiyat* (1) *Sidi bou-Khiyar*, qui s'enorgueillit de posséder les restes du santon moyen-âgeux, Sidi bou Khiyar, patron de tous les Beni Ouriar'el.

Ce qui rend intéressant le Djebel bou Khiyar, c'est le trésor inépuisable, paraît-il, d'une mine d'or située à sa base méridionale. Cette mine a failli être la cause d'une complication diplomatique entre la France et le Maroc. Il y a quelques années, le cadi de Targuist, un sieur *Et't'ennaz*, et son complice, le caïd des *Aïth Ouad'rar*, se disant tous deux fondés de pouvoirs des Beni Ouriar'el, rédigeaient un acte de vente, aux termes duquel la susdite mine devait être cédée à une Maison française, à laquelle les deux compères avaient préalablement envoyé les plus

(1) Séminaire.

beaux minerais d'or qu'ils avaient pu se procurer. La Maison, croyant l'affaire bonne et régulièrement faite, donna les formidables arrhes qu'on exigeait d'elle. Quelques jours après, un navire, battant pavillon français, se présentait dans les eaux du Golfe des Martyrs, ayant à son bord ingénieurs, ouvriers et tout le matériel nécessaire à l'extraction du minerai.

Des chaloupes, remplies d'ouvriers, furent mises à la mer. On essaya de débarquer. Les Beni-Ouriar'el, ne sachant ce que signifiait cette invasion d'un nouveau genre, car tout avait été fait à leur insu, s'opposèrent énergiquement au débarquement de nos compatriotes. Temsamane et Bek'k'ouya, prévenues du danger, envoyèrent aussitôt leurs contingents. En moins de 24 heures, 60,000 berbères en armes couvraient de leurs masses sombres le littoral du golfe. Leur attitude devint si menaçante, que le navire français jugea prudent de reprendre, sans plus tarder, la route de la mère patrie. La maison française, ainsi dupée, porta ses doléances au sultan, lequel, avec la duplicité habituelle aux Arabes, se tira merveilleusement d'affaire en représentant qu'il s'agissait là d'une simple escroquerie, commise par deux indigènes n'ayant aucune qualité pour traiter au nom du gouvernement marocain, *seul propriétaire des richesses minérales de tout le Maroc*. Finalement, il promit de châtier avec la dernière rigueur les deux coupables ; et la maison française en fut pour ses frais.

Cependant les Beni-Ouriar'el, mis au courant de l'affaire, furieux d'avoir été joués par le caïd des Aith Ouad'rar, un certain Ali ben Yah'ya, se portèrent en foule à sa demeure qu'ils incendièrent après l'avoir mise à sac. Ils poursuivirent le drôle qui s'était réfugié chez les Beni-Touzine. Ceux-ci, esclaves des lois de l'hospitalité, refusèrent de livrer le coupable à ses contribules qui voulaient absolument le mettre en pièces et boire son sang, pour avoir failli introduire les Chrétiens chez eux. L'autre coquin, le cadi de Targuist, grâce à l'éloignement de sa tribu, ne fut pas inquiété. Devenu riche tout à coup, ne sachant comment employer l'or français si audacieusement subtilisé, il se paya le luxe d'un secrétaire, vécut dans l'abondance, ne se privant de rien, s'offrant toutes les douceurs que l'on peut trouver dans le Rif.

Le résultat le plus net de cette affaire fut de révéler au sultan, qui l'ignorait, l'existence d'une mine d'or chez les Beni-Ouriar'el. Sous couleur d'empêcher les Chrétiens de s'emparer de ce trésor, il a établi une petite garnison de soldats chérifiens au point où l'extraction du minerai est facile, avec défense à qui que ce soit d'en approcher. Ainsi, les indigènes de la contrée, qui pouvaient autrefois faire avec la côte un petit trafic de ces pierres précieuses, n'ont même plus aujourd'hui cette ressource. Rarement ils parviennent à dérober, pendant la nuit, quelques méchants cailloux qu'ils vendent à vil prix.

Au sud, non loin du Djebel bou-Khiyar, on voit le *Djebel Reçaç* (montagne de plomb), vaste mine de plomb, également inexploitée.

Il est surprenant de rencontrer, dans une tribu aussi farouche que les Beni-Ouriar'el, toute une fraction où l'on ne s'occupe que de musique. Les *Aith-Arous* (enfants de fiancé) dédaignent la guerre. Leur art favori, la musique instrumentale et le chant, absorbe tout leur temps. Le voyageur, qui pénètre dans un de leurs villages, est littéralement assourdi par la cacophonie épouvantable des flûtes en roseau et des tambours de basque accompagnant les braillements de ces artistes consciencieux, qui font de longues répétitions avant d'aller se faire applaudir dans les tribus voisines. Si la musique adoucit les mœurs, la chorégraphie leur porte de rudes coups, tout au moins chez les Aith Arous, dont les femmes sont aussi bonnes danseuses que dévergondées.

La nourriture habituelle de l'ouriar'li se compose de lentilles, petits pois, fèves, fruits et poisson. Les familles aisées mangent, dans les grands jours, de la viande de bœuf rôtie ou bouillie. Le gibier abonde dans la tribu. Beaucoup de sangliers et de chacals dans les bois. Les bergers leur donnent quelquefois la chasse avec leur chiens.

Principaux Villages des Beni-Ouriar'el (Voir la carte)

Ajd'ir (ville de), 1,000 feux. (Voir ci-dessus). أجذير

Tafrast (la serpette) (B), sur la Méditerranée, 500 feux. تافراست

Tazourèkht (le pélerinage) (A. B), 300 feux. Un marché réservé aux femmes seules se tient, le samedi, au N.-O, du bourg. تازورخت

Aith-Mousa ou Amor (les enfants de Mousa fils de Amor), 300 feux. A l'Est, le marché du mercredi. ايث موسى و عمر

Tiguerth (le petit champ) (B), 300 feux. تيقرث

Tazar'in (les desséchées) (B), 100 feux. تازاغين

Moulaye Yâk'oub (Monseigneur Yâk'oub) (Jacob), 50 feux. مولاي يعقوب

Ik'énniyin (les possesseurs de lapins) (A. B), 500 feux. إقنيين

Zaouiyat Sidi Yousef (A), (le séminaire de Monseigneur Yousef) (Joseph) (A), 500 feux. زاوية سيدي يوسف

Tizemmourin (les oliviers) (B), 300 feux ; c'est dans ce bourg que le derviche célébra la *Fête des moutons* en 1890. L'ouad R'is coupe en deux le village, dont les constructions, peu élégantes, sont envahies quelquefois par les crues de la rivière. تيزمورين

El-Khemis (le jeudi) (A), 500 feux. Marché le jeudi. الخميس

Kemmoun (cumin) (A), sur un monticule. Marché le mercredi. كمون

Zaouiyat Sidi bou-Khiyar. (Voir ci-dessus). 100 feux. زاوية سيدي بوخيار

Méchkour (comblé d'éloges), 300 feux. مشكور

Iharounèn (les enfants de Haroun), 150 feux. إهارونن

Forces militaires : 40,000 fantassins. Population probable : 200,000 habitants. Plaine ondulée partout. Nombreux sentiers. Instruction coranique assez développée. Encore plus de 200 hameaux dont je n'ai pu avoir les noms. Beaucoup de maisons à un étage.

Tribu de TÉMSAMAN (1)

تمسامان (feu et eau) (B)

Parti des Aïth-Mousa ou Amor, fraction septentrionale des Beni-Ouriar'el, le derviche, ayant pour objectif la tribu de Témsaman, suivait un sentier parallèle à la mer. Il laissait derrière lui la vaste plaine de Nekour qui s'étend, tout en perdant son nom, bien au-delà de la frontière orientale.

La mauvaise étoile du voyageur voulut le soumettre encore à une nouvelle épreuve. Il venait de traverser l'ouad *H'adid'* (rivière du fer) (A. B.), petit ruisseau servant de frontière entre les Beni-bou-Daoud et les Aïth-Mousa ou Amor, lorsque le bruit d'une vive fusillade parvint à son oreille. Un homme des Beni-Ouariar'el, fuyant à toutes jambes, bondissait dans la terre grasse des jardins, fraîchement arrosés. A la vue du derviche, il s'arrêta, le prenant pour un compatriote. Il expliqua brièvement qu'une centaine d'hommes et de femmes des Aïth-Mousa ou Amor, au retour d'un pélerinage au tombeau de *Sidi Chaïb ou Meftah'*, dans les Beni-bou-Daoud (Témsaman), avaient voulu se rafraîchir avec des pastèques, volées dans un jardin. Le gardien, un daoudi, en défendant son bien, avait été blessé d'un coup de fusil. Et voilà que maintenant ils avaient à leurs trousses plus de 50 propriétaires des Beni-bou-Daoud, leur donnant une furieuse chasse dans les jardins, en ayant déjà mis trois hors de combat. L'homme, qui allait probablement chercher du renfort, n'en dit pas davantage ; il reprit sa course dans la direction des Beni-Ouriar'el, laissant là le derviche ahuri par les détonations qui semblaient se rapprocher.

Un autre fuyard des Beni-Ouriar'el, fou de terreur, volait dans la direction de Moh'ammed, sans le voir. Le voyageur s'était blotti brusquement dans un fourré de jujubiers sauvages, où il se tenait sans souffler, les chairs déchirées par des milliers d'épines. L'œil perçant de l'Ouriar'eli le découvrit dans sa cachette, et il allait le fusiller comme un lapin, si le derviche n'avait crié aussitôt : « Attention !

(1) Prononcez *témsamane*. Les Berbères demi-savants font un jeu de mots sur cette tribu. Ils disent واين ما تمس امان *Partout où vous touchez* (le sol), *il y a de l'eau*. Pour obtenir ce mauvais calembour, il faut faire intervenir l'arabe *temess* (tu touches) et le Berbère *aman* (eau).

Je suis des Beni-Arous ! » L'homme fila comme un trait sans prononcer une parole. Le derviche respira. Il était écrit cependant qu'il serait dévalisé par un ouriar'eli sur le propre territoire de Témsaman.

Un troisième individu des Aith-Mousa ou Amor, surgissant tout à coup près de lui et faisant semblant de le prendre pour un espagnol déguisé en berbère, lui enjoignit d'avoir à prononcer la formule : *la ilaha illa Llha* (il n'y a de Dieu que Dieu). Le derviche, faisant le brave, sortit de son buisson en disant : « Prononce-la toi-même ». L'homme la récita sans se presser, puis il épaula son fusil. Moh'ammed n'en attendit pas davantage, il s'empressa de vociférer : *la ilaha illa Llah* ; *Mouh'ammed rasoul Allah* ».

— « Fils de chrétien, lui dit l'ouriar'eli, tu voulais donc te moquer de moi ? D'où es-tu ? » — « Des Beni-Ouriar'el ». — « De quelle fraction ? » — « Des Aïth-Arous ». — « Est-ce que les Aïth-Arous sont des hommes ? Justement nous sommes brouillés avec eux ». — « Mon cher, se hâta d'ajouter le derviche, je suis né dans les Beni-Touzine. Mes parents m'ont envoyé étudier chez les Aïth-Arous ». — « Très bien, dit l'homme. Je ne te tue pas. Mais déshabille-toi et donne-moi tous tes vêtements ».

Moh'ammed essaya de discuter. Le berbère épaula de nouveau son arme, et son œil devint si méchant, que le derviche mit habits bas en une minute. Par pudeur, il avait gardé sa chemise ; il dut la laisser tomber à ses pieds sur un geste menaçant de son ennemi. Celui-ci, très tranquillement, se déshabilla à son tour, quitta sa chemise, une loque sans nom qu'il jeta à Moh'ammed, et, un à un, endossa les vêtements, relativement propres, du derviche. Cela fait, il mit son fusil en bandoulière, sonda du regard les buissons et les jardins des environs, et, satisfait sans doute de ne plus entendre le bruit de la fusillade qui s'était éteint depuis un moment, il reprit sa route dans la direction des Beni-Ouriar'el sans plus s'occuper de Moh'ammed, qui restait debout, tout nu, ne se décidant pas encore à ramasser et à revêtir le haillon dégoûtant de l'ouriar'eli. Ce qui lui fendait le cœur, c'était de voir ses deux *djellaba* de bonne laine s'en aller sur le dos du bandit.

Son entrée dans le gros bourg de *Sidi-Daoud* fit sensation. On vint voir le malheureux, dont les loques cachaient mal la nudité. L'air effaré du derviche acheva d'attendrir la foule. On se l'arrachait pour le faire entrer dans les maisons où on le bourrait de pain et de figues de Barbarie. Ce fut, depuis la porte du village jusqu'à la mosquée, une véritable marche triomphale, les gamins courant devant Moh'ammed, les hommes sérieux et les femmes l'entourant, lui faisant cortège. Lui, accentuant plus que jamais sa prétende démence, levait les bras au ciel, bénissant la naïve population qui le prenait pour un *mesloub* (aliéné). Les écoliers, attirés sur la porte de la mosquée par ce vacarme inaccoutumé, firent une réception enthousiaste au nouveau venu. Son haillon fut vite remplacé par de bons et solides vêtements, et l'on attendit le souper en causant gaiement. L'air aimable des étudiants et de leur maître n'avait pas échappé au derviche, qui se félicitait intérieurement d'être tombé chez d'aussi braves gens. Un dîner copieux, servi peu après, vint mettre le comble à la joie du voyageur, qui a gardé le meilleur souvenir, non seulement des habitants de Sidi-Daoud, mais encore de tous les autres indigènes de Temsaman, dont le caractère doux et enjoué contraste singulièrement avec l'humeur exécrable de leurs voisins de l'ouest.

De loin, on prendrait Sidi-Daoud pour une petite ville. De près, il faut en rabattre. C'est un gros bourg de 4 à 500 maisonnettes, à un quart d'heure de la mer. Le petit hameau de *H'adid'* (fer) (A. B.), lui sert de port.

La tribu de Témsaman, bornée au N. par la Méditerranée, à l'O. par les Beni-Ouriar'el, à l'E. par les Beni-Saïd, au S. par des tribus rifaines indiquées sur la carte, a environ 40 kilom. dans tous les sens. Comme les Beni-Ouriar'el, elle est entièrement comprise dans une grande plaine qu'arrosent trois petites rivières et de nombreuses sources. Partout de grands vergers où l'on rencontre tous les fruits du nord de l'Afrique : figuiers, amandiers, grenadiers, jujubiers, abricotiers, poiriers, pommiers, pêchers, vignes, etc. ; partout des potagers où sont cultivés tous nos légumes algériens. Les figues de Barbarie et les légumes sont en telle quantité, qu'on n'en vend jamais sur les marchés ; on les donne à ceux qui, par hasard, n'en ont pas.

Témsaman mérite bien son nom. En quelque endroit que l'on gratte un peu le sol, l'eau jaillit. Dans le sud, elle est fraîche, limpide, très bonne à boire ; dans le nord, où elle est trouble et légèrement saumâtre, on recueille les eaux de pluie dans d'immenses citernes. Les trois ruisseaux, l'ouad *Beni-Taâban*, l'ouad *Sidi-Idris*, l'ouad *Merer'ni*, sont utilisés pour l'irrigation des jardins et des terres. Des canaux et des rigoles, très bien aménagés, conduisent au loin l'eau des rivières et des sources. Aussi la campagne n'est-elle qu'une succession de champs fertiles, produisant en abondance l'orge, les fèves, les lentilles, le maïs, la pomme de terre importée d'Algérie ou d'Espagne, les petits pois, haricots, tomates, piments, etc. D'épais massifs d'arbres rompent à chaque instant la monotomie de la plaine. L'aspect verdoyant de ce sol fécond, soigneusement travaillé par une population laborieuse et paisible, fait penser à ces beaux coins de France où tout est cultivé, où pas un pouce de terrain n'est perdu. Pourquoi aller chercher si loin, sous des climats meurtriers, ce qui vaut infiniment moins que ce que nous avons sous la main, à nos portes, dans une contrée féérique, où l'homme du nord pourrait respirer à pleins poumons les fraîches brises de l'Océan et de la Méditerranée ?

Témsaman a cinq fractions : *Beni-bou-Daoud*, *Tragouth* (la brume) (B), *Beni-Taâban* (1) (les enfants du python) (A), *Aith-Merer'ni* (les enfants de la vigne) (B), *Ouchchnanèn* (2) (les chacals) (B). Chacune lève 4,000 fusils, soit 20,000 hommes pour toute la tribu.

L'aménité des indigènes de Témsaman, la sécurité dont on jouit chez eux attirent quantité d'étrangers et d'étudiants sur les marchés et dans les écoles de la tribu. Les *zaouiya* (séminaires) sont nombreuses. On y étudie le Coran et les Traditions relatives au Prophète ; on y confère *l'ouerd*, c'est-à-dire l'initiation à l'une des innombrables Confréries religieuses qui existent au Maroc. Les plus répandues dans le Rif sont celles de *Sidi Ah'med ben Aïssa*, *Sidi Ah'med ben Nacer* et les *Derk'aoua*. La prière surérogatoire des disciples de Sidi Ah'med ben Aïssa, prière qu'ils répètent du matin au soir et jusque bien avant dans la nuit, est la suivante : « O notre maître, ô miséricordieux, fais-nous la faveur de nous accorder ton pardon. A quoi bon t'exposer notre situation ? Tu la connais. A toi seul, nous adressons nos doléances, ô toi qui nous regardes. Sois notre protecteur contre ceux qui nous oppriment. » Parmi les prières de plusieurs autres Ordres, prières dont j'ai le texte arabe dans mes papiers, il en est de fort belles. Elles m'ont été communiquées par des *frères* (*Akhouan*) (3), qui n'ont fait aucune difficulté de me dévoiler les soi-disant secrets de leurs confréries.

Fondés dans un but avoué de propagande panislamique, les Ordres Religieux musulmans s'accommoderaient très volontiers d'une théocratie universelle, dans laquelle ils seraient tout, et les laïques rien. Mais, de là à croire qu'ils ne s'occupent que de politique, il y a loin.

La plupart de ces fanatiques s'abîment dans une dévotion outrée, ne voulant rien savoir de ce qui se passe sur la terre, cherchant dans la prière, le jeûne et les mortifications cet état de béatitude parfaite tant envié par tous les illuminés de toutes les religions.

Dans notre grande colonie africaine, la bête noire de l'administration, c'est la confrérie musulmane. Nous sommes évidemment influencés encore par les souvenirs des nombreuses sociétés politiques secrètes qui ont fait trembler l'Europe pendant la première moitié de ce siècle. La longue résistance du clergé catholique n'a pas peu contribué à faire assimiler les *Akhouan* (3) algériens à leurs confrères Chrétiens. Aussi bien cette comparaison ne leur déplut nullement. Les Communautés mahométanes, qui végétaient tristement avant 1830, très étonnées de se voir redoutées des conquérants, acceptèrent le rôle lucratif et inespéré de croquemitaine, qui leur fut imposé, comme toujours, par des gens mal renseignés, peu au courant de la langue et des mœurs

---

(1) *Taâbane*. Ne pas oublier que *toutes les lettres* se prononcent.

(2) بني بوداود * ترافوث * بني تعبان * أيث مرغاي * وشنن *

(3) Prononcez *Akhouane*.

indigènes. Plusieurs d'entre elles firent payer cher à la France leur prétendu dévouement, leur soi-disant influence. La vérité, c'est que les innombrables confréries musulmanes, ennemies et jalouses les unes des autres, ne parviendront jamais à s'entendre, à former un bloc homogène redoutable. Au surplus, le Musulman n'a pas besoin d'être affilié à un Ordre quelconque pour exécrer le Chrétien.

Il n'était point dans la pensée des fondateurs des Congrégations mahométanes de créer un instrument politique. Ils voulaient réprimer les abus, ramener à la foi pure primitive le peuple égaré. Leurs institutions n'ont guère dévié de leur but. Et encore de nos jours, quand il plaît à un ambitieux de susciter une révolte contre les Chrétiens, il agit isolément, sans le concours effectif de sa confrérie, qui se borne le plus souvent à l'aider seulement de ses vœux et de ses prières.

Ce que je viens de dire des Ordres religieux algériens peut s'appliquer au Rif et au Maroc tout entier. On confond trop souvent, quand il s'agit du monde musulman, la confrérie purement religieuse, avec la *société politique secrète* proprement dite. Cette dernière existe chez nos voisins de l'Ouest. Sous couleur de religion, elle n'a pour objectif que la politique. Nous en reparlerons au moment opportun.

Ce n'est pas pour rien que les *Akhouan*, ces méthodistes mahométans, sont en si grand nombre à Témsaman. Il y a dans cette tribu tant et tant de brebis égarées, que les innombrables pasteurs ne suffisent pas à les ramener au bercail. Les plaisirs des sens, la bonne chère, la musique, les jeux, les longues soirées, passées à absorber du thé au milieu des nuages épais et enivrants du *kif* (chanvre à fumer), constituent les distractions favorites du témsamanien. Le dévergondage de certaines femmes et de quelques gitons, pour être secret, n'en est pas moins excessif.

Le vêtement de laine est en usage en hiver, et le h'aïk léger en été. Les hommes portent la djellaba noire. Leur costume et leurs armes sont semblables à ceux des Beni-Ourîar'el. Toutefois les fusils à répétition d'Espagne n'ont pas encore totalement détrôné la *moukh'ala* tar'zouthienne. Ainsi que tous les autres Rifains du littoral, le témsamanien nage comme un poisson. Les gamins de 10 à 15 ans barbotent dans la mer, été et hiver. Quelques-uns, devenus hommes, se font pêcheurs, le poisson se vendant assez bien sur la côte et dans l'intérieur.

Profitons de notre passage dans la tribu la plus gaie du Rif pour révéler un des spectacles les plus goûtés des Rifains : *le carnaval* (1). Rien de semblable dans les autres parties du Maroc, pas plus chez les Arabes que chez les Berbères. Seuls les Rifains connaissent et pra-

(1) J'aborde ici un *sujet scabreux*. Si je ne m'étais imposé la loi de tout dire, de révéler les mœurs, bonnes ou mauvaises, d'un peuple encore inconnu, j'aurais passé sous silence cette description d'une grossière coutume séculaire, restée ignorée jusqu'ici. L'éthographie a parfois des nécessités bien dures !

tiquent la mascarade, mais ils ne s'en vantent pas hors de chez eux, sachant d'avance avec quel dégoût les autres musulmans accueilleraient cette invraisemblable nouvelle. Faut-il voir dans cette coutume une réminiscence des saturnales de Rome ? Quoi qu'il en soit, le carnaval rifain actuel perpétue une tradition séculaire qui se perd dans la nuit des temps.

Trois fois dans l'année a lieu le grotesque spectacle : le jour de l'an musulman, à l'époque de *El-id el-Kebir* (grande fête) et de *El-id eç-cer'ir* (petite fête qui suit le ramadhan).

Dès le lever du soleil, la foule envahit les rues, attendant l'apparition des cinq personnages (il n'y en a jamais plus ni moins), qui composent l'unique mascarade de la localité.

Soudain, les cris des enfants signalent la présence du masque déguisé en *cadi*. Il est seul. Il escalade un gros tas de fumier, préparé la veille, s'asseoit au sommet, attendant tranquillement sur cet ignoble siège les plaideurs, c'est-à-dire les autres masques qui ne tarderont pas d'arriver. Ce singulier magistrat porte une robe de toile d'emballage ; son turban est un petit filet de pêcheur ; il est coiffé d'un gigantesque cornet vert ou rouge, antique enveloppe d'un pain de sucre, ramassée dans l'ordure. Il n'a pas de masque, mais le henné, dont son visage est barbouillé, le rend méconnaissable. Des valves de moule à la place des oreilles ; de la laine blanche représentant barbe et moustaches ; dans une main, une grosse trique de laurier-rose ; dans l'autre, une pile de vieilles peaux de lapin, destinées à représenter le régistre où sont conservées les minutes de ses sentences, voilà l'homme qui va remplir une des plus hautes fonctions humaines : juger ses semblables.

Tout à coup la foule tourne le dos au cadi ; elle se porte en masse au-devant de quatre masques, qui débouchent dans le village, venant de la campagne. Il y a là le *Ba-Chikh* (1) (chef de famille), sa femme, son âne et son juif.

Voici l'accoutrement du Ba-Chikh : couvert de haillons ; une ceinture d'alfa autour des reins ; savates trouées ; jambières en peau de chèvre ; une outre rigide sur la tête ; deux petites feuilles de figuier de Barbarie figurant les oreilles ; le visage enfoui dans une citrouille creusée, trouée à la place des yeux et de la bouche ; deux véritables défenses de sanglier, dents du monstre déguisé, percent le masque aux commissures des lèvres ; une peau de hérisson, armée de tous ses piquants, symbole du port exécré de la barbe ; un poignard et un pistolet de *ferula communis* (2) (férule commune) à la ceinture ; un fusil du même bois, soutenu sur l'épaule par une cordelette de palmier nain ; une crinière de cheval ou une queue de vache tombant de la tête,

(1) باشيخ pour أبو الشيخ signifie ici *le maître par excellence*

(2) كلخ *(kelkh)*

représentant la tresse de cheveux nationale; une sacoche en feuilles de palmier nain, remplie de cailloux plats; autour du cou, un chapelet dont les grains sont des oranges ou des citrons; enfin, pour compléter le hideux accoutrement, une tige de férule et deux aubergines simulent les organes génitaux du grotesque personnage.

La *femme* du Ba-Chikh est un vigoureux gaillard affublé de vieux sacs, en guise de linge de corps, et d'un antique tellis (long sac), en poil de chèvre, en guise de *melh'afa* (robe) Deux énormes boules de liège, parfois des chiffons, bombent la poitrine, ou tombent bien bas, à la façon des mamelles desséchées. Comme boucles d'oreilles, deux fers à cheval. Autour du cou, des colliers de coquilles d'escargot, enfilées avec une ficelle de palmier nain; le masque est une citrouille vide, permettant de voir et de respirer par trois trous correspondant aux yeux et à la bouche ; de grosses fèves sèches sont enfoncées dans le masque, à la place des dents; le crâne disparaît sous un sale tablier de cuir; aux poignets, de la ferraille comme bracelets; aux jambes, nues jusqu'aux genoux, des morceaux de fer tordus, en forme de périscélides; les pieds traînent des pantoufles (*belr'a*) éculées, déchirées; dans un pli du tellis, une boîte, remplie de goudron destiné à badigeonner le museau des compères.

L'âne est généralement un gros butor de rifain d'une force herculéenne, pouvant porter au besoin son maître et sa maîtresse. Il se tient constamment à quatre pattes, s'amuse à lancer de fréquentes ruades à son gardien, le malheureux juif, qu'il envoie rouler dans la poussière quand il parvient à lui décocher son pied en pleine poitrine. Il a sur le dos un bât tout troué, encore garni d'un peu de paille, fixé par une sangle; sur la tête, une longue peau de bouc de laquelle s'élancent deux tiges démesurées d'aloès, figurant les oreilles du baudet. Il tient entre les dents un bridon d'alfa; au croupion est fixé un morceau de queue de vache. Entre les jambes, un hautbois arabe tout noir, au pavillon très évasé, et deux aubergines oscillent et s'entre-choquent dans un perpétuel balancement.

D'affreuses loques cachent mal le corps du *juif*, tout souillé de fiente. Les restes d'une vieille natte en alfa représentent la djellaba; un couffin en palmier nain remplace la calotte. Les longues mèches de cheveux, qui pendent le long des tempes des fils d'Israël, sont remplacées par des soies de sanglier ou des crins arrachés à la queue de quelque autre animal immonde. Une peau de bouc, frottée avec de la cendre mêlée au guano humain, arrosée de lait caillé et de quelques gouttes de miel pour attirer les mouches, est appliquée sur la figure, avec des ouvertures pour les yeux et la bouche. Marchant en compagnie de son seigneur, il tient à la main d'ignobles savates avec lesquelles il empoigne, comme avec un gant, un bâton de laurier-rose qui lui sert à écarter les chiens qu'on lance continuellement à ses trousses.

Suspendue au cou par une courroie, une grande boite étale aux yeux de la foule goguenarde ses brimborions, sa ferraille, ses miroirs cassés, ses boites d'allumettes vides, sa bouse de vache en guise de musc, ses papiers crasseux, enfin tout le saint-frusquin du camelot juif.

Dès leur entrée dans le village, le Ba-Chikh et sa femme sont désarçonnés par le baudet. Le juif fait semblant de se lamenter en voyant ses maîtres rouler dans la poussière. Le Ba-Chikh se relève, court sur l'âne, le bâton levé. Le coup, soi-disant destiné à l'animal, tombe naturellement sur l'échine de l'hébreu qui plie les jarrets et s'abat lourdement. La foule se tord, accable d'injures le fils d'Israël, applaudit l'âne et son maître. On se remet en marche. Les propos les plus dégoûtants, ce que le vocabulaire rifain contient de mots bas et ignobles, tout cela est lâché dans un flot toujours montant de folie populacière. Mais voici la scène la plus répugnante, le clou de la pièce, que tous les spectateurs attendent avec une impatience fébrile. Le Ba-Chikh, en proie à un rut frénétique, se précipite sur sa compagne. Une lutte s'engage. La malheureuse tombe sous son mari qui se vautre sur elle. Elle crie, se débat, rue violemment. Le tellis lui servant de robe est arraché ; il reste entre les mains du Ba-Chikh qui en fait une petite tente et persuade à sa femme d'y entrer. Il s'y glisse à son tour ; immédiatement, ses transports le reprennent. La tige en main, il fonce de tous côtés. Le peuple en délire lui crie : « Pas là ! Plus haut ! Plus bas ! » Les deux pandours, en se démenant comme des démons, prennent réciproquement leurs derrières pour leurs figures et appliquent, sur ces hémisphères poissées de fiente, des baisers retentissants. Finalement la femme refuse de se donner avant d'avoir reçu son douaire complet, des cadeaux, un nouveau trousseau. — « Allons chez le cadi, hurle le Ba-Chikh exténué. » Le juif, perdu dans la foule, s'acharne, malgré les torgnioles, à essayer de vendre sa pacotille. La voix de son maître le rappelle. Il accourt sous une pluie de crottins, les loques en lambeaux, à moitié nu. L'âne qui, de son côté, faisait par ses gambades le bonheur des enfants, se laisse difficilement ramener par le juif. Enfin on se met en marche, le groupe au complet.

On arrive devant le cadi, perché sur sa butte de fumier. Des compliments grossiers, des discours extravagants se font entendre. Ce tournoi oratoire est salué par les huées du public, dont la joie ne connaît plus de bornes. Le cadi, dans un baragouin, moitié arabe moitié berbère, explique gravement qu'un magistrat qui se respecte ne donne gain de cause qu'à coups de pièces de cent sous. Le Ba-Chikh trouve la proposition très naturelle ; il ouvre sa sacoche, prend à pleines poignées ses cailloux plats qu'il lance à la tête du cadi en criant : « Juge, ramasse tes douros ! » Le magistrat, très adroit, les attrape au vol, chaque pierre claquant sec sur les callosités de ses grosses pattes d'homme habitué à manier la charrue ou la pioche. Le mari et la femme, tous les deux à la fois, exposent leur différend avec des gestes et des expressions ordurières qui font se pâmer tout le monde. Le magistrat, dans un silence relatif, rend son arrêt : « La femme X..., avant de reprendre la vie commune, doit d'abord passer une nuit sous le toit de l'honorable juge, conformément à la doctrine du célèbre *Ibn H'açh'aç* (1). »

Cette sentence porte au plus haut point l'exaspération du Ba-Chikh. Il entraîne sa femme, la fait monter de force sur l'âne, se met en croupe avec elle, commande au juif de piquer la monture. Celle-ci rue, atteint le juif en pleine poitrine, le renverse, et, d'un vigoureux coup de rein, envoie rouler dans les ordures ses deux cavaliers. Le cadi accourt, saisit la femme, veut s'en emparer ; il est terrassé à son tour. Un pêle-mêle inouï, un salmigondis de tibias et de bras battant l'air, retombant en coups de foudre sur des thorax, des têtes ou des échines, voilà le tableau qui vaut, aux yeux des Rifains, la plus belle de nos représentations théâtrales. A un moment donné, tout le monde se relève, noir de goudron. La femme a épuisé son visqueux liquide dans l'épouvantable mêlée, s'acharnant principalement sur son mari et le juge. Le juif, qui voulait à chaque instant s'échapper, ne parvenait pas à se débarrasser du baudet, dont les jambes, toujours en l'air, lui meurtrissaient les os. Il se vengeait pourtant, appliquant à son ennemi, quand il en trouvait l'occasion, des coups de trique à assommer un bœuf. Et la fête profane continue ainsi toute la journée et les jours suivants, coïncidant avec la fête religieuse.

Mais ce qui est plus grave que toutes ces folies, c'est le sacrilège que commettent les 5 scélérats en tournant en ridicule la prière musulmane. Vers la fin du jour, le Ba-Chikh, faisant fonction de *moued'd'ène* (muezzin), monte sur un tas d'ordures, se tourne du *côté de l'occident*, vocifère : « Que Dieu vous maudisse. Couchez-vous sans prier. Quiconque prie ne prospère pas », et mille autres sottises qui font les délices de la populace. Le Cadi, en sa qualité d'imam, veut diriger la prière. Le Ba-Chikh a la même prétention. Ils s'arrachent le bât de l'âne, sur lequel chacun veut faire ses prosternations ; ils le mettent en pièces. Le Ba-Chikh prie seul, faisant face au couchant (2). Il se prosterne en criant : « Que Dieu maudisse les spectateurs. Qu'il n'accorde, à ceux qui vont à la mosquée, ni bénédiction ni paradis ». Pendant ce temps, le cadi court à la femme, qui fait semblant de dormir, et fait sur

(1) Jurisconsulte imaginaire, dont le nom sert à confirmer les jugements burlesques prononcés entre eux par les étudiants en droit du Maroc.

H'açh'aç vient de l'arabe حصحص (*paraître au grand jour*), se dit de la vérité.

(2) Tout le monde sait que les Musulmans doivent faire face à La Mecque en priant.

elle des *ablutions sèches* (*teyemmoum*) (1). Elle se révolte ; une bataille s'engage. Le Ba-Chikh, l'âne et le juif interviennent. Nouvelle bagarre grotesque. Enfin on fait la prière en commun, dos à dos, en se bousculant, en travestissant, de la manière la plus infâme, les paroles du Livre sacré.

Ce qui m'a le plus surpris, quand ces étranges révélations me furent faites, c'est l'indifférence des gens sérieux (car il y en a parmi ces sauvages), qui voient avilir, sans s'indigner, l'acte trois fois saint de la prière ; acte sacré pour tout autre mahométan ; tellement sacré, qu'il constitue l'un des cinq dogmes fondamentaux de l'Islam ; tellement redoutable, que le musulman en prière ne s'appartient plus, ne doit plus être un mortel ; c'est une âme ayant quitté momentanément la terre, ne devant plus se préoccuper de ce qui l'entoure.

Principaux Villages de Témsaman.

FRACTION DES BENI-BOU-DAOUD

Sidi-Daoud, 500 feux (voir ci-dessus) سيدي داود

H'adid', 50 feux (voir ci-dessus). حديد

Sidi-Chaïb ou Méftah' (monseigneur Jéthro fils de la clef), 300 feux, à l'embouchure de l'ouad Beni-Tâbane. Lieu de pélerinage très fréquenté. Tombeau du grand saint moyen-âgeux, Sidi-Chaïb ou Meftah', patron de toute la tribu. Les enfants et les hommes s'appellent presque tous *Chaïb*. سيدي شعيب ومفتاح

Tazar'in (2) (les sèches) (B), 100 feux, à l'est de Sidi-Chaïb, sur le bord de la mer. تازاغين

Amrab'edh Ah'med (Ah'med le marabout) (A. B.), 100 feux. امرابض احمد

Tazrouth (le petit rocher) (B), 100 feux ; au sud-ouest تازروث se tient, chaque mardi, un grand marché.

FRACTION DES ATH MERER'NI

Sidi-Idris, 300 feux, à l'embouchure de l'ouad Merer'ni ; coupole abritant le cénotaphe du célèbre Idris. سيدي ادريس

Bou Azzoun (le chéri) (A), 300 feux ; sur l'ouad Merer'ni qui prend, un peu en amont, le nom de *ouad Bou-Azzoun*. بو عزون

Aïth-Taïr (les enfants nombreux) (B), sur l'ouad Sidi-Idris, 300 feux. ايث تاير

---

(1) تيمم On peut les faire avec du sable, de la poussière, ou en se frottant les mains sur un caillou.

(2) *Tazar'ine*. N'oublions pas que *toutes les lettres se prononcent.*

Sidi-Mésaôud (monseigneur heureux) (A), 100 feux, sur l'ouad Merer'ni سيدى مسعود

Thik'çobth-Ouadda (le fort inférieur) (A et B), 500 feux, sur l'ouad Merer'ni. Les Témsamaniens prononcent aussi *Thik'-çofth-Ounouadda* (le fort d'en bas). ثيقصبث و ادّا

Decher-n-elh'add (village du dimanche) (A. B.) 100 feux, marché très fréquenté le dimanche. دشر نالحدّ

Thik'çobth-Nénnéj (le fort supérieur) (A. B.), 500 feux, non loin de l'ouad Merer'ni. Les Têmsamaniens l'appellent aussi *Thak'çofth-n-énnéj* (le fort du dessus). ثيقصبث نانّج

Aïn-Kethir (source abondante), 100 feux. عين كثير

FRACTION DE TRAGOUTH

Er-Raoudha (le parterre) (A), 50 feux. الروضة

Thaddarth (la maison) (B), 100 feux. ثادارث

Iger (1) *oufadhis* (le champ du marteau) (B. A.), 300 feux. يغرو فاضيس

Un marché se tient, le lundi, au sud de la fraction.

FRACTION DES BENI-TABAN

Aïth-Ali (les enfants d'Ali) (B. A.), 100 feux, sur l'ouad Tâban. ايث علي

Akhechchoub ououmr'ar (les buissons du vieillard) (A. B.), 100 feux, sur l'ouad Tâban. اخشّوب وومغار

Ifasiyin (les gens de Fas) (A. B.), 100 feux. إيفاسيّين

Thaliouin (les sources) (B), 50 feux. Marché du jeudi, au sud, près de l'ouad Tâban. ثاليوين

Amézzaourou (le premier, l'ancien) (B), 300 feux. امزّاورو

Aïth-Mlékchèn (les enfants des planteurs) (B), 500 feux. ايث ملكشن

Bou-Yaâk'oub (le père de Jacob), 500 feux. بويعقوب

FRACTION DE OUCHCHANÈN

Aïn-Kethir (source abondante), A., 50 feux. عين كثير

Amézzaourou (le premier, l'ancien) (B), 100 feux. امزاورو

Au sud de cette fraction, marché important, le mercredi.

La tribu contient en outre une quarantaine de villages de 50 à 200 feux, dont je n'ai pu avoir les noms.

Forces militaires : 20,000 fantassins. Population probable : 100,000 âmes. Plaine et sentiers partout. Aucun bourg fortifié. Instruction coranique assez répandue. Tribu indépendante. Nomme elle-même ses caïds, envoie de temps en temps des cadeaux au sultan.

---

(1) Dites *iguer*. *Toutes les lettres se prononcent.*

Tribus des BENI-TOUZIN (1) et de TAFERSITH

بنی توزین (les enfants du pesage) (A. B)

تافرسيث (le défrichement) (B)

Les hasards de sa vie errante firent que le derviche tourna le dos à la mer. Il s'enfonça dans le sud, s'imaginant trouver des hommes nouveaux, des mœurs étranges. Sans être géologue, il remarqua tout de suite que la terre des Beni-Touzin ne ressemblait pas à celle de Témsaman ; il constata également, sans être arboriculteur, que les arbres étaient plus beaux, plus forts que sur le littoral. Le sol des Beni-Touzin est noirâtre, a le grain dur ; c'est une terre de montagne, peu friable, destinée à résister à l'érosion des pluies hivernales, emportées sur les pentes d'un terrain généralement accidenté.

Iguer Emmaouass (le champ d'aujourd'hui) (B), dans lequel Moh'ammed fit son entrée, est littéralement étouffé au milieu d'une forêt d'orangers, mandariniers, bananiers, figuiers, cactus, vignes grimpantes, noyers, etc. Le voyageur trouva, installés à la mosquée, une cinquantaine d'étudiants étrangers, venus là, comme lui, quelques-uns pour étudier, beaucoup pour vivre sur la charité publique. La réception fut cordiale. Les habitants, ayant vu entrer un nouvel étranger à la mosquée, apportèrent une ration plus forte que d'habitude. Plats de lentilles, petits pois, glands grillés, fruits, rien ne manquait. Iger (2) Emmaouass a la réputation d'une bonne petite université où l'on apprend, entre autres sciences chères aux Marocains, les éléments du calcul. La mosquée est assez vaste. Son grand minaret polygonal dépasse seul la cime des grands arbres.

La tribu des Beni-Touzin occupe une surface d'une quarantaine de kilomètres en long et en large. Elle a cinq fractions : *Iger* (2) *Emmaouas* (3), *Beni-Hassan* (les enfants de Hassan) (A), *Thaâmmarth* (la bien peuplée) (A. B), *Sidi Yah'ya* (4) et *Tafersith*. Cette dernière, bien que tribu distincte, est complètement inféodée aux Beni-Touzin, qui l'ont prise sous leur protection, sa faiblesse et sa petitesse ne lui permettant pas de se passer de soutien au milieu des puissants voisins dont elle est entourée. Chacune de ces fractions, y compris Tafersith, peut lever 3,000 piétons, soit 15,000 hommes pour toute la tribu.

Nous sommes ici dans un pays montagneux, couvert de grandes forêts, où l'on trouve le chêne-vert, le chêne-liège, l'ormeau, le frêne,

---

(1) *Touziné*.

(2) Prononcez *iguer*.

(3) Voir plus haut la signification de ce mot. *Maouas* étant un nom d'homme, on peut traduire aussi : «le champ de Maouas».

(4) يغرامأواس * بنى حسان * ثعمّارث * سيدى يحي

le sapin. Ces géants couronnent les sommets, tandis que sur les flancs des côteaux, dans les vallées, règnent les arbres fruitiers, aussi innombrables que variés. L'olivier surtout est l'objet de soins attentifs. Par des greffes, savamment combinées, les indigènes obtiennent des fruits d'une grosseur phénoménale. La faune est représentée dans la forêt par le singe, le sanglier, le chacal, le renard, la hyène et la panthère, auxquels les bandits, et ils sont nombreux, tiennent compagnie pendant le jour. C'est dire que la sécurité existe encore moins dans cette tribu que dans celles que nous venons de parcourir. Des histoires d'ogres, racontées aux veillées, épouvantent les bambins et les femmes; les hommes eux-mêmes, quoique très courageux, croient absolument à ces sornettes, redoutant mille fois plus les djinn que les rôdeurs nocturnes.

Des quatre marchés des Beni-Touzin, celui de Midher, qui se tient le jeudi, est de beaucoup le plus fréquenté. Les bœufs, chèvres, ânes, mulets y sont vendus par centaines. On y fait un grand commerce d'orge, huile d'olive, raisins secs, figues, thé et sucre anglais, haïks, djellaba. Toutes les productions de la contrée s'y trouvent. Le thé, le sucre, les chandelles, les ustensiles de ménage viennent de Fas. Les tribus du Rif méridional s'approvisionnent dans cettte capitale, tandis que les indigènes du littoral achètent presque tout aux Espagnols. Cependant, les fusils européens pénètrent peu à peu dans le sud; l'Angleterre et l'Espagne en savent quelque chose.

Les contrebandiers de ces deux Puissances affrètent de petits bâtiments, des voiliers généralement. Le navire, bondé de fusils à couler bas, sort tranquillement d'un des ports méditerranéens de la Péninsule ibérique ou de l'estuaire de la Tamise, faisant voile vers le Maroc. Les indigènes de la côte, complices et associés des européens, attendent, sur un point isolé du rivage, l'énorme cargaison que l'on débarque toujours la nuit. Les fusils et les cartouches, soigneusement emballés dans de solides caisses, quittent le bord sur une embarcation commandée par le capitaine en personne. Des coups de sifflet, modulés d'une façon particulière, annoncent l'approche de la barque. De terre, on crie aussitôt en espagnol : « Est-ce toi, capitaine un tel ? » Et un dialogue s'engage entre le commandant et les musulmans, dont on commence à distinguer dans l'ombre les silhouettes inquiètes. Un indigène, un caïd habituellement, saute dans le canot qui vient toucher terre pour s'éloigner aussitôt de quelques brasses au large. Alors les caisses sont déclouées, les fusils et les cartouches examinés et comptés ; le musulman en paye la valeur en beaux deniers trébuchants, et le canot revient au rivage déposer son chargement. Au fur et à mesure que les caisses sont débarquées, des indigènes les chargent sur le dos, disparaissent dans la nuit, allant les porter à la maison du principal contrebandier. L'embarcation retourne au bâtiment, faisant ainsi le va-etvient jusqu'à ce qu'il ne reste plus rien à bord. L'honnête voilier reprend immédiatement la mer, cinglant vers son port d'attache, où il trouvera de quoi remplir ses flancs de nouveau.

Cependant, dans la maison du marocain, les associés sont réunis, comptant les fusils, les palpant, les examinant méticuleusement. Il s'agit d'en envoyer plusieurs centaines le lendemain dans telle tribu, à un marché très fréquenté ; ou bien, si le pays est troublé, la vente se fera sur place, dans la demeure du principal bailleur de fonds, qui distribue, après chaque vente, les quotes-parts aux intéressés. Le vieux contrebandier rifain, de qui je tiens ces détails, m'assurait qu'on réalise dans ce commerce des gains considérables. Le fusil, pris à 20 ou 30 francs en Europe, est vendu, aux Marocains de la côte, 80 ou 100 francs, et, 120 et même 150 francs aux tribus de l'intérieur. La Puissance qui voudrait traiter directement avec les populations marocaines indépendantes, sans se soucier des protestations platoniques du Chérif, écoulerait chaque année au Maroc cinq ou six cent mille fusils, au minimum, et plusieurs millions de cartouches.

Dans toutes les tribus du Rif, au Nord comme au Sud, la monnaie préférée est la monnaie espagnole ; en second lieu vient la française. Les pièces frappées par Sa Majestée Chérifienne figurent au 3e rang. L'argent anglais, italien, allemand, etc., est inconnu.

L'homme des Beni-Touzine parle le pur thamazir'th, ne connait pas un mot d'arabe. Son corps trapu est toujours en mouvement. La beauté des femmes a été chantée par un poète local, dont le vers suivant est passé en proverbe : « Trois tribus possèdent de belles femmes : Beni-Touzin, Temsaman et Galîya (1) ». Elles vont le visage découvert. D'une bravoure à toute épreuve, elles suivent les hommes au combat, se livrent au plus rudes travaux, moissonnent, font du jardinage, vont au bois et à l'eau. Revêtues de longs haïks de laine noire, elles ont les mollets protégés par des jambières de cuir, collant sur la chair, comme des bas ; aux pieds, des chaussures en H'alfa. Très chastes, très fécondes, elles mènent une existence laborieuse, se vouant à l'éducation de leurs enfants qu'elles allaitent jusqu à 5 ou 6 ans. La plupart du temps, les mariages se font à la fin de l'automne, lorsque les greniers et les silos regorgent de grains et de fruits. La fiancée reste vierge chez son nouveau mari pendant sept jours ; le huitième, tout est consommé. Le travail des hommes consiste à faire de la poudre et des balles qu'ils vendent au marché.

Les études coraniques sont en honneur dans les trois *zaouiya* (séminaire) de la tribu. Celle de *Sidi-bou-Djeddain* (monseigneur aux deux

(1) بنات ملاح في ثلث قبيلات * بني توزين تمسمان وقلعيات

grands-pères) (1) se distingue de ses sœurs par sa lourde maçonnerie et son immense coupole. Juste au-dessous du dôme repose Sidi-bou-Djeddain, entouré des tombes de sept de ses descendants. De tous les points du territoire marocain, les pèlerins viennent en foule se prosterner sur le tombeau vénéré. On le voit de loin comme un amas de neige, étalant, sur la crête de la montagne qui le supporte, ses larges murs, blanchis chaque année à la chaux.

Ce qui attire surtout les visiteurs à la célèbre zaouiya, c'est une source thermale, dont les eaux très chaudes ont rendu la santé à des milliers de malades. Elle sourd en plein village, court entre les maisons, formant, par-ci par-là, des mares peu profondes, dans lesquelles grouille un monde d'invalides, logés, nourris gratuitement à la zaouiya jusqu'à leur complète guérison. Le Rif est riche en eaux minérales, principalement dans les hautes montagnes du midi. Ces eaux constituent le seul agent médicamenteux pour lequel les indigènes daignent se déranger. Les habitués y supportent des températures effroyables, capables de faire bouillir en un quart d'heure les corps délicats de nos européennes.

Les légendes rifaines attribuent aux sources thermales une origine miraculeuse. Un grand saint du Moyen Age, Moulaye Yaâk'oub (monseigneur Jacob), très vagabond de son vivant, aimait à parcourir le Rif, demandant l'hospitalité dès que la nuit tombait. Il récompensait ceux qui l'avaient bien traité en faisant jaillir du sol une belle source chaude, dans laquelle ses hôtes généreux pouvaient se guérir, se nettoyer au besoin. C'était sa façon à lui de payer son écot. Aussi, les eaux minérales, totalement inconnues avant cette époque, reçurent-elles le nom de *H'ammam Moulaye Yaâk'oub* (2), terme commun désignant toutes les sources thermales du globe.

La seconde zaouiya, appelée *Zaouiyat sidi Yah'ya*, dans les Beni-H'assan, possède les reliques du bienheureux Sidi Ah'med ben Nacer.

La troisième se trouve à Midher, avec le tombeau de Sidi Moh'ammed bou-Ziyan. Elles attirent beaucoup de pèlerins, mais moins que Sidi bou-Djeddain.

La base de l'alimentation est le pain, fait avec de la farine de glands doux et amers. Ces derniers perdent leur amertume, paraît-il, de cette manière : on les met dans des silos ; on lâche sur eux, pendant un mois entier, un fort courant d'eau. Après ce bain de trente jours, le gland, devenu doux, est mis à sécher ; puis on le moud et on en fait du pain.

Les cinq fractions des Beni-Touzin pourraient se livrer en grand au commerce du liège, leurs forêts étant pleines du bois précieux qui le

(1) On m'assure que le grand-père paternel ou maternel de ce saint est enterré à deux endroits : à Taza et dans les Beni-Touzin. Ce don d'ubiquité n'est pas rare chez les saints de l'Islam.

(2) حمام مولاى يعقوب Dénomination employée par les Arabes et les Berbères du du Maroc et de la province d'Oran.

produit. Mais elles ne trouvent aucun débouché du côté du littoral où les Européens pourraient l'acheter. Quant à le vendre aux Marocains de l'intérieur, c'est inutile. Ceux-ci, en effet, ne sachant qu'en faire, ne donneraient pas un sou de tout le liège de la création. Que de richesses se perdent ainsi dans ce magnifique pays! On remarque cependant, dans les tribus montagnardes du Rif, quelques maisons couvertes en liège, taillé grossièrement en tuiles monstrueuses. Ces toitures doivent être assez résistantes pour supporter parfois de lourdes charges de neige, les hauts monts du Rif ayant des hivers très rigoureux.

Si les richesses forestières restent inexploitées, le gibier, lui, est assez souvent mis en coupe réglée. L'hiver, quand tous les travaux chôment, quand un épais linceul de neige s'étend sur la campagne silencieuse, des hommes partent vers la forêt, accompagnés de quelques jeunes garçons, suivis des chiens de garde du village. On cerne un grand espace, au centre duquel les gamins et les chiens font un vacarme infernal. Les compagnies de perdreaux s'envolent, les lapins et les lièvres, s'enfuyant éperdus dans toutes les directions, tombent dans le cercle des tireurs. Alors a lieu un massacre épouvantable. Le Rifain, très adroit, abat à chaque coup sa pièce. Tout y passe, jusqu'aux sangliers, porcs-épics, chats sauvages, renards, ratons, belettes, qui ont le malheur de se trouver dans le cercle fatal. Au village, on fait le partage du gibier entre les familles des chasseurs, sans oublier d'envoyer la plus grosse part aux joyeux écoliers hébergés à la mosquée. Les sangliers, chacals, vautours et autres animaux, réputés impurs, sont abandonnés sur place à la voracité des chiens, qui, ce jour-là, reviennent au logis, la panse prête à éclater, les jambes écartées, trottinant à grand'peine.

Principaux Villages des Beni-Touzin et de Tafersith :

Iguer Emmaouas, 500 feux; (V. plus haut) à l'embouchure يغراماواس de l'oued Sidi Yah'ya, grossi des eaux thermales de l'ouad Beni-Touzine.

Ez-Zaouiya (le séminaire), 50 feux; sur l'ouad Beni-Touzin. الزاوية Près du village, au sud, se trouve un grand plateau où se tient le marché du mardi.

Zaouiyat Sidi Bou-Djeddain (voir ci-dessus), 300 feux. زاوية سيدى بوجداين

Thaâmmarth (la bien peuplée) (A. B), 100 feux. ثعمارث

Sidi Yah'ya (Monseigneur Jean), 100 feux, سيدى يحيى sur l'ouad du même nom, près d'une superbe forêt de chênes-liège.

Midher (averse) (A. B) (altération de l'arabe *mt'ar*), ميضر capitale de Tafersith, 100 feux. Grand marché le jeudi.

Forces militaires : 15,000 fantassins. Population probable : 75,000 habitants. Pays forestier accidenté. Plaine au nord de Tafersith. Beaucoup de hameaux.

Tribu de KZENNAYA

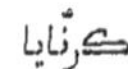

On l'appelle quelquefois *Zennaya* (adultère), en élidant malicieusement la première consonne. Au N. et à l'E., elle est limitée par des tribus rifaines : Beni-Touzin, Tafersit, Lemt'alça ; à l'O. et au S., elle touche les Djebala, dont elle est séparée à l'extrême sud, sur une petite surface, par Mer'raoua. Elle a 80 kilomètres environ dans tous les sens. Ses quatre fractions, *Ed-Dir* (le poitrail de selle) (A), *Sidi Bennour* (monseigneur le fils de la lumière) (A), *Aïth-Ali* (les enfants d'Ali) (B. A), et *Aïth-Daoud* (1) (les enfants de David (B. A), lèvent chacune 3,000 fantassins, soit 12,000 hommes pour toute la tribu.

Le derviche, qui voulait pénétrer jusqu'au fin fond du Rif, n'était pas rassuré au milieu des massifs boisés qu'il traversait, en venant des Beni-Touzin pour se rendre à *Sidi Bennour*. Il se trouvait bien petit à côté des géants de la forêt : chênes verts, chênes-liège, sapins, chataigniers, cèdres, genévriers, ormeaux, platanes, trembles, lentisques, arbousiers, micocouliers, dont les troncs énormes faisaient serpenter l'étroit sentier qu'il suivait. Cette fois encore, il s'était sauvé des Beni-Touzin, avec l'intention de pousser jusqu'à Mer'raoua. Et il allait devant lui, décidé à voir, de ses yeux, ces montagnards de l'extrême sud rifain, sur la sauvagerie desquels on ne tarissait pas dans le nord. Les premiers habitants qu'il rencontra sous bois furent des sangliers, emportés dans un galop éperdu, fuyant peut-être le voisinage des grands fauves, panthères ou lions, car ces derniers commencent à se montrer à cette limite, n'osant pas descendre dans les plaines septentrionales, trop peuplées pour eux.

Sur le soir, il arriva à Sidi Bennour, après avoir traversé plusieurs villages où on ne lui fit pas l'accueil qu'il espérait. Il alla tout droit à la mosquée. Elle était vide ; ni étranger, ni étudiant ; rien que les quatre murs nus et quelques vieilles nattes sur un sol mal damé. Il s'allongea dans un coin, la tête perdue dans ses capuchons, attendant stoïquement le souper ou le sommeil. Celui-ci vint le premier, lourd, bienfaisant, après la grande marche de la journée. Le lendemain matin, à son réveil, il se mit sur son séant, releva les bords flottants de ses capuchons.

(1) الدير * سيدي بلنور * ايث علي * ايث داود *

La vue d'une casserole, pleine de kouskous d'orge, le ravit. On avait dû la lui apporter dans la nuit, et on l'avait laissée là, sans oser le réveiller.

Pendant qu'il avalait goulûment cette grossière pitance, que la faim lui faisait trouver délicieuse, des hommes entrèrent, le fusil en bandoulière, vêtus de longues djelaba de laine noire.

— « Quelle route as-tu suivie, demanda un petit brun qui se donnait des airs de chef? »

— « La route habituelle, répondit le derviche. »

— « Comment! Les lions t'ont laissé passer ? »

— « Ce qui est écrit arrive, déclara sentencieusement l'incorrigible vagabond. »

Il inspira immédiatement une grande confiance. On le pria de rester à Sidi Bennour, où rien ne lui manquerait. Il se laissa faire une douce violence, daignant promettre d'apprendre à lire à la marmaille. Cet engagement, pris à la légère, aurait pu lui coûter cher, s'il ne s'était évadé du village, quelques jours après, pour courir dans la tribu.

Quel beau pays! Les montagnes, hérissées de hautes futaies, laissent entre elles de larges vallées, cultivées comme notre chère France. Les potagers succèdent aux vergers, abondamment arrosés par les innombrables sources qui sortent à grands flots des flancs profonds de l'Atlas.

Cependant, vers l'Est, l'h'alfa se montre déjà, accusant la proximité du *Garète, ce fleuve de sable çah'arien*, que le Roi des Déserts a lancé jusqu'à la Méditerranée, à travers les terres fertiles du Maroc. L'alfa (*stipa-tenacissima*), ou *h'alfa*, comme prononcent les Arabes, est une plante précieuse dont l'utilisation va croissant sans cesse. Elle pousse d'elle-même dans toute l'Afrique du Nord, n'exigeant aucun soin, aucune culture. La seule province d'Oran en fournit annuellement plus de deux cent mille tonnes, qui vont, non en France, hélas! mais en Angleterre, d'où elles nous reviennent, métamorphosées en excellent papier. Les Marocains, ignorant encore les nombreuses utilisations de cette herbe vivace, en sont toujours à l'antique fabrication des sandales, couffins, cordes, paillassons, nattes ovales, tamis. Les indigènes de Kzennaya ont la spécialité des chaussures. Les jours de marché, on rencontre d'interminables files de plus de cinq cents hommes ou femmes, portant sur le dos d'immenses filets bourrés de sandales d'alfa neuves, que l'on vend à vil prix aux tribus du nord et de l'ouest.

C'est à Fas que les Rifains méridionaux vont faire tous leurs achats. A part les fusils, ils ne font aucun commerce avec le littoral. L'indigène de Kzennaya, très casanier, attend que les colporteurs lui apportent, jusque dans sa maison, les divers produits de l'industrie dont il a besoin. Il se méfie des Arabes, il exècre le juif sans le connaître. Il se cantonne dans son village, n'aimant pas les voyages, menant une existence patriarcale, laissant à sa femme une grande liberté. Les femmes peuvent sortir, le visage découvert, assister même aux délibérations des djemaâ où elles prennent souvent la parole, sans lâcher leur inséparable fusil, dont elles se servent d'ailleurs très adroitement. Leur longue tunique de laine, serrée à la taille, et leur immense chapeau arabe leur donnent un air tout à fait martial.

A partir de 8 ans, le jeune garçon, qui a vécu jusqu'alors sans rien faire à la maison, devient bouvier ou chevrier, sous la direction d'un aîné, qui lui apprend les ruses du métier. Les grands troupeaux de chèvres et de bœufs, mis en dépaissance sur la lisière des forêts, ne doivent s'aventurer sous bois qu'avec de nombreux gardiens, suivis de leurs intrépides chiens au poil roux, excellentes bêtes qui ne reculent, ni devant le sanglier, ni devant la hyiène. Grâce à ces précautions, la panthère et le lion s'offrent rarement du bœuf ou de la chèvre. Il est vrai que les nombreux sangliers de la contrée leur fournissent une nourriture plus que suffisante.

Les légendes rifaines racontent que le caustique et vénérable *Sidi Ah'med El-Mejd'oub*, venu des bords de l'Atlantique avec l'intention de visiter l'Orient, s'arrêta à Kzennaya, refusant d'aller plus loin, dégoûté de la cuisine insipide des montagnards rifains, de leur costume mal nettoyé, toujours hérissé d'aiguilles d'h'alfa. Il tourna le dos à l'Est, décochant cette épigramme aux tribus méridionales du Rif, et, tout particulièrement, à Kzennaya.

— « Que Dieu nous préserve du pays où règnent le *ri* et le *ra*, ainsi que des contrées où l'on marche pieds-nus et où il y a de l'alfa (1). »

Le *ri* vise le chevrier Kzennayen qui pousse son troupeau devant lui en répétant à satiété ce cri unique : *Erri*. Le *ra* est à l'adresse des indigènes, qui font marcher leurs ânes en leur disant continuellement : *Erra*. Enfin, la dernière partie du dicton satirique s'applique aux Kzennayens. Ceux-ci, effectivement, faisant des chaussures pour les autres, vont pieds-nus eux-mêmes dans une contrée où l'alfa abonde. Sidi Ah'med donnait à entendre que ces cordonniers sont plus que mal chaussés ; ils ne le sont pas du tout.

Le derviche, dégoûté lui aussi de la nourriture et de la grossièreté des habitants de Kzennaya, ne resta qu'une vingtaine de jours dans la tribu. Il alla à l'Est, sur le territoire de Lemt'alça.

Principaux Villages de Kzennaya :

Sidi Bennour, 100 feux (voir ci-dessus). سيدى بالنور

El-Khemis, الخميس, 100 feux, bâti sur le point culminant du Djebel Kzennaya qui, en cet endroit, donne naissance à deux ruisseaux : l'Ouad *Ed-Dir* et l'Ouad *Kzennaya*. Dans le village même, se tient

---

(1) يالطيف من بلاد الرّي والرّا وبلاد الحفا والحلفة

chaque *jeudi* un grand marché, d'où son nom d'*El-Khemis*. Il y a encore une soixantaine de hameaux disséminés un peu partout.

Forces militaires : 12,000 fantassins. Population probable : 60,000 habitants. Instruction nulle. Pays montagneux, très boisé. Température fraîche en été, froide en hiver. Neige sur les sommets en décembre et janvier. Tribu absolument sauvage, indépendante ; se moque du sultan dans ses montagnes. Les djemaâ gouvernent, si l'on peut toutefois se servir de ce mot à propos d'un pays où la liberté individuelle est *illimitée*.

Tribu de LEMT'ALÇA (1)

لمطلصة

Nous n'avons vu jusqu'à présent que des populations sédentaires, ne quittant leurs maisons et leurs villages qu'à regret, cherchant à y revenir le plus vite possible.

Nous voici, pour la première fois, chez des Berbères nomades. Nous quittons la montagne pour la plaine. C'est ici un vrai désert, le désert de Garète.

Le changement de décor est subit, sans transition, radical ; vrai changement à vue, s'opérant sous vos yeux par la main invisible du puissant Machiniste qui fait rouler les Mondes.

Dès que vous êtes au pied des dernières ondulations des collines de l'Ouest, la plaine s'étend, s'étend toujours devant vous, dans le déroulement sans fin de son énervante uniformité. Vous êtes sur un sol pierreux, embarassé de sables, disparaissant parfois, en de vastes espaces, sous les buissons verts des jujubiers sauvages, sous d'épaisses touffes d'alfa. A la limite de l'horizon, des troupeaux de gazelles, des autruches défilent, comme dans un diorama, devant des centaures, debout sur leurs étriers, les burnous flottants, les fusils épaulés, inclinés en avant pour mieux viser.

Oui, nous sommes bien ici sur un bras du *Monstre Çah'arien*, sur le prolongement du désert des Angad, à l'entrée du *Garète* (قارت), à la surface de l'étrange *Gulf-Stream Sablonneux*, qui, sorti des profondeurs du Çah'ra, vient, à travers les riantes cultures, se plonger dans la Méditerranée, entre le lac salé de *Bou-Erg* et la frontière oranaise.

---

(1) Mot arabe berbérisé. Devrait s'écrire *El-Mt'allesa* المطلسة avec un *sine*. J'ai conservé, conformément à mon système invariable, la prononciation locale. En arabe algérien, *El-Mt'allesa* signifie : « *couverte de, disparaissant sous* ». Cette tribu a reçu ce nom, parce qu'elle aurait été jadis *couverte* d'étrangers, venus, en vainqueurs, s'établir chez elle.

Adieu le vrai Rif, les Rifains de pur dialecte thamazir'th ! Adieu l'air pur des montagnes, la neige, la fraîcheur de l'atmosphère, la rude bonne foi du montagnard !

Quel étrange et aride pays ! La nature, les habitants, tout est nouveau.

L'indigène de *Lemt'alça* parle la *Zenatia*, idiome berbère assez éloigné du thamazir'th. Lui-même est *Zenati,* c'est-à-dire d'une autre branche que ses demi-frères du Rif de langue thamazir'th, qui, pour ne pas être confondus avec les autres berbères *Zénètes*, se donnent à eux-mêmes le nom de *Amazir'* pluriel *Imazir'en*, signifiant : *homme de langue thamazir'th.*

Les animaux domestiques aussi ne sont plus les mêmes que ceux des régions accidentées et froides du Rif. L'âne et le mulet sont rares dans les sables. Le cheval et le chameau remplacent ces utiles serviteurs de la montagne. Aux grands espaces plats et nus, il faut la vitesse unie à la sobriété et à la résistance.

Cavalier intrépide, le lemt'alcien ne se sépare jamais de son cheval, pas plus que de son fusil, acheté aux Anglais ou aux Espagnols par l'intermédiaire des contrebandiers de la côte rifaine. Enveloppé dans ses haïk et ses légers burnous, on le prendrait pour un arabe, sans ses sandales en h'alfa, sa tête nue et son type fortement berbère. Sa principale, sa seule industrie c'est l'alfa. La faux à la main, suivi de sa femme, il s'avance dans la plaine, abattant, à chaque demi-cercle décrit au ras du sol par le terrible instrument, de larges andains que sa vaillante compagne convertit aussitôt en petites gerbes, solidement attachées. De retour à la tente, tout le monde se met à tresser des cordes, à faire des sandales, des couffins, des nattes, des tamis. Les femmes sont très libres, jamais voilées, vont au marché avec les hommes, portent des sandales d'alfa, ont l'air crâne ; d'ailleurs très peu farouches, très disposées à se laisser apprivoiser.

Les trois marchés de la tribu sont bien achalandés. On y fait un grand commerce de moutons, laine, h'alfa, tentes en poil de chèvre ou en laine noire, tapis, thé et sucre anglais, poudre, balles, fusils, chevaux, beurre, miel. Il serait dangereux de se faufiler parmi ces 15 ou 20 mille individus armés, sans la protection d'un homme du pays. Sous son égide, on pourra parcourir le vaste emplacement du marché dans une sécurité relative.

On trouve à l'ouest, perchés sur les derniers contreforts de l'Atlas, quelques hameaux dont les habitants sont sédentaires. Tous les autres indigènes vivent sous la tente, changent à chaque instant de campement, à la recherche d'herbages ou de feuilles pour leurs troupeaux. Au printemps, ils poussent jusqu'au désert des Angad ; en automne, ils remontent dans le Garète.

La tribu, d'une grande étendue (80 kilom: dans tous les sens), a cinq fractions : *Ikebdanen* (les gens de cœur) (A. B.), *El-Khemis* (le jeudi), *Rebô Ouadda* (fraction inférieure) (A et B), *Souah'el* (rivages) (A), *El-Kart* (le ratissage) (A) (1), équipant chacune 4,000 cavaliers ; en tout 20,000 hommes, montés sur d'excellents chevaux, armés de fusils européens.

A l'ouest, dans les parties montagneuses, le blé et l'orge viennent bien ; tandis qu'à l'est, le pays est aride, desséché, traversé cependant par deux ouad aux eaux salées : l'ouad *Msoun* (مسون) (le boueux) (B), dont les crues sont parfois terribles, et l'ouad *Mélouyia* (tortueuse)(A), qui n'est qu'un affluent de la grande *Mélouyia* (ملوية), dont le nom a été si joliment défiguré par les auteurs européens. Ils roulent tous deux leurs eaux terreuses à fleur de terre, sans berges, se frayant péniblement un passage dans le Garète, ce bras du Çah'ra, qui s'avance d'une poussée irrésistible, voulant, en vrai fleuve poudreux, pousser lui aussi jusqu'à la mer ses vagues de sable. Au nord, le *Djebel-el-Melh'* (la montagne du sel) est exploité doublement : il fournit à la tribu le sel nécessaire à sa consommation ainsi que d'excellentes pierres meulières.

Les indigènes de Lemt'alça sont, comme tous les nomades, de grands voleurs, des pillards incorrigibles. Ils ont de fréquents démélés avec les Arabes de la Dhahra. Vainqueurs, ils pillent, massacrent tout ; vaincus, ils se réfugient dans le retranchement formidable de leurs montagnes. Ils s'allient quelquefois avec certaines tribus nomades du désert d'Angad et entrent volontiers dans les ordres religieux des *Derk'aoua* et de *Sidi Abd-el-K'ader*.

Un soir, Moh'ammed ben T'ayyéb, installé au milieu d'un grand douar, dans la tente des hôtes, vit passer à l'horizon, sur la lisière de la Dhahra, une caravane de 4 à 500 chameaux. Aussitôt 300 cavaliers lemt'alciens montent à cheval, fondent sur la caravane, qu'ils ramènent deux heures après, au grand complet. Il y avait là 500 chameaux, chargés de laine et de dattes, conduits seulement par cinquante cavaliers des *Beni-Gil* (2), désarmés, marchant à pied devant leurs ennemis. Dans la bagarre, deux lemt'alciens et deux Beni-Gil avaient été tués.

On fit cinq parts des chameaux et de leur chargement, une pour chaque fraction. Le lendemain, des Berbères, voisins et amis de Lemt'alça, vinrent prêcher la conciliation. Les Lemt'alciens consentirent à mettre en liberté les prisonniers, mais ne voulurent pas entendre parler de la restitution du butin. C'étaient de justes représailles, les Beni-Gil ayant pillé, quelques années auparavant, une

---

(1) الكرت * سواحل * ربع وادّا * الخميس * يكبدانن.

(2) Dites *Guil*. Ce mot n'a que la prononciation de commune avec son homophone *le Guil*, affluent de gauche de la Durance. (Voir souvent, p. p. 42 et 43, la prononciation des noms arabes et berbères.

caravane de Lemt'alça qui traversait tranquillement leur territoire. Cette r'azia avait été faite sous les yeux des *Mehaya*, qui pourraient en témoigner au besoin. Les prisonniers partirent, heureux d'avoir la vie sauve.

Principaux villages de Lemt'alça :

Zaouiyat Kerker (le séminaire de Kerker) (n. pr. d'homme زاوية كركر signifiant *traction*) (A) ; 200 feux ; source pure et fraîche au milieu du village, donnant naissance à l'Ouad Kerker, lequel se jette dans l'Ouad Msoun.

Aârk'oub (le mamelon) (A. B.) 100 feux, au N. O. de la اعرقوب tribu, sur une colline, au pied des derniers contreforts du *Djebel Kzennaya*.

Forces militaires 20,000 cavaliers. Population probable 100,000 âmes.

Instruction nulle. Plaine partout, sauf à l'ouest. Indépendance complète.

Tribu des BENI-AMRETH (Voir la carte)

بنى عمرث (les enfants de la bien peuplée) (A. B)

Le derviche, cédant encore à son humeur vagabonde, voulut revoir le Nord. Il quittait Lemt'alça, heureux de se retrouver sur ses jambes après les chevauchées insensées, faites de force, à la suite des escadrons toujours volants des Nomades.

Des Beni-Touzin, il passa chez les *Beni-Amreth*, faisant sa première étape au gros bourg *d'Amezzaourou*. Il tomba au milieu d'une population en émoi, se préparant fiévreusement à commencer les hostilités contre *Agraoua*, village ennemi peu éloigné. Le voyageur alla tranquillement à la mosquée, préoccupé seulement de savoir s'il aurait à souper, son appétit ayant été aiguisé par dix heures de marche en pays accidenté. Une vingtaine d'écoliers, truands éternellement joyeux, prenaient leurs ébats dans le lieu saint, criant, riant, se bousculant. Le derviche, trop âgé pour se mêler à ces jeux, s'accroupit dans un coin. Il savait que toute cette jeunesse ne tarderait pas à aller faire la tournée dans le village pour mendier la pitance quotidienne. Une heure après, en effet, un repas copieux, fraternellement partagé, lui prouvait que les étudiants connaissaient les familles aisées du bourg, les bons endroits où l'on donne largement, sans lésiner. Au bout de quelques jours, complètement remis de ses fatigues, l'intrépide voyageur se remit à battre les champs, allant d'un hameau à l'autre, ne se souciant pas plus du lendemain que de son premier burnous.

La tribu des Beni-Amreth est petite (20 kilomètres sur 20). Une assez haute montagne, le *Djebel Beni-Amreth*, la coupe en deux parties, à peu près égales, du nord au sud. Sur ses flancs, les hameaux s'étagent en amphithéâtre jusque dans la plaine, entourés d'une verdure éternelle : cèdres, chênes-lièges, oliviers, ormeaux, platanes. Dans la plaine, les arbres fruitiers luttent contre l'invasion incessante des figuiers de Barbarie. Le sol, très dur, ne se prête qu'à la culture du maïs et de l'orge. L'assolement est inconnu dans ce pays où la tradition séculaire est la règle commune.

Les gens de la plaine fabriquent de la poudre et des balles ; ceux de la montagne, vivant uniquement sur la forêt, sont charpentiers, menuisiers, charbonniers, goudronneurs. Chaque famille fait elle-même sa provision de gelée de raisin et de vinaigre. La vigne pousse partout, grimpant sur l'arbre voisin, figuier, noyer, amandier ou jujubier (*zfizef*). De novembre à mai, d'abondantes averses trempent le sol, gonflent les sources. La neige paraît, fin décembre, sur la longue arête du mont principal de la tribu, pour fondre aux premiers beaux jours. Quelques champs sont réservés à la culture du chanvre à fumer (*kif*) et du tabac à priser.

Le vêtement habituel est toujours la djellaba nationale, le pantalon court, s'arrêtant aux genoux. Une longue tresse de cheveux, poussant sur le côté droit de la tête nue et rasée, tombe jusqu'à la ceinture. Les oreilles, percées dans le gras du lobe, dès que le petit garçon a un ou deux ans, sont ornées de petits anneaux de cuivre, toujours brillants, soigneusement astiqués. Les femmes portent des habits de laine, vont le visage découvert, ont une conduite irréprochable. Le long fusil de Tar'zouth est le seul en usage. Cette arme, malgré son infériorité actuelle, malgré sa *platine à silex*, ne laisse pas d'être redoutable ; elle a fait, ne l'oublions pas, les campagnes de la Révolution et du premier Empire, fauchant impitoyablement des régiments entiers, faisant d'affreux massacres dans les armées.

Il y a quatre fractions dans les Beni-Amreth : *Aïth-Abd-Allah* (les enfants d'Abd Allah) (A), *Aïth-Saïd* (les enfants de Saïd) (A), *Aïth-Ir'zor* (les enfants de la rivière) (B), *Aïth-Oud'rar* (B) (les enfants de la montagne (1), levant chacune 3,000 fantassins ; 12,000 hommes pour toute la tribu.

Les caïds sont nommés par les djemaâ, lesquelles ne reconnaissent aucune autre autorité.

L'ouad Beni-Amreth arrose la plaine des Aïth-Ir'zor et des Aïth-Abd-Allah. Une infinité de villages et de jardins bordent ses deux rives, entre lesquelles coule toujours un petit filet d'eau fraiche et limpide.

---

(1) ايث عبد الله * ايث سعيد * ايث يغزر * ايث وذرار

Le derviche avait trouvé à Aârk'oub une situation sociale. Il suppléait l'instituteur qui était tombé malade. Sans trop s'échiner, il gagnait 20 centimes par semaine et par élève, sans compter les paniers de raisin sec et de figues qu'on lui donnait et qu'il pouvait vendre au marché. Mais un incident, qui faillit tourner au tragique, l'arracha à la pédagogie et à la tribu des Beni-Amreth.

Une nuit, en se rendant à une noce, dans le village même de Aârk'oub, il entendit une croisée s'ouvrir au-dessus de sa tête.

— Qui es-tu? dit une voix qui fut immédiatement couverte par une détonation épouvantable.

La balle avait traversé la djellaba du voyageur, sans lui faire aucun mal.

— Je suis *t'aleb* (étudiant), se hâta de crier Moh'ammed.

— Que ne le disais-tu ? grogna l'homme en refermant sa fenêtre.

Le derviche, terrifié par le danger qu'il venait de courir, entra, blême et flageolant, dans la maison où avait lieu le mariage. Les flûtes en roseau, les *r'aït'a* (hautbois arabe), les tambours de basque faisaient rage, luttant de vacarme avec les you-you des femmes. Tout le monde jubilait. Le nouveau venu se mit bientôt à l'unisson général en tombant sur les victuailles.

Aux premiers feux du jour, après avoir passé la nuit au milieu de cette joyeuse société, il s'éloigna pour toujours d'une tribu dans laquelle la vie d'un homme tient à un fil.

Principaux Villages des Beni-Amreth :

Aârk'oub (le mamelon) (A. B), 500 feux, sur l'ouad Beni-Amreth. أعرقوب

Agraoua (le couteau) (A. B), 100 feux. أقراوا

Amezzaourou (le premier) (B), 100 feux. أمزاورو

Forces militaires : 12,000 fantassins. Population probable : 60,000 habitants. Instruction coranique assez répandue. Une soixantaine de hameaux de 10 à 100 feux disséminés dans la plaine et la montagne. Sentiers partout. Aucune grande route.

Tribu des BENI-MEZDOUYE (Voir la carte)

بني مزدوي (les enfants de la pomme de pin) (1)

C'est une petite tribu de 20 kilomètres dans tous les sens, ayant trois fractions : *Tizemmourin* (les oliviers) (B), *Tazrouth* (le petit rocher) (B), *Oulad Ali* (2) (les enfants d'Ali) (A), levant chacune 2,500 fantas-

(1) En thamazir'th, le pin s'appelle *thaid'a* et la pigne *amezdouye*.

(2) اولاد علي * تازروث * تيزمورين

sins, armés à la marocaine, c'est-à-dire avec le fusil de Tar'zouth. Malgré leur petit nombre, et grâce à leur bravoure et à la solidarité qui unit entre eux tous les contribules, ces indigènes se font respecter de leurs puissants voisins.

Au N.-O., dans la grande plaine de Tizemmourin et de Tazrouth, le blé et l'orge sont cultivés, l'orge surtout qui est la principale nourriture des hommes et des animaux. Le Djebel Beni-Mezdouye, au sud, est couvert de pins gigantesques, dont le bois est vendu aux gens de Tar'zóuth qui en font des montures de fusils. Le fruit du pin fait les délices de la population à qui il a donné son nom.

L'apiculture fleurit en grand dans la tribu. On trouverait difficilement une famille, même très pauvre, sans son petit rucher. Le miel, très jaune, délicieux, va à Fas où il est renommé. On le transporte, à dos d'âne ou de mulet, dans des outres énormes.

Ces montagnards rifains ne diffèrent en rien de leurs voisins, les Beni-Amreth. Même costume, mêmes armes, mêmes mœurs, même langage. Ils sont encore plus casaniers que les Beni-Amreth, n'aiment pas à voyager ni à ce qu'on vienne chez eux.

Moh'ammed, ayant trouvé dans cette tribu plusieurs étudiants, vagabonds comme lui, tous désireux de voir le plus de pays possible, quitta les Beni-Mezdouye, alla faire une seconde et rapide tournée dans les mosquées de Kzennaya, Beni-Touzin et Tafersit. La joyeuse bande se sépara sur le territoire de Temsaman, chacun tirant de son côté.

Principaux Villages des Beni-Mezdouye :

Tizemmourin (les oliviers) (B), 100 feux, dans une belle plaine couverte d'oliviers. تيزمّورين

La tribu renferme en outre une quarantaine de hameaux, la plupart sur les deux rives de l'Ouad Tizemmourin qui arrose les trois fractions.

Forces militaires : 7,500 fantassins. Population probable : 37,500 habitants. Instruction coranique peu développée. Pays accidenté. Indépendance complète.

Tribu des BENI-OULÉCHCHÈK

بني ولشكك (les enfants du reniflement) (A. B).

Le derviche quitta ses amis de Temsaman pour s'enfoncer dans le sud-est. Sa première étape, sur le territoire des Beni-Ouléchchèk, fut le gros bourg de Taliouin, dont les 200 maisons sont étouffées au milieu d'un dédale inextricable de figuiers de Barbarie.

A la mosquée, le voyageur trouva une vingtaine d'étudiants, braillant à tue-tête les versets du Coran. Dès que le soleil fut couché, leurs cris cessèrent. Ils accrochèrent au mur leurs planchettes, sans se donner la peine d'effacer l'écriture arabe qui s'y étalait en caractères biscornus. Ils prirent des couffins, s'élancèrent dans les rues du village, s'arrêtant à chaque porte, criant à travers le bois : « *maârouf lillah* » (la charité pour l'amour de Dieu !).

Ils revinrent à la mosquée, les paniers bourrés d'aliments les plus variés : kouskous, viande, fruits, miel, pastèques, œufs durs, poisson, têtes de mouton rôties, gâteaux, beurre, ragoûts aux pommes de terre, en un mot, un peu de tout ce que ces dames de Taliouin avait cuisiné pour leur dîner. Ce mélange de mets disparates est appelé, dans l'argot des écoliers marocains, *el-mekhlout'* (le mélangé, le salmigondis) (A). Le souper constitue le seul repas copieux de l'étudiant. Il se contente, à son déjeuner, d'un morceau de pain, qu'il avale gaîment, en pensant à la ripaille du soir. Moh'ammed, après avoir fait honneur au salmigondis, s'endormit profondément, pendant que ses nouveaux amis jouaient à la main chaude ou se racontaient des histoires fantastiques. Dès la pointe du jour, il fut sur pied, sortit de la mosquée sans faire de bruit, et, au bout de cent pas, se trouva dans la brousse.

La tribu des Beni-Ouléchchèk occupe une petite surface (20 kilomètres sur 20) sur laquelle se pressent quatre fractions : *Taliouin* (les sources) (B), *Rebô Ennej* (canton supérieur) (A et B), *Aïth-Salem* (les enfants de Salem) (A et B), *Rebô Es-Sebt* (le canton du samedi) (1) (A), armant chacune 2,000 fantassins, tous pourvus de fusils à répétition achetés aux contrebandiers espagnols.

Les hauteurs méridionales sont couvertes de hautes futaies ; au nord, la plaine disparaît sous la verdure des jardins et des vergers qu'arrose l'ouad Beni-Ouléchchèk. Ce ruisseau, aux eaux limpides et poissonneuses, change de nom avant de servir de frontière aux Beni-Saïd et à Temsaman. Il devient l'*Ouad Sidi-Çalah'*, et va porter à la mer, à l'est de Sidi-Idris, son modeste tribut.

Les nombreux oliviers, qui luttent pour l'existence contre l'envahissement continuel des cactus, donnent des fruits magnifiques que l'on convertit en huile en les écrasant sous d'énormes meules, un peu trop primitives. Les raisins secs, provenant des innombrables vignes qui grimpent jusqu'à la cime des plus grands arbres, constituent, avec le miel, une des principales ressources des indigènes.

L'élève de la chèvre et du bœuf procure une belle aisance aux propriétaires des grands troupeaux. Aussi les gros fermiers sont-ils

---

(1) تاليوين * ربع انّج * ايث سالم * ربع السبت

presque tous polygames, contrairement à la coutume générale des Rifains qui se contentent habituellement d'une seule femme.

Il est extrêmement curieux de constater que l'esclavage n'existe pas non plus dans le Rif. Il ne faut pas en faire l'honneur à la sensibilité problématique de nos Berbères septentrionaux ; il faut y voir, je crois, deux causes déterminantes : l'éloignement du Çah'ra, rendant les esclaves très chers ; l'énorme densité de la population rifaine, plus que suffisante pour les travaux agricoles et domestiques.

L'indigène des Beni-Ouléchchèk porte, en hiver, la djellaba ; en été, le h'aïk. La femme, quoique belle, est souvent délaissée dans les familles riches pour l'infâme giton. Elle s'occupe peu dans les champs, allant seulement au bois et à l'eau, préparant les repas des laboureurs, des moissonneurs et de sa nombreuse nichée, toujours en appétit.

Principaux Villages des Beni-Ouléchchèk :

Talilith (le petit laurier-rose) (B), 300 feux, sur l'ouad Sidi-Çalah' تاليليث

Talioui̇n (les sources) (B), 300 feux, sur l'ouad Sidi-Çalah'. تاليوين

Es-Sebt (le samedi) (A), 500 feux, grand marché le samedi. Les indigènes tolèrent dans ce bourg la présence d'un agent impérial se donnant le titre de *caïd du Rif*. السبت

Forces militaires : 8,000 fantassins. Population probable : 40,000 habitants. Tribu indépendante. Envoie quelquefois, quand elle y pense, des cadeaux au sultan. Instruction coranique très peu répandue.

Tribu des BENI-SAID

بني سعيد (les enfants de Saïd) (A) (n. pr. d'homme signifiant *heureux*)

Vagabondant toujours sans but bien déterminé, le derviche, qui voyageait dans le Rif avec autant d'assurance, ma foi, que nous en Algérie, n'était pas obligé, *comme tous les autres musulmans*, d'attendre l'occasion d'un convoi ou d'une caravane pour passer d'un pays dans un autre. Ses guenilles valaient une armée; son air effaré le protégeait mieux qu'une caravane; sa connaissance du berbère et de l'arabe était mille fois préférable à tous les firmans et passeports du monde.

Contrairement à l'opinion reçue en Europe, l'affiliation à un Ordre religieux musulman a peut-être plus d'inconvénients que d'avantages, quand il s'agit de parcourir une contrée aussi dangereuse que le Maroc. C'est l'avis du derviche et de beaucoup d'autres voyageurs mahométans, qui m'ont répété sur tous les tons :

— في الغرب العريان عليه امان الله » (Au Maroc, l'homme tout nu est protégé par Dieu), donnant à entendre que les guenilles même sont là-bas un luxe imprudent pour l'explorateur qui en est revêtu. L'idéal de la sécurité serait donc de pouvoir se promener dans l'Empire chérifien sans aucun vêtement, nu comme un ver. Remarquez que cette simplicité de costume n'exclue pas cependant la connaissance sérieuse des langues arabe et berbère, qu'aucun voyageur européen ne peut se flatter d'avoir eue jusqu'à présent.

Moh'ammed quitta Talilith (le petit laurier-rose), au moment où ses vieilles loques commençaient à l'abandonner. Ces sans-cœur de Beni-Ouléchchèk, bien loin de lui donner un habit, guignaient ses hardes, qu'ils faillirent un jour lui enlever. Aussi n'y eut-il aucune effusion à son départ qui s'effectua la nuit, au milieu des aboiements furieux des chiens, saluant à leur manière le vagabond, qu'ils auraient certainement mis en pièces s'ils avaient pu sortir des maisons.

Dans ces pays sauvages, le chien est un animal d'autant plus redoutable qu'il est toujours affamé. Et c'est le cas habituel de tous les chiens marocains. Ces misérables bêtes en sont réduites à se nourrir d'excréments. Elles guettent l'instant où le maître sort du logis, allant s'isoler dans un champ voisin ou derrière son mur. L'horrible repas terminé, elles se remettent à l'affût, attendant patiemment la sortie d'un autre membre de la famille. Ce ramadhan perpétuel décuple leur rage et leur férocité. Malheur à l'étranger qui se laisse happer ! Il n'est pas mordu ; il est avalé, humé tout entier, si l'on ne vient pas à son secours. Une fois un rifain me montra son mollet, ou plutôt ce qui lui en restait, me disant que le chien, à qui il était redevable de cette difformité, lui avait coupé, d'un seul coup de gueule, une bonne livre de viande, engloutie aussitôt sous ses yeux, bue, pour ainsi dire, dans une déglutition rapide.

Le derviche, tournant le dos aux Beni-Ouléchchèk, allait directement au nord. Il s'était rapproché de l'ouad Sidi Çalah', dont il suivait le cours. Dans sa rectitude géométrique, ce ruisseau ne fait aucun détour, coule toujours devant lui, à partir de Talilith, sans trouver d'obstacle. Droit comme un I, son long et étroit ruban d'argent, qu'éclairait un ciel sans nuages, guidait le vagabond, qui marchait sans se presser, dressant parfois l'oreille quand, dans le lointain, une détonation éclatait. Il ne tenait nullement à rencontrer des habitations, sachant combien il est facile de recevoir une balle, en passant, pendant la nuit, à proximité des fermes et des hameaux.

Au petit jour, il arriva à *Tazar'in*, gros bourg s'étageant en amphithéâtre sur le flanc d'une colline exposée au nord.

Il était chez les Beni-Saïd, tribu maritime du Rif, enclavée entre Temsaman à l'O., Galiya à l'E., Beni-Ouléchchèk et Beni-bou-Yah'yi au S. Elle a une vingtaine de kilomètres en long et en large, possède quatre fractions : *Aïth-Ah'med* (les enfants d'Ah'med) (B et A), *Aïth-Amor* (les enfants d'Amor) (B. et A), *Aïth-Ali* (les enfants d'Ali) (B et A), *Amezzouj* (1) (la crête de montagne) (B), armant chacune 4,000 fantassins, munis de fusils modernes achetés aux contrebandiers espagnols.

Terrain sablonneux, pierreux, stérile, le littoral est dépeuplé. Le *Djebel Beni-Saïd,* succession de monticules, allant en droite ligne de l'O. à l'E., coupant en deux la tribu, pullule de villages sur ses deux versants. La plaine est complètement desséchée ; ni sources ni rivières, sauf à l'ouest, l'Ouad Sidi-Çalah qui, malheureusement, ne serpentant pas, arrose très peu de territoire. Pas un arbre sur toute cette immense étendue, rien que l'h'alfa, et, dans la saison, la mer ondulante des blés et des orges, aussi loin que le regard peut porter. Il a fallu construire dans chaque habitation une ou deux citernes, fort bien maçonnées, le fond pavé en carreaux de faïence.

De Tazar'in, Moh'ammed passa à *Zegzaoua.* On appelle ainsi une enfilade de hameaux, au sud de la tribu, se succédant sans interruption, de l'E. à l'O. La Zegzaoua centrale est uniquement peuplée de marabouts, vivant grassement sur la charité et la crédulité publiques.

Non loin de ce gros bourg, nous remarquons le village de *Bet't'ioua,* dont les Berbères d'Arzew (Bet't'ioua) sont, paraît-il, originaires. C'est ce qu'ils affirment eux-mêmes et c'est ce que disent les indigènes des Beni-Saïd qui viennent dans le département d'Oran louer leurs bras aux colons. Pendant le séjour que Moh'ammed fit à Bet't'ioua, il eut souvent l'occasion de parler de ces frères algériens, que la destinée (el-mektoub) a malheureusement placés sous l'autorité chrétienne !

Depuis de longues années déjà, les Beni-Saïd et les Beni-bou-Yah'yi ne peuvent plus se sentir. Il ne se passe pas de mois sans qu'une irruption de ces derniers ne vienne porter la désolation dans les campagnes méridionales des Beni-Saïd, qui, plus faibles, résistent néanmoins bravement, finissant toujours, grâce à leur bonne union, par repousser et rejeter dans le sud leurs féroces ennemis.

Cette vieille haine a une cause assez futile. Un jour, quelques femmes des Beni-bou-Yah'yi, se trouvant en pélerinage au tombeau de Sidi-Aïsa (2), entendirent des propos gaillards sortir de la bouche d'un homme des Beni-Saïd. Le goujat crut plaisant de leur dire :

— Hé ! Hé ! Vous êtes bien jeunettes ! Vous ne craignez donc rien ? Que diriez-vous si... ? » et mille autres sottises que les gens sans éducation excellent à trouver dans leur épaisse cervelle. Sidi-Aïsa étant un

امزّوج * ايث علي * ايث عمر * ايث احمد (1)

(2) Dans les mots arabes et berbères, notre *s* doit *toujours* se prononcer comme un *ç*. Dites *Aïça*. (Voyez pages 42 et 43).

lieu sacré, il était évident que les lois divines et humaines devaient punir le sacrilège.

Les femmes, à leur retour chez elles, ne manquèrent pas de se plaindre à leurs parents de l'abominable outrage dont le Saïdi s'était rendu coupable. Une expédition en masse fut décidée sur le champ. Les Beni-bou-Yah'yi, très puissants, extrêmement cruels, envahirent les Beni-Saïd, pillant, massacrant tout, faisant main basse sur les troupeaux, vidant les silos de grains, incendiant les habitations. Les Beni-Saïd, écrasés, se relevèrent, et, après des efforts surhumains, obligèrent leurs ennemis à battre en retraite. Mais la lutte est éternelle, elle continue chaque année avec des alternatives de succès et de revers, chacun défendant pied à pied son territoire.

Éloignés du théâtre de la guerre, les habitants des trois criques appelées *Mersat Sidi H'esaïn*, *Mersat Sidi Ah'adhri* et *Mersat Sidi Aisa* se livrent tranquillement à la pêche, au cabotage et à la piraterie. Leurs canots servent à ces trois industries à la fois.

Regardez ce pêcheur. Il vous paraît pacifique, laborieux, paisible, tandis qu'il jette son filet au milieu d'un banc de poissons ? Ne vous y fiez pas ! Son œil perçant vient de découvrir une voile à l'horizon. Quelques coups de sifflet appellent aussitôt les camarades, dont les embarcations, volant sur l'eau, ont vite rejoint le paisible pêcheur, devenu tout à coup chef d'escadre, par le seul fait d'avoir aperçu le premier la proie inattendue. Si le bâtiment signalé est d'une taille respectable, les forbans en seront pour une courbature prise en ramant. Si c'est une petite balancelle européenne, une barque appartenant aux Rifains de la côte, un canot d'un navire perdu, ils n'hésiteront pas à lui donner la chasse. Et malheur aux chrétiens s'ils sont pris ! Neuf fois sur dix, ils sont froidement égorgés. La récitation de la profession de foi musulmane sauve bien des fois la vie aux Européens faits prisonniers par ces sauvages.

Le cabotage consiste à transporter des voyageurs à *Tit't'aouin* (Tétouan), *T'andja* (Tanger), *Mliliya* (Mélilla).

La seule, l'unique industrie des populations de l'intérieur, c'est l'agriculture. Elles utilisent l'halfa, il est vrai, mais uniquement pour en faire de mauvaises sandales ou des cordes. Deux grands marchés dans la tribu : le vendredi à Zegzaoua ; le lundi à Mezzouja. C'est là que l'on trouve à acheter, venant de Fas, d'énormes quantités de thé et de sucre de provenance britannique. On m'assure qu'un pain de sucre de 4 ou 5 kilogrammes ne vaut pas plus de deux francs ! Quel génie commercial ont ces Anglais ! Comment font-ils pour céder à vil prix une denrée si chère en Europe ? Je sais que la contrebande anglaise introduit au Maroc des stocks formidables de marchandises ; cependant, même venues par contrebande, on se demande comment elles peuvent être vendues à si bas prix ! Pourquoi n'avons-nous pas créé des *marchés francs* à Nemours, Nédroma, Lalla-Mar'nia, Tlemcen, tout le long de notre frontière oranaise, partout où il y a un hameau, une tribu, partout où l'on peut faire du commerce? Ce serait un coup terrible pour l'importation de nos voisins d'outre-Manche !

La nouriture, moins mauvaise que dans le sud du Rif, n'a cependant rien de succulent ; c'est toujours le grossier *biçar* (kouskous d'orge mélangé de fèves), le pain d'orge, noir, mal cuit, pâteux. Les hommes portent la djellaba de laine à petites raies blanches et noires. Les femmes, assez coquettes, ne se voilent pas ; elles affectionnent les cotonnades espagnoles et anglaises, dont elles se font des tuniques à manches courtes. Elles aiment à prendre des bains de mer sur la plage, près de Sidi-Aisa ; quelques-unes savent nager. Leur condition conjugale n'est ni à envier, ni à faire pitié. Elle est ce que le Coran l'a faite dans tous les pays où règne l'Islam, c'est-à-dire très tolérable en somme, très en rapport avec le genre d'existence des Mahométans. Les musulmanes ne s'en plaignent pas du reste, et il n'y aura jamais lieu de modifier un état social qui, bien que défectueux, a, sous certains rapports, d'immenses avantages sur le nôtre.

Tandis que chez nous la Famille s'émiette, chacun tirant de son côté, n'obéissant presque plus à l'autorité paternelle, n'ayant en vue qu'un idéal grossier : *le célibat, ou le moins d'enfants possible,* la Famille musulmane est restée jusqu'à présent patriarcale, telle qu'elle était aux temps bibliques, forte, unie, serrée autour de son Chef vénéré, dont un signe est un ordre promptement obéi. Et n'allez pas croire que la femme n'a pas su se créer, au milieu des Musulmans, une situation supérieure à celle que lui fait sa religion. J'en appelle au témoignage des Mahométans eux-mêmes et je leur dis :

— « N'avouerez-vous donc jamais la vérité? Pourquoi ne criez-vous pas ce qui est vrai, ce que j'ai surpris bien des fois, c'est-à-dire *la royauté incontestable de vos femmes dans vos intérieurs?* (1) Pourquoi laissez-vous clabauder contre vous toute cette tourbe d'écrivassiers ignorants, qui, ne sachant pas un mot d'arabe ou de berbère, prennent des renseignements sur votre société auprès des voyous en chachia, cireurs de bottes sur les places publiques? »

Je n'ai pas à aller chercher bien loin des exemples *d'autocratie absolue,* exercée par des musulmanes sur leurs maris, très humbles à la maison, très guindés au dehors. Prenons, si vous le voulez bien, le derviche.

Le gaillard s'était flatté devant moi de mener, tambour battant, la veuve qu'il avait épousée, peu après son arrivée à Oran, par l'intermédiaire d'obligeants amis. Or, je fus plusieurs fois témoin de l'attitude

---

(1) Ecrivant pour une élite, ai-je besoin de dire aux esprits cultivés qui me lisent qu'il y a des exceptions à cette règle et que, chez toutes les races, dans toutes les familles du monde, il y a de très mauvais maris, de très mauvaises épouses?

piteuse du voyageur devant sa terrible épouse, qui, sou à sou, lui arrachait ses économies pour gaver les trois enfants qu'elle avait eus d'un premier lit. Une fois, entre autres, je vis l'explorateur secoué d'importance par la main nerveuse de la veuve. Cramponnée à sa djellaba, elle exigeait deux francs pour s'acheter du café et du sucre, dont elle était privée depuis deux jours, disait-elle. Elle mentait, car le derviche lui donnait tout ce qu'il gagnait.

Dans son intérieur, c'était bien pire. Les trois galopins, extrêmement mal élevés, soutenus par leur mère, n'obéissaient pas au vagabond, le traitaient d'intrus. Un jour, il leva la main sur un de ces affreux mioches, mais il recula épouvanté devant les griffes maternelles, braquées sur ses yeux. Le malheureux, sachant que j'étais au courant de ses infortunes conjugales, me contait ses peines, décidé à fuir Oran, à planter là l'exécrable veuve. Comme je tenais à tout prix à achever mon Maroc, je le consolais de mon mieux, lui disant souvent :

— Comment ! Naïf Si Mouh'ammed, tu ne connaissais donc pas, avant ton dernier mariage (il en était à son quatrième ou cinquième), le proverbe arabe relatif aux *Veuves ?* Ecoute bien, le voici :

نوصّيك لا تاخذ الهجّالة * ولوكان خدّها مشموم
انت تخدم خدمة الرجالة * وهي تقول الله يرحم المرحوم

« Je te recommande de ne jamais épouser une *veuve*, sa joue serait-« elle (plus parfumée qu') un bouquet.

« Tandis que tu travailleras vaillamment comme un homme, elle « dira : « *Dieu fasse miséricorde au défunt !* »

Il me serait facile de citer d'autres noms de maris mahométans, absolument inféodés à leurs femmes, menés par le bout du nez. Dans mes longues courses à travers la Tunisie et nos trois provinces algériennes, j'ai rencontré maintes fois des arabes et des berbères, aimant, respectant profondément leurs compagnes, n'entreprenant aucune affaire sans les consulter, très dévoués, très attentionnés pour elles, déclarant franchement à leurs amis intimes qu'ils les préféraient de beaucoup à leurs propres enfants. En Europe, on croit tout le contraire parce que personne, parmi les Arabisants, n'a élevé la voix pour combattre l'erreur.

Si les Auteurs Européens qui ont écrit sur les Arabes et les Berbères, sans savoir un mot de leur langue et de leurs mœurs, pouvaient se douter des erreurs colossales qu'on leur a fait commettre, ils s'empresseraient de jeter au feu leurs exemplaires restant encore dans le commerce. Quel malheur que les Orientalistes (1) aient laissé les igno-

(1) Je parle de ceux qui connaissent et la *langue et la littérature arabes*. Ils sont rares, il est vrai, mais il y en a, et de très érudits.

rants s'emparer de ce beau domaine des Mœurs Arabes, domaine qu'ils ont massacré à loisir, ne rencontrant aucun contradicteur, aucun critique compétent décidé à leur mettre le nez dans leur nullité ! Et le mal gagne chaque jour davantage. Encouragés par le silence dédaigneux des spécialistes, les inconscients pondent, pondent continuellement leurs erreurs, enveloppées dans des phrases creuses, sonores, à grand effet. Le bon public européen avale toutes ces pilules sur le Maroc, l'Algérie, la Tunisie et les autres contrées musulmanes. L'oubli, je le sais, fera justice de ces compilations, de ces élucubrations, où les plagiats se coudoient avec les erreurs. Ecrivains européens qui voulez parler en connaissance de cause des Arabes, des Berbères, de leur pays, suivez ce conseil : *Apprenez d'abord leur langue, si invraisemblablement difficile ; vous écrirez ensuite, et ce que vous ferez sera bien fait.*

La tribu des Beni-Saïd élève chèvres, moutons et mulets, vendus sur les marchés contre l'argent français ou espagnol. On n'est pas difficile pour la monnaie; on prend tout, pièces d'argent, pièces d'or, trouées ou faussées, et on les préfère encore aux pièces marocaines.

Les falaises du bord de la mer fournissent d'excellentes pierres meulières que les indigènes convertissent en meules pour les expédier ensuite sur tout le littoral rifain, jusqu'aux environs de *Tit'i'aouin* (Tétouan). De grands dépôts de ces meules se trouvent dans les grottes naturelles des falaises.

Dans l'intérieur des maisons, la volaille est la propriété des femmes. Elles élèvent des poules seulement. Canards, oies, dindons, pintades, tout cela est inconnu. Il en est ainsi dans tout le Rif. Les poules courent çà et là dans la cour, trouvant leur nourriture dans le bran des bestiaux. Le produit de leur vente revient entièrement à la maîtresse du logis, qui s'achète ainsi des objets de toilette (peigne, miroir, périscélides, bracelets, parfums).

Le chat est toléré, nourri à la maison, non par les fins morceaux qu'on ne lui donne jamais, mais par la chasse active qu'il fait aux rats, lézards, oiseaux, etc.

Dans tout le Rif, notamment chez les Beni-Ṣaïd, Temsaman et Galîya, on fait, à l'occasion des ouaâda (1) et des mariages, des concerts nocturnes suivis de fantasias pédestres.

Après un souper copieux, composé de viandes bouillies dans une huile qui emporte la bouche tellement les piments forts y abondent, les femmes, enfants, hommes et vieillards choisissent, en dehors du village, un emplacement convenable, un vaste champ de manœuvre permettant aux combattants d'évoluer à l'aise.

(1) وعدة *Ouaâda*, fête de charité donnée en l'honneur des saints d'une contrée.

Les femmes, les enfants, les joueurs de flûte et les tambours de basque s'accroupissent sur deux lignes parallèles. Un grand feu, allumé au milieu de cette avenue humaine, éclaire le spectacle. Les dames, jeunes et vieilles, chantent des poésies berbères, improvisées le plus souvent pour la circonstance. Les flûtes et les tambours de basque leur donnent la réplique dans de furieuses ritournelles capables de réveiller un mort. Soudain, les instruments se taisent ; les musiciens improvisent à leur tour. Quand ils ont vociféré la dernière rime, ils recommencent à souffler dans leurs roseaux et à tanner vigoureusement leurs peaux d'âne. A l'aube, on fait circuler des pâtisseries feuilletées (msemmène) et du *thrid* (espèce de potage).

Après cette collation, les guerriers se préparent au simulacre de combat. Ils forment un grand cercle. Vingt hommes se détachent de deux points opposés du cercle, dix de chaque côté ; ils s'avancent les uns contre les autres. La rencontre a lieu au centre même de la circonférence. Une voix s'élève, criant :

Aouith ith id ! Aouith ith id ! a ifrakh. (Apportez-là ! Apportez-là ! ô enfants (1).

Les derniers mots sont couverts par une salve générale des vingt fusils, dont les canons, braqués sur le sol, font voler des nuages de poussière. Tandis que les belligérants regagnent leur poste respectif, les you-you des femmes percent les oreilles, les grosses caisses ébranlent le sol, faisant bondir les cœurs dans toutes les poitrines.

Vingt autres fusils s'avancent dans l'arène, recommencent la même manœuvre ; et cette même scène dure souvent jusqu'au milieu du jour, provoquant chez les spectateurs et les acteurs un enthousiasme qui tient du délire.

Principaux Villages des Beni-Saïd :

Thifzouin (les rivages) (B), 100 feux, sur le versant N. du djebel Beni-Saïd. Nombreux figuiers de Barbarie. ثيفزوين

Sidi H'esaïn (n. pr. d'homme) (A), 100 feux, sur la Méditerranée. سيدى حسا ين

Sidi Mouh'ammed ou Ah'adhri (monseigneur Mouh'ammed fils de Ah'adhri), petite crique, 100 feux. سيدى محمّد واحضرى

Sidi-Aïsa (Monseigneur Jésus-Christ), 50 feux, au fond d'une baie ; lieu de pélerinage très fréquenté. Un santon, du nom de Aïsa, repose dans une petite chapelle au milieu du hameau. Celui-ci est traversé par un ruisselet, l'ouad Sidi-Aïsa, qui apporte à la mer un maigre filet d'eau. سيدى عيسى

(1) *Apportez-la*, sous-entendu *la poudre*, qui est du masculin en thamazir'th.

Zegzaoua Et-Tah'taniya (la verte inférieure) (B. et A.), 300 feux. زقزاوا التحتانية

Zegzaoua (la verte) (B), 300 feux, au centre. زقزاوا

Zegzaoua El-Fouk'aniya (la verte supérieure) (B. et A.), 300 feux à l'E. زقزاوا الفوقانية

Bet't'ioua (le partage) (B), 20 feux, au S. de Zegzaoua. بطيوا

Soug El-Ethnin (le marché du lundi) (سوق الاثنين), vaste emplacement inhabité où se réunissent tous les lundis des foules considérables. L'ouad El-Kert (الكرت) passe à l'E. du marché, formant, sur un long parcours rectiligne, une frontière naturelle entre les Beni-Saïd et Galiya.

Il y a plus de 200 hameaux sur les deux versants du Djebel Beni-Saïd.

Forces militaires : 16,000 fantassins. Population probable : 80,000 habitants. Plaine immense, sauf le Djebel Beni-Saïd peu élevé. Instruction coranique assez peu développée. Tribu indépendante, tolère néanmoins la présence d'un agent impérial, à Zegzaoua, à cause de la proximité des Espagnols de Mliliya. Cet homme, dépourvu d'autorité, se donne néanmoins le vain titre de caïd. C'était, à l'époque du passage du derviche à Zegzaoua, un nommé El-H'adj El-Arbi El-Ouléchcheki.

Tribu des BENI-BOU-YAH'YI (1)

بني بو يحيى (les enfants du père de Jean) (A. B)

Le siroco souffle, flétrissant, aplatissant sur le sable brûlant de l'immense Garète les armoises blanches dont le désert est tapissé. Un homme, un seul a osé quitter Zegzaoua par un temps pareil. Il tourne le dos à la mer, s'enfonçant à grands pas dans le sud.

On ne s'attaquera pas au misérable ; il est couvert de haillons ; rien aux pieds, rien sur la tête. L'ardent soleil d'Afrique darde tous ses feux sur ce crâne de fer. Peine perdue ! le derviche avance toujours, sans plus s'inquiéter de l'incendie du ciel que de l'embrasement de la plaine.

A la limite des Beni-Saïd, tout près du *Soug el-Khemis*, une trombe de sable court sur lui, rasant le sol, se rapprochant avec une vitesse peu commune. L'œil exercé du voyageur distingue une dizaine de chevaux, la tête allongée, courant ventre à terre. Une simple pression sur la bride les arrête net à deux pas de lui.

Un grand diable, debout sur les étriers, un long bâton crochu à la main, interpelle le derviche en thamazir'th :

(1) Pour *Beni-bou-Yah'ya*. En thamazir'th et dans les autres dialectes berbères marocains, la désinence *a* des noms propres arabes est fréquemment changée en *i*. Ex. *Mousi* pour Mousa, *Yah'yi* pour Yah'ya.

— Salut ! Tu es des Beni-Saïd ?

— Non. Des Beni-Ouléchchèk.

— Tu mens. Tu es des Beni-Saïd.

Et, brandissant sa gaule recourbée, le centaure fait mine de harponner le vagabond qui ne se lasse pas de répéter :

— Je ne suis pas *saïdi*, je suis t'aleb, venu ici pour étudier.

— Voyons, parle, et dis-nous ce que tu sais, interrogea l'homme qui avait fini par emboîter le cou du derviche dans son grappin. Les Beni-Saïd ont-ils l'intention de nous attaquer bientôt ?

— Pardieu, vous le savez aussi bien que moi ; les Beni-Saïd ont peur de vous. Que peuvent faire ces malheureux piétons contre vos chevaux ?

Les cavaliers, peu rassurés de se trouver en si petit nombre sur le territoire ennemi, revinrent sur leurs pas. Moh'ammed monta en croupe, derrière un de ces pillards, et la petite troupe regagna son douar, à quelque distance au sud du Soug el-Khemis.

Afin de fêter l'arrivée du voyageur, qui, chemin faisant, s'était donné pour un grand savant, un mouton fut égorgé, bouilli dans plusieurs marmites, dévoré jusqu'aux os. On passa la soirée à boire du thé à la belle étoile, à bavarder. Moh'ammed, peu loquace, écoutait, observait, s'instruisait. Il fut question de r'azia, d'expéditions hardies, à faire blanchir les cheveux du nourrisson à la mamelle.

Vers minuit, on alla se coucher. Le derviche fut introduit dans une vaste tente, séparée en deux parties par les perches qui la soutenaient. D'un côté, la famille couchée pêle-mêle sur une longue ligne, Moh'ammed en occupant une des extrémités ; de l'autre côté, des chevaux les fers aux pieds, des chameaux accroupis, les genoux serrés dans des entraves de laine.

Dans le parc, formé par le cercle des cent tentes du douar, les moutons, chèvres, bœufs, ruminant paisiblement sous la clarté vive des étoiles, se déplaçaient parfois en un lent mouvement de houle devant la meute aboyante des trois cents chiens, chargeant dans tous les sens, quand ils entendaient les aboiements aigus des chacals ou le rire de la hyène. Alors les moutons, les chèvres, les bœufs eux-mêmes, mordus par les chiens qui cherchaient à se frayer un passage au milieu du troupeau, envahissaient les tentes, piétinant, dans leur effarement, les nomades ne dormant jamais que d'un œil. Le derviche, lui, ronflait à poings fermés ; il en avait vu bien d'autres !

Il resta deux jours chez ses nouveaux amis, puis il se mit à battre le pays, couchant dans les douars, montant à cheval, faisant, en simple curieux, des r'azia téméraires, se cramponnant, en mauvais cavalier qu'il est, à la crinière des coursiers du désert, véritables buveurs d'air (شاربين الريح), dévorant les grands espaces, rapides comme l'éclair, infatigables. En bon stratège, il avait eu le soin d'établir son quartier général à *El-Kert*, zaouiya consacrée à Sidi Mouh'ammed ben K'addour. De là, il rayonnait partout, revenant fidèlement se restaurer et prendre du repos dans cet établissement hospitalier.

Nous sommes ici chez les Beni-bou-Yah'yi, très grande tribu nomade au sud de Gallya. Elle a 40 kilomètres de long et de large, compte cinq fractions : *Ikhiyanen* (les voleurs) (A. B), au nord ; *Garète* (desséché) (A), au centre, formant deux fractions, l'une appelée *Garète*, l'autre *Beni-Ah'med* (les enfants de Ah'med) (A) ; *El-Kert* (la rocaille) (B) et *Rebô Ouadda* (1), (fraction inférieure) (A et B), au sud, équipant chacune 5,000 cavaliers.

Sauf vers l'occident, où court du nord au sud, en s'infléchissant un peu vers l'ouest à son centre, une longue ligne de collines, appelée tantôt djebel Beni-bou-Yah'yi, tantôt djebel El-Kert, tout le pays est une immense plaine couverte d'armoises et d'alfa, coupée seulement par l'ouad El-Kert, qui va porter quelques gouttes d'eau à la Méditerranée, à l'ouest de Gallya. Le djebel El-Kert est couronné d'un reste de forêt que l'incendie, les dépaissances, l'affouage, irraisonné et bête, réduiront sous peu à néant.

Déjà l'alfa a gagné les premières pentes des collines ; ces touffes d'herbes, en brûlant chaque année, finissent par ronger les colosses formant l'avant-garde des hautes futaies du sommet. Les Beni-bou-Yah'yi utilisent l'alfa d'une manière originale, ils en font des tentes, de vastes tentes très solides. Ai-je besoin de dire que chaussures, cordes, nattes, paillassons, filets, tamis pour cuire le kouskous à la vapeur, tout est en alfa ? Mais il n'y a pas que de l'alfa dans le Désert de Garète, il y a des terrains qui se prêtent à la culture de l'orge et même du blé.

Cependant, la principale richesse du nomade consiste dans ses troupeaux. L'élève du mouton et du cheval lui procure de beaux bénéfices ; la belle laine noire et blanche, malgré son prix modique sur les marchés de la tribu (50 centimes seulement la toison !) est pour lui une source de revenus, infiniment moins aléatoires que le rendement des céréales.

Cet étrange tentacule du Çah'ra, le Garète, a naturellement rendu nomades les rifains des Beni-bou-Yah'yi. S'ils n'ont plus les mœurs de leurs frères du nord et de l'ouest, ils en ont conservé l'idiome, le thamazir'th presque pur. Ils portent aussi la djellaba grise au repos, la lâchant pour le h'aïk, plus léger, moins embarrassant, dès qu'ils montent à cheval. Les manches courtes, étriquées de la djellaba les empêchent de manier, avec leur adresse habituelle, le *mékht'af* (مخطاف), long crochet en bois, arme terrible qui enlève un homme par le cou, par l'habit, par le sac, le jette pantelant sur le devant de la selle du ravisseur.

---

(1) ربع وادا * الكرت * بنى احمد * ڨارت * يخيانن

Outre le redoutable grappin, le cavalier est armé aussi d'un long sabre, d'un pistolet, d'un fusil. Il se sert du fusil contre les étrangers qu'il ne peut capturer, ou qu'il veut tuer. Le crochet est destiné uniquement à faire des prisonniers, principalement des contribules, toujours en guerre entre eux.

Le Yah'yi monte un cheval superbement harnaché à la mode arabe ; avec sa tête nue, sa barbe hirsute, ses pieds et ses jambes nus, il a l'air d'un sauvage étalé au milieu de toutes les broderies d'or et d'argent ornant la bride et la selle. Il aime à poursuivre les gazelles, les autruches, sans espoir souvent de les attraper, uniquement pour le plaisir de fendre l'air avec rapidité, de pousser jusqu'à la Méditerranée ces animaux inoffensifs, qui, malgré toutes les tracasseries humaines, reviennent toujours à leur habitat, dans des solitudes connues, préférées à toutes les autres.

Une grande aisance règne parmi les Beni-bou-Yah'yi. On s'en aperçoit aux beaux vêtements, aux parures d'or et d'argent. Les femmes, assez jolies, ne se voilant jamais, ne posent pas pour des vertus farouches. Elles causent avec les hommes, en camarades, sans fausse pruderie, donnant à plus d'un des leçons de sagesse et de bon sens. Elles ont un petit défaut qu'elles partagent d'ailleurs avec les hommes : elles adorent le thé, le thé sucré à donner des nausées. Quatre hommes et quatre femmes avalent facilement dans leur soirée une trentaine de tasses chacun, en y faisant fondre un pain de sucre tout entier.

Quatre marchés dans la tribu : le vendredi, dans la fraction de Ikhiyanen (Soug el-Djoumouâ) ; le lundi, à El-Kert même ; le mardi, dans le Rebô-Ouadda ; le jeudi, à Souk' el-Khemis. Que de marchandises se vendent là à vil prix ! Des montagnes de laine, superbes toisons fauchées sur le dos des énormes béliers du Garète, sont adjugées à des sommes dérisoires.

Les Beni-bou-Yah'yi sont alliés aux tribus du désert d'Angad. Quand une r'azia est décidée par les cinq ou six caïds des tribus confédérées, chaque fraction fournit ses contingents ; celle qui s'abstient est frappée d'une amende de 100 à 150 francs. Le butin est partagé entre toutes les tribus qui ont pris part à l'expédition. Les caïds ne s'oublient pas dans le partage.

Principaux Villages des Beni-bou-Yah'yi :

El-Kert (la rocaille) (B), 100 feux (voir ci-dessus). الكرت

Souk' el-Khemis (le marché du jeudi), 10 feux. سوق الخميس

Soug el-Djoumouâ (le marché du vendredi) (1), 20 feux. سوق الجمعة

---

(1) سوق se prononce indifféremmen *souk'* ou *soug*

Forces militaires : 25,000 cavaliers. Population probable : 125,000 habitants. Désert couvert d'alfa et d'armoises blanches (شيح). On apprend un peu de Coran sous la tente, mais si peu ! Immenses troupeaux de moutons.

Tribu de GALIYA (1)

قليعة (le châtelet) (A. B., diminutif de قلعة)

Depuis le village d'El-Djoumouâ jusqu'à la frontière méridionale de Galiya, la plaine se déroule sans un arbre, sans un douar, sans une maison. Brusquement, les collines pelées des Beni bou-Ifrour, formant une digue continue de l'E. à l'O., obligent le Garète à se jeter à droite, sur Kébdana et Trifa.

L'Ouad El-Kert, dès son entrée sur les terres de Galiya, se peuple de villages sur ses deux rives. Ce n'est plus le ruisselet sans nom, cherchant à éviter l'engloutissement dans les crevasses desséchées du Garète ; il coule maintenant sur un sol moins aride, ranimé par les eaux vives des sources qu'il rencontre sur son passage. Les champs cultivés se succèdent sans interruption, alternant avec d'épais massifs de cactus, des potagers, quelques vergers, qui doivent leur vie aux eaux de la rivière.

Ainsi que le sol, les habitants changent, ne sont plus les mêmes que ceux du désert.

Rudes, encore barbares, les Galiyens passent néanmoins pour des êtres relativement dégrossis, tenant la tête de tout le Rif en matière de tolérance religieuse et de civilisation. En venant fréquemment en Algérie, principalement dans le département d'Oran, ils ont fini par remarquer que les Chrétiens, les Français surtout, ne manquent pas de certaines qualités qu'ils n'ont pas eux-mêmes, ils le reconnaissent. Le voisinage de Mliliya leur fait comprendre aussi que les *Nçara* ne sont pas, ainsi que le croient les autres Rifains, une quantité absolument négligeable. Ils sont convaincus cependant qu'aucune puissance au monde ne peut tenir tête à leur petite province. Cet orgueil irraisonné sera leur perte. Ils s'obstinent à refuser le concours de leurs voisins dans leurs luttes continuelles avec l'Espagne, soutenant que, s'ils avaient quelques navires, ils feraient la conquête de ce pays ! L'igno-

---

(1) Nos caractères ne sauraient rendre la véritable prononciation de certaines lettres arabes et berbères. *Galîya*, par exemple, est un mot qu'un larynx inexercé ne parviendra jamais à articuler comme il doit l'être. Si le *aïne* vous est familier, prononcez franchement *Galîya*. Dans le cas contraire, dites *Guélaïya*.

rance du rifain dépasse les bornes permises. Tous me disent que les Etats Chrétiens payent un tribut au sultan de Constantinople ! En cela, ils partagent l'opinion commune de tous les musulmans du globe. Mais là où ils sont exquis, c'est lorsqu'ils affirment que la France serait incapable de soumettre le Rif ! Et c'est un honneur qu'ils ne font à aucune autre puissance européenne ; ils prétendent, en effet, que deux ou trois de leurs tribus suffiraient pour battre à plate couture l'Angleterre ou l'Allemagne !

J'ai souvent remarqué la tendance qu'ont les Galiyens à prendre tous nos défauts, en laissant soigneusement de côté nos qualités. Après quelques mois de séjour chez nos colons, ils se laissent tenter par l'alcool, et alors ce sont des soûleries, des noces crapuleuses, comme les mauvais mahométans seuls excellent à les faire. La prière, le carême, toutes les pratiques, toutes les belles leçons de morale, recommandées par le Coran, deviennent, dans la bouche de ces esprits forts, des sujets inépuisables de risée. Mais prenez garde à ce musulman dévoyé ! En vieillissant, il assagira, voudra faire pénitence, expier ses crimes contre la religion, ses erreurs passées. Que pourrait-il bien faire pour apaiser *Allah Taâla* (le Dieu Très-Haut) ? Quelle offrande, quel sacrifice lui faire ? Il n'en est pas de plus agréable à ce terrible Dieu jaloux que le sang vermeil du *roumi*, ruisselant tout fumant sous le fer du pécheur repentant, transformé pour la circonstance en Pontife-Sacrificateur. Le mahométan qui n'observe plus sa religion est un homme dangereux, un être abject qu'il faut tenir prudemment à distance. Nos compatriotes l'oublient trop souvent, s'imaginant que le sectateur de Mahomet, rallié à nos vices, est supérieur à celui qui suit les préceptes du Coran. Erreur profonde, erreur funeste à laquelle on peut attribuer toutes les trahisons, tous les assassinats dont nos colons inexpérimentés ont été les victimes depuis la prise d'Alger.

Moh'ammed ben T'ayyéb, avec son esprit pratique, son égoïsme clairvoyant, ne s'est jamais lié d'amitié au Maroc avec personne. Il savait trop bien, lui, que les mahométans vertueux se seraient méfiés de lui, comme ils se méfient, à juste titre, de tous leurs coreligionnaires inconnus, et il n'ignorait pas *qu'il y a tout à redouter des mauvais Croyants*. Aussi ne s'est-il attaché à âme qui vive, pas même aux deux ou trois femmes qu'ils a épousées là-bas, avec la même indifférence qu'il les a répudiées ou abandonnées, pour obéir à sa passion des voyages.

Au moment où nous le retrouvons, côtoyant les bords de l'Ouad el-Kert, il venait de quitter les Beni-bou-Yah'yi, se dirigeant au nord à petites journées, s'arrêtant dans les villages dont la rivière est bordée. Il alla établir sa résidence à *Asammer*, gros bourg de 300 maisons à un étage, tout près de la mer, dans une grande plaine sablonneuse, où l'orge, le blé et les figuiers de Barbarie sont cependant d'une belle venue. Des hommes étaient assis devant la mosquée, la djellaba noire serrée à la taille, le fusil entre les jambes, causant de leurs affaires en thamazir'th un peu différent de celui des populations centrales du Rif.

On ne fit nullement attention au vagabond, qui, après avoir murmuré un rapide *asselamou âleïkoum* (que le salut soit sur vous) en passant à côté de la foule, entra dans la mosquée où il trouva une vingtaine de jeunes gens, les uns hurlant des versets du Coran, d'autres cousant des chemises, ceux-ci ravaudant des chaussettes, ceux-là reprisant des djellaba.

Dans les campagnes marocaines et dans le Rif, la profession de tailleur est monopolisée par l'étudiant. C'est un beau casuel ajouté à celui des funérailles et des amulettes. L'habitant ne se contente pas de nourrir le taleb, de le loger, de l'habiller ; il lui fait faire tous les travaux d'aiguille et de coupe dont on a besoin à la maison, lui paye son salaire, auquel il ajoute quelques cadeaux par-dessus le marché. A Galiya, les *étudiants-tailleurs* appartiennent tous à la tribu djebalienne de R'mara, les écoliers galiyens ne touchant jamais une aiguille, s'exerçant, en dehors des heures de cours, à tirer à la cible, ou bien aidant leurs parents dans leur travaux agricoles.

Le derviche fut naturellement bien reçu au milieu de ces amateurs de franches lippées, uniquement préoccupés de savoir dans quelle tribu l'écolier fait la meilleure bombance. On servit, au souper, un pot-pourri composé de *biçar* (kouskous grossier), poisson, œufs durs, beurre, lentilles. Le pain d'orge, long d'une coudée, large d'un empan, mérite à lui seul une mention. Les Galiyens l'appellent *aneggoul*. Au déjeuner, ils le font passer, comme ils disent, avec des œufs cuits à l'huile, de l'ail ou des poivrons crus. Dans chaque habitation, on abuse du thé très sucré ; les étudiants en absorbent de grandes quantités dans les mosquées.

Le derviche quitta Asammer après un repos de deux ou trois jours, couchant chaque soir dans un nouveau village, explorant, sans se presser, cette tribu remuante, obsédée du désir de jeter à la mer les Espagnols de Mliliya.

Galiya a une vingtaine de kilomètres du N. au S., une quarantaine de l'E. à l'O. Elle a sept fractions : *Beni-Chiker* بني شكر (les enfants du remerciment) (A. B.), *Ferkhana* فرخانة (la jeunesse) (A. B.), *Beni-bou-R'omrèn* بني بوغمرن (les enfants de celui qui a des coudes) (A et B), *Beni-bou-Gafer* بني بوغافر (les enfants de celui qui a de l'infertilité) (A. B.), *Beni-Sidal* بني سيدال (les enfants des rideaux) (A. B.), *Beni-bou-Ifrour* بني بويفرور (les enfants de celui qui a des agneaux ou des chevreaux ; altération de l'arabe فرور), *Mozzouja* مزوجا (longue crête de montagne (B). (Voir la carte).

Les Beni-Chiker l'emportent de beaucoup, en population et en surface territoriale, sur toutes les autres fractions. Leurs terres sont plus fertiles, plus boisées, mieux arrosées que les autres. *L'Ouad Beni-Chiker,* qui se jette dans la mer, près de Mliliya, sous le nom de *Ouad Ferkhana*, contribue, avec les nombreuses sources qui l'alimentent, à entretenir un peu de verdure sur ce sol rocailleux, peu fertile.

Mezzouja est incontestablement la dernière ramification septentrionale du Garète, qui a allongé, à l'Ouest, jusqu'au lac salé de *Bou-Erg* (بو عرڤ), une mince langue de terre, aride et nue.

Sauf les Beni-Chiker, chez lesquels on trouve quelques bosquets couronnant les sommets et les flancs des collines, les autres fractions sont dépourvues de verdure. Leurs monticules sont pelés, rongés par les eaux de pluie, calcinés par les feux d'un soleil torride.

Seul, le figuier de Barbarie résiste victorieusement à l'aridité du terrain, à l'action dévorante de l'astre enflammé. Il pullule partout, entourant les maisons, les hameaux, poussant spontanément dans des lieux inaccessibles, offrant à tous, notamment aux misérables, la pulpe rougeâtre et douce de son fruit épineux. Dans les pays pauvres de toute l'Afrique du Nord, des familles entières, se laissant aller à la paresse, bravent la famine en se bourrant, pendant plusieurs mois, de figues de Barbarie. Les envahisseurs de tous les temps et de tous les pays n'ont pas toujours respecté ce *pain du pauvre;* les prétendues nécessités de la défense et de l'attaque firent raser trop souvent des forêts entières de cactus ; désastre irréparable, faute politique grave, cruauté inutile, exaspérant, pour longtemps contre le vainqueur, l'immense majorité humaine, celle des affamés.

Les Galiyens aiment à construire leurs habitations sur des points élevés, de manière à dominer la campagne environnante. Presque toutes les collines comptent plusieurs hameaux, les uns perchés sur leurs sommets, les autres accrochés à leurs flancs. Les mosquées n'ont point de minaret. Elles se distinguent des autres maisons par un grand pavillon blanc, flottant à la cime d'un mât planté au milieu de la cour du lieu saint.

Le voisinage immédiat du Garète a stérilisé, en grande partie, les terres de Galiya. Partout où les Berbères ont pu empiéter sur ce poulpe vorace, ils l'ont fait. On est étonné de trouver des champs d'orge, des potagers, là où, il y a quelques siècles, s'étendait une mer de sables mouvants, et, peut-être, la Méditerranée elle-même.

Les anciens de Galîya racontent, en effet, pour expliquer la formation des terrains plats qui entourent leurs montagnes depuis l'embouchure de l'ouad El-Kert jusqu'à Merset Mezzouja, emprisonnant au centre les hauteurs, les anciens racontent qu'autrefois, il y a bien longtemps, très longtemps, les eaux de la mer couvraient toutes leurs plaines, laissant émerger seulement les cimes des montagnes du centre, flots perdus au milieu des flots. Les Espagnols, depuis un temps immémorial, bien avant l'arrivée des Rifains dans le pays, auraient pris possession de ces îles. Ensuite la mer se serait retirée d'elle-même, s'arrêtant à Mliliya, laissant la plaine libre étaler ses terres salées au pied de l'épine dorsale du djebel Beni-Chiker.

C'est ainsi qu'un grand trou, le lac de Bou-Erg, appelé aussi *Bah'ar Mezzouja* بحر مزوجا (la mer de Mezzouja), ou *Sebkhat Bou-R'omrèn* سبخة بوغمرن (lac salé de Bou-R'omrèn), se serait formé, ne pouvant plus se vider maintenant, ses fonds se trouvant très au-dessous du niveau de la Méditerranée.

Jadis, une assez large bande de terre séparait le lac de la mer. Des familles s'y étaient installées, les unes habitant sous la tente, d'autres dans des maisons groupées ensemble, formant de petits hameaux ; toutes exploitaient les salines de la Sebkha, vendant, expédiant le sel aux autres tribus rifaines, pêchant dans les eaux poissonneuses du lac. Personne ne s'était aperçu que la mer rongeait l'isthme peu à peu.

Une nuit, il y a cinq ou six ans, au milieu des éclairs et des convulsions de la tempête, eut lieu la première irruption des grandes eaux. La Méditerranée, sortant de son lit, poussa ses vagues monstrueuses sur l'isthme, affolant les malheureux sauniers, roulant, comme des brins d'herbes, hommes, femmes, enfants et bestiaux. Des tentes nageaient, enlevées sur la crête des lames, déployant sur leurs flancs leurs longues bandes de laine noire, sombres tentures de ces catafalques mouvants. Trois douars entiers, les plus rapprochés de la mer, furent engloutis. La montée des eaux ne se ralentit pas durant quatre jours et quatre nuits. Les vagues, gagnant toujours du terrain, se ruèrent enfin dans le lac, faisant monter subitement son niveau de plusieurs mètres, détruisant tout ce qui se trouvait sur ses bords, salines et habitations.

L'isthme avait disparu ; deux années entières, il resta sous l'eau ; mais depuis trois ou quatre ans, on dirait qu'il remonte ou que la mer se retire. Actuellement, le passage est libre ; les caravanes de Kébdana et de Trifa ont repris cette antique route de Mliliya, qui leur évite de faire le grand crochet de la Sebkha.

Le nom de celle-ci a été, comme tous les autres mots arabes et berbères du Maroc, terriblement mutilé par les Européens. J'ai donné plus haut les trois dénominations sous lesquelles le lac est connu. La plus commune est : *Sebkhat Bou-Erg* سبخة بوعرڨ (lac salé aux dunes), parce que le sable l'entoure de tous côtés.

Le derviche eut une petite aventure sur l'étroit chemin qui sépare la Méditerranée du Bou-Erg. Il allait au *Souk' el-H'add* (marché du dimanche) de Mezzouja, en compagnie d'un t'aleb galiyen. Ils étaient partis de Ferkhana en suivant tranquillement le rivage de la mer. A un endroit où le lac et la Méditerranée se touchent presque, un homme était étendu sur le ventre.

La djellaba très propre, le chapelet autour du cou, la cartouchière serrée à la taille, encore remplie de cartouches, le fusil près de lui, tout semblait indiquer que c'était un dormeur ou un individu ayant succombé tout à coup à une insolation. Les deux écoliers, méfiants comme tous les Marocains, le hélèrent de loin, en se rasant eux-mêmes dans le sillon d'une dune. Pas de réponse, aucun mouvement. Ils se rapprochèrent, appelèrent de toutes leurs forces, s'enhardirent à lancer des galets ; deux ou trois, adroitement envoyés, tombèrent sur le dos du berbère toujours immobile. Décidément il était bien mort. Quelle aubaine ! Un fusil, un vêtement, de l'or peut-être ! Il s'agissait de s'approcher pour voir. Le derviche, peu guerrier de sa nature, frissonna en marchant sur le sable, rouge de sang. Mais comme son camarade fouillait déjà le mort, il en fit autant. Toutes les cachettes secrètes des rifains, calottes, capuchons, chaussures, tout fut consciencieusement retourné, palpé, examiné. Rien, pas un centime. D'autres, sans doute, avaient fait cette opération avant eux. Le galîyen, à défaut d'argent, voulait dépouiller le cadavre de ses habits. Moh'ammed s'y opposa. Ah ! non par exemple ! Être appelé détrousseur de morts, il n'y tenait pas ! Emporter le fusil et les cartouches, bien, il y consentait, mais quant au reste, il ne fallait pas y toucher. Il se baissait déjà pour ramasser le fusil, un bon fusil espagnol, tandis que son compagnon retournait le cadavre, cherchant à déboucler la giberne, lorsque des voix frappèrent leurs oreilles. Ils lâchèrent tout, se redressant vivement pour voir qui arrivait.

C'était un groupe d'une vingtaine de piétons, venant de l'Est, de Kébdana très probablement. Ils côtoyaient le rivage de la mer, parlant avec animation, tenant par prudence leurs fusils à la main. Saisis de crainte, le derviche et son condisciple, supposant qu'on allait les accuser du meurtre, restaient immobiles, l'attitude humble, dans l'attente des événements. Les vingt hommes s'approchèrent. Ils virent, d'un coup d'œil, que les deux promeneurs étaient des étudiants inoffensifs. Il les saluèrent. Moh'ammed et le galîyen s'empressèrent de répondre à cette politesse en exagérant les marques d'une profonde déférence. Les étrangers n'y firent pas attention.

Ils étaient allés au cadavre, l'avaient reconnu. Dans leur fureur, ils disaient :

« — Les Galîyens ont assassiné notre H'addou. Eh bien, nous verrons ! Ah ! ils veulent nous couper les communications avec Mlîliya ! C'est bon, nous savons ce qu'il nous reste à faire ».

Ils soulevèrent le malheureux H'addou, découvrirent sa poitrine. Elle était criblée de balles, percée de part en part ; la djellaba, hachée devant et derrière, du sang partout. A cette vue, les vingt hommes, faisant cercle autour du mort, se mirent à piétiner le sable des deux pieds, en cadence, avec une force telle, que des trous se creusaient sous eux.

— « Malheureux ! gémissaient-ils, tu n'as donc trouvé parmi nous aucun compagnon de route, puisque tu es parti, seul, la nuit, traversant un pays ennemi ? Aussi, maintenant, nous sommes la risée de tous les coquins de Galiya ».

Ils chargèrent le cadavre sur le mulet qu'ils avaient amené ; après l'avoir attaché solidement avec des cordes d'halfa et avoir ramassé le fusil, ils dirent aux deux étudiants :

« — Nous sommes de Kébdana. Venez donc avec nous, vous réciterez en route des versets du Coran pour notre pauvre frère ».

Moh'ammed et son compagnon s'excusèrent, alléguant qu'ils étaient absolument obligés de se rendre, sans retard, au Souk' el-H'add de Mezzouja. Les Kébdamiens partirent, et les deux amis, heureux d'en être quittes pour la peur, continuèrent leur marche en suivant le bord du lac.

C'est une belle nappe d'eau d'une douzaine de kilomètres de long sur sept ou huit de large. Le rivage est nu ; de tous côtés, l'œil découvre une immense plage à pente douce, sablée d'une poudre d'or impalpable, brillante, aux reflets métalliques. Des plantes rabougries, des forêts en miniature, des petits joncs de marais ont réussi à fixer leurs racines dans cette farine jaune, que le moindre vent soulève en légers tourbillons. Des milliers de coquillages (*meh'arate* محارات), des coquilles univalves, enroulées en spirale (*oud'nin el-h'out* اذنين الحوت) (oreilles de poisson), mêlées aux *biscuits de mer* (os de Seiche ou Sepia) (*zebéd* زبد *écume*, en arabe) sont les témoins muets de l'invasion récente des eaux marines. La sebkha est profonde au centre. Les grandes tempêtes soulèvent ses lames courtes, qui viennent, en clapotant, mourir sur la plage. Les rafales de l'hiver chassent encore, à certains endroits, les vagues de la Méditerranée jusque dans le lac, empêchant ainsi quelquefois toute circulation sur l'isthme.

A l'extrémité méridionale du Bou-Erg, un gigantesque bloc de sel gemme, ayant les proportions d'un monticule, livre à qui veut la richesse de ses flancs.

Ce lac m'a beaucoup intrigué, m'intrigue encore. J'ai accablé de questions, à son sujet, tous les galiyens l'ayant vu, pouvant se prononcer en connaissance de cause. Si leurs suppositions sont exactes, car nul ne s'est aventuré à la nage ou en bateau sur ces eaux dormantes, le Bou-Erg, peu profond près du bord, formerait une cuvette, au centre de laquelle la sonde ne toucherait le fond qu'à 15 ou 20 mètres (1). Sa proximité de la mer en fera plus tard un port naturel magnifique,

---

(1) Le récit d'un triste événement, qu'un témoin oculaire, un galiyen, m'a fait *ces jours-ci seulement*, sera la meilleure preuve que je puisse donner de la profondeur de la Sebkha.

Lors de la dernière guerre de Mliliya, un cavalier espagnol, isolé de son escadron, se trouva tout à coup cerné par les Berbères, en face du lac. Ne voyant d'autre issue que la surface unie et tranquille du Bou-Erg, s'imaginant sans doute que l'eau était peu profonde, il s'y lança en éperonnant vigoureusement sa monture.

Les Rifains, étonnés, s'étaient arrêtés, contemplant le drame qui allait se passer sous leurs yeux, ne se souciant nullement d'abréger, par une balle, le supplice de cet homme qui devait mourir.

Lui, cependant, croyant échapper à ses terribles ennemis, continuait d'ensanglan-

un second Bizerte, cinquante fois plus grand que la rade d'Alger, pouvant offrir un abri sûr à des centaines de gros navires.

Moh'ammed et son compagnon, ne jugeant pas prudent de se rapprocher de Kébdana, contournèrent la Sebkha, voulant aller coucher au *Souk' el-Djoumouâ* (marché du vendredi), à l'extrémité N. O. du Bou-Erg. Ce marché est appelé indifféremment *Souk' Mezzouja* (marché de Mezzouja) ou *Souk' el-Djoumouâ.*

Situé en plaine, près du lac, au milieu pour ainsi dire de la tribu, c'est un centre important de transactions commerciales. L'emplacemen du *Souk'* se trouve en dehors du hameau ; il se reconnaît à une petite coupole abritant la margelle d'un puits, creusé dans le lit d'un torrent desséché qui coupe en deux le marché. Au nord, dans le lointain, se dressent les flancs rocailleux du Djebel Beni-bou-R'omren, couverts de hameaux et de figuiers de Barbarie. Des milliers de Rifains, venus de très loin quelquefois, apportent leurs produits au Souk' el-Djoumouâ.

Les marchandises espagnoles, sorties de Mliliya, y affluent : sucre, thé, cartouches, fusils, poudre, bougies, lampes à pétrole (les Rifains appellent le pétrole *gaz*, ils s'en servent pour l'éclairage), couteaux, verres, bouteilles, etc.

Les productions du pays sont représentées par d'énormes piles de vêtements neufs ou vieux à vendre, des montagnes de laine, beaucoup de moutons, bœufs, ânes, mulets ; très peu de chevaux ; beaucoup de légumes, figues, huile, raisins secs, céréales. Des bouchers en plein vent débitent des quartiers de viande de bœuf et de mouton, supportés par trois perches en faisceau, liées par une corde à l'extrémité supérieure. Les femmes galiyennes, contrairement à l'usage des autres tribus du Rif, circulent librement sur les marchés, marchandant, achetant ce dont elles ont besoin, le visage découvert, l'allure décidée. Elles ont le monopole de la vente des œufs, poules, assiettes en terre cuite (*zlalif*) (spécialité du pays), assiettes de faïence de provenance espagnole, marmites, poêles en terre fabriquées dans la tribu. Les marchands d'étoffes et les droguistes abritent leurs marchandises sous des tentes en toile ou des maisonnettes en pierre sèche. Tentes et maison-

---

ter les flancs de son cheval, le poussant toujours en avant. Déjà le niveau de l'eau montait à la croupe. Brusquement, l'animal perdit pied.

Alors on vit une chose poignante.

Tandis que le cavalier, pesamment armé, se cramponnait éperdument à la crinière, cherchant à se hisser aussi haut que possible au-dessus du gouffre, la bête, s'enfonçant sous le fardeau, disparut une première fois, entraînant l'homme avec elle.

Émus, angoissés quand même par l'horreur du spectacle, les Berbères se taisaient, attendant avec anxiété le dénouement final.

Au bout de quelques secondes, le groupe reparut. On distinguait maintenant le cavalier, couché sur l'encolure, l'enlaçant de ses deux bras, d'une étreinte désespérée. Puis la masse sombre s'engloutit de nouveau, laissant seulement, à la surface des eaux dormantes, quelques ondulations qui allèrent mourir doucement sur le rivage, aux pieds des Rifains silencieux.

Deux jours après, le lac rejetait, sur le sable fin de la grève, deux cadavres. Le cavalier tenait encore son cheval étroitement embrassé.

nettes entourent l'emplacement du marché, formant un cercle presque parfait.

On aura une idée de la valeur de tous les produits par les quelques prix suivants : une poule, 50 centimes ; les œufs, à cause de la présence des cavaliers du Makhzen et des juifs qui en font une grande consommation, sont assez chers, un sou pièce ; un beau mouton, 5 fr. ; une belle vache laitière, 50 fr. ; un fusil espagnol, 50 fr. ; un pain de sucre de quatre livres, 1 fr. 50. Somme toute, c'est plus cher que dans les autres tribus du Rif. La douane chérifienne, établie près de Mliliya, les ventes clandestines faites aux Espagnols, les fantassins impériaux casernés à *Sélouane*, venant régulièrement se ravitailler au marché de Mezzouja, sont la cause de cette hausse inaccoutumée.

Il serait difficile de trouver un endroit plus favorable que le Souk' el-Djoumouâ pour observer les représentants des deux sexes de Galîya.

L'homme porte, l'hiver, la djellaba à raies blanches et noires ; la tête, entièrement rasée, est presque toujours couverte d'une chachia rouge, à la base de laquelle s'enroule un turban de coton. L'été, le h'aïk remplace la djellaba. Les pieds nus, le fusil en bandoulière, la cartouchière serrée à la taille, le galîyen se promène une journée entière dans le Souk', causant beaucoup, buvant du thé, achetant peu. Il prend langue auprès de ses coréligionnaires, venus des autres tribus, de l'Algérie ou de l'Espagne.

La femme, le corps emprisonné dans d'épais vêtements de laine, la tête nue, fait sonner en marchant ses périscélides et ses bracelets. Deux ou trois colliers étalent sur la poitrine leurs pièces d'argent et de cuivre. Malheureusement on n'aperçoit que des femmes d'un âge mûr, dont la beauté fanée ne peut plus exciter les passions. Les très belles restent à la maison, presque aussi sévèrement cloîtrées que les musulmanes des villes algériennes.

Il ne fut question au Souk', ce jour-là, que du meurtre du Kébdanien, trouvé par le derviche sur l'isthme du Bou-Erg. Ce malheureux était sorti de Mliliya avec cinq mulets chargés de fusils espagnols, cartouches, sucre, thé, pétrole, etc. Il croyait qu'en voyageant de nuit personne ne le verrait. Mais il était espionné par cinq bandits de Galîya, qui lui barrèrent le chemin, à l'endroit le plus étroit de l'isthme.

— Abandonne-nous les mulets et sauve-toi, sans quoi nous te tuons, lui auraient dit les Galîyens.

— Jamais, aurait répondu le Kébdanien en épaulant son fusil. Je tuerai ou je périrai.

Il fit feu le premier, n'atteignit personne.

Les cinq maraudeurs le foudroyèrent à bout portant, emmenèrent les mulets, laissant là leur victime, près de son fusil qu'ils n'emportèrent point, de peur d'être reconnus aux marques particulières que les berbères du Rif font à leurs armes.

On savait à peu près quels étaient les coupables, sans que personne songeât à les faire arrêter, le caïd impérial moins que tout autre. Ne sommes-nous pas dans le pays de cocagne des assassins, des voleurs et des scélérats ? Dans les sept marchés de Galiya, les crieurs publics ont beau hurler : « Paix et sécurité aux négociants étrangers et à nos contribules », ainsi que cela se pratique dans tous les autres centres commerciaux du Maroc, chacun sait à quoi s'en tenir sur cette prétendue inviolabilité. Des punitions exemplaires sont annoncées, toujours par le puissant organe du crieur public, contre les faux frères qui seraient tentés de vendre des céréales aux Espagnols de Mliliya. Cette recommandation est généralement bien observée. La haine invétérée du *roumi*, ajoutée à la crainte des tortures féroces qu'une trahison de ce genre ne manquerait pas de leur attirer, donne à réfléchir à ceux qui font passer l'appât du gain avant le patriotisme.

Les sept marchés de Galiya se tiennent : 1° le vendredi (*Souk' El-Djoumouâ*), à Mezzouja ; 2° le dimanche (*Souk' El-H'add*), à Mezzouja et à Bezr'enna ; 3° le jeudi (*El-Khemis*), aux Beni-bou-Ifrour ; 4° le mardi (*Eth-Thelatha*), dans les Beni-bou-Gafer ; 5° et 6° le mardi et le mercredi (*Eth-Thelatha oua l-Erbâ*), dans les Beni-Chiker, au centre de la tribu ; 7° le lundi (*El Ethenin*), à Ferkhana, non loin de Mliliya.

Nous sommes ici dans l'unique tribu du Rif ayant consenti à tolérer la présence des soldats chérifiens. Les officiers du *goum* (cavalerie) et les préposés de la douane impériale habitent le *Dar El-Makhzen* (caserne du gouvernement), en vue de Mliliya. Le chef des troupes n'a pas à s'occuper d'administration. Il est là pour empêcher les Berbères d'attaquer les Espagnols. Les cinq caïds civils, nommés par le sultan, font rentrer les impôts, prélèvent les contributions de guerre, sous lesquelles sont écrasés les malheureux Galiyens, après chacune de leurs agressions contre le presidio. L'autorité judiciaire et administrative n'existe pas. Il est permis aux Rifains de se tuer, de se battre et de se voler entre eux, c'est leur affaire ; pourvu qu'ils n'attaquent point le bagne castillan, c'est tout ce que demande le sultan qui tient à vivre en paix avec l'Espagne.

On compte environ 500 goumiers réguliers à la *K'açba* (caserne, citadelle) de Ferkhana et un millier de fantassins à la *K'açba* de Bou-Erg, appelée aussi *K'açbat Sélouane*. Ces militaires sans souliers, aux habits d'arlequin, n'ont absolument rien à faire, ni manœuvres, ni exercices. Ils passent leur temps à raccommoder leurs oripeaux, ne se dérangeant que pour aller à la maraude ou pour exécuter les ordres secrets de leurs chefs et des particuliers qui les soudoient. Reîtres dangereux, ils s'embusquent, à l'affût du passant soupçonné de porter de l'or. Après l'avoir détroussé, ils partagent ses dépouilles avec le généralissime et son état-major. Les Galiyens m'ont souvent répété que les troupes chérifiennes étaient le fléau de leur tribu. Elles vivent sur le pays, prélevant chaque année une grosse part des récoltes et des troupeaux. Malgré l'avidité des agents du fisc et de l'armée, une aisance relative permet à certaines familles de ne pas aller chercher du travail dans la province d'Oran. La plupart, cependant, expédient chez nous un ou deux membres, qui retournent dans leurs foyers en emportant une somme assez ronde, suffisante pour leur permettre de vivre plusieurs mois sans rien faire.

Si l'Espagnol est exécré, le Sultan lui-même n'est guère aimé non plus, parce que ses ancêtres sont accusés d'avoir *vendu* aux Chrétiens les bagnes de la côte rifaine. La légende raconte qu'à l'époque lointaine où ce traître d'Empereur livra Mliliya aux *Infidèles*, les habitants des cinq villages, compris dans le périmètre abandonné, se retirèrent devant les nouveaux venus ; les indigènes de deux de ces villages, furieux contre le Sultan, émigrèrent à Sebta (Ceuta), furent bien accueillis par les Espagnols, avec lesquels ils ont vécu jusqu'ici en parfaite harmonie. L'absence et la distance n'ont rien changé à leur costume primitif, et le pur thamazir'th de leurs frères du Rif est encore en usage dans l'intérieur de ces familles intéressantes qui regrettent toujours la patrie perdue. Leur petit quartier, à Sebta, est facilement reconnaissable. Leur chapelle modeste sert à leurs réunions et à l'instruction de leurs enfants. Il faut ajouter, pour être juste, que le Sultan, en compensation des terres livrées à l'étranger, donna à ces braves gens des indemnités qui leur permirent de faire l'acquisition des immeubles qu'ils occupent actuellement dans la cité espagnole.

Les Rifains appellent Mliliya *Themrirth* ثمريرث et les Arabes *Mliliya* مليلية.

En thamazir'th, *Themrirth* signifie : *lieu où l'on se rencontre.* C'est le nom d'action du verbe rifain *emrir* (se réunir), qui n'est autre que le zouaoua *melil*, dont les *l* se sont changés en *r* en galîyen, conformément aux lois phonétiques constantes de ce dialecte. Les Temsamaniens modifient l'*l* en *dj*, ex. : *idjdji* (fille), et les Beni-Ouriar'el en *d*, ex. : *iddi* (fille).

Lorsque les indigènes de Galiya se donnent rendez-vous à Mliliya, ils disent : *Annemrir g Themrirth* (Nous nous rencontrerons à Themrirth, c'est-à-dire à Mliliya). Quelquefois aussi on désigne la ville par ces deux épithètes : *Jnad'a* (camp, du radical arabe جند), *Er-Mjahdin* (1) (les champions de la foi, de l'arabe المجاهدين).

Mliliya est pour les Rifains un centre commercial important. L'accès de la place n'est interdit qu'aux indigènes armés. Aussi ne rencontre-t-on dans les rues que des musulmans sans fusils ni poignards. A la nuit tombante, on ferme les portes. Les berbères s'arrangent de

(1) Dites *Er-Mjahdine*. Prière instante de se souvenir que *toutes les lettres des mots berbères et arabes se prononcent.*

manière à terminer leurs achats dans la journée pour regagner leurs foyers, ou une maison amie, avant le coucher du soleil, car il est dangereux de voyager dans le Rif au milieu des ténèbres.

Berbères et Arabes se plaignent des manières brusques et de la grossièreté des maîtres du presidio. Les espagnols de la basse classe, très venteux, s'oublient à dessein en passant près de leurs ennemis mahométans. De sonores émissions de gaz, éclatant en pleine rue, déchirent l'air, empoisonnent l'atmosphère, exaspèrent le Rifain qui a en horreur ces écœurantes détonations.

Moh'ammed ne manqua pas de visiter Mliliya. Etant entré dans la ville, sans un centime, il fut surpris, au moment du déjeuner, de ne trouver aucune mosquée hospitalière où il aurait pu apaiser les cris de son estomac en détresse. Il fut donc obligé de vendre à un espagnol, moyennant deux sous, un petit parasol qui lui servait, depuis quelque temps, à faire de l'effet dans les tribus, à frapper l'esprit des paysans, qui prenaient pour un être illuminé cet homme étrange, se distinguant des autres par tant de manies excentriques. Un morceau de couronne espagnole (pain rond), dévoré en marchant, calma la faim du vagabond. C'était la première fois qu'il *achetait* quelque chose au Maroc. Il m'affirmait qu'il avait oublié, pendant son long séjour dans les mosquées chérifiennes, ce mot ennuyeux : *acheter*, (*chera* en arabe, *ar* en berbère) ; les cités européennes se sont chargées de le lui rappeler.

Non loin de Mliliya, sur une hauteur, on voit le tombeau du grand saint de Galiya, *Sidi-Ouriach* سيدى ورياش (1), personnage populaire du VIIe siècle de l'Hégire, originaire des Oulad-Ouriach, campés dans les environs de Sebdou.

Le jeune santon se fit remarquer, dès sa plus tendre enfance, par sa piété, son zèle religieux, son aversion pour tout ce qui n'était pas musulman. Il vivait en ascète, parcourant les douars, les campagnes, les villages, où il recevait un accueil enthousiaste des populations fanatiques, toujours entichées des dévots vrais ou faux. A peine âgé de vingt ans, il passa le détroit, tomba au milieu des Maures d'Espagne, tonna contre la dépravation générale de ces mahométans saturés de civilisation et de bien-être. Voyant qu'il prêchait dans le désert, il se rembarqua, arriva à Tanger avec le désir de se terrer au centre du Rif, dans ce camp retranché de toutes les ignorances. Il fut reçu comme un dieu partout. Mais Galiya lui ayant fait le plus d'avances, il opta pour cette tribu, se fit bâtir un ermitage où il rendait ses oracles. C'est ce même ermitage qui devint plus tard son tombeau. En dehors des nombreux prodiges que la légende lui attribue, prodiges identiques à

(1) *Ouriache*, mot arabe berbérisé, signifie (celui qui fait des gestes, de la main ou du burnous, pour appeler) du verbe arabe ريّش 2e forme de راش (arabe marocain et algérien).

ceux des thaumaturges de toutes les religions, il m'a été impossible de recueillir d'autres renseignements sur ce fanatique mystérieux dont la biographie sera difficile à faire.

En 1893, des militaires espagnols profanèrent, paraît-il, son tombeau. Plusieurs rifains m'ont assuré qu'un détachement chrétien étant venu chercher de l'eau à la source de Sidi-Ouriach, quelques soldats, par bravade, urinèrent jusque dans l'intérieur du sanctuaire, à travers les fentes de la porte. C'était un sacrilège, d'autant plus grave, que l'eau, puisée sur le territoire galiyen, *sans autorisation,* devait servir à faire le mortier avec lequel l'Espagne voulait bâtir son nouveau fort, en face de Sidi-Ouriach, sur un *terrain contesté* ! Ce jour-là les fusils des Rifains partirent tout seuls. On connaît les événements de Mliliya, on sait avec quelle peine le gouvernement de la Péninsule parvint à repousser ce petit peuple qui combattait pour sa religion et ses foyers, sans canon, sans tactique, chacun luttant à la façon des héros d'Homère, n'obéissant à aucun chef, voulant à tout prix repousser *l'infidèle* ou cueillir la palme du martyre.

Il y a, dans cette campagne de Mliliya, des dessous insoupçonnés, à jamais perdus pour l'Histoire. Je ne suis pas, en ce moment, suffisamment documenté pour éclairer ces tréfonds du drame rifain. Qu'il me suffise de citer un trait d'héroïsme invraisemblable, accompli par trois galiyens, en pleine nuit, à la nage.

Depuis quelques jours déjà, un navire de guerre castillan, ancré à un ou deux kilomètres de la côte, agaçait les indigènes en inondant chaque soir de rayons électriques la campagne environnante. Dès qu'un groupe était éclairé, les obus ne tardaient pas à suivre le chemin de la lumière. Les premières fois, les Rifains, ignorant le danger, ne bougeaient pas, riant, faisant des gestes irrévérencieux à l'éblouissant réflecteur, le *falot* (1), comme ils l'appelaient. Mais la mort de quelques-uns de leurs frères, hachés par les terribles projectiles, leur fit comprendre qu'il n'y avait pas à plaisanter avec cette invention moderne du *falot* électrique. Ils tinrent conseil.

Comment faire pour pulvériser l'indiscrète lanterne ?

Trois forts nageurs se présentèrent, offrant d'aller, à la nage, exécuter ce tour de force. On bénit les trois champions de la foi ; des prières furent dites à leur intention. Ils partirent tout nus, chacun emportant seulement son fusil espagnol et quelques cartouches. Le tout était solidement attaché sur la tête, au dessus d'une pile de vêtements destinés à tenir, loin du contact des flots, les armes et la poudre.

Ils se mirent bravement à l'eau par une nuit sombre, nageant sans faire de bruit, se rapprochant peu à peu du monstre, dont la masse noire se dressait sur une mer absolument calme.

(1) فنار *fnar* (arabe algérien et marocain).

Tout le monde paraissait dormir à bord. Deux ou trois officiers, se tenant près du réflecteur, envoyaient des faisceaux lumineux dans toutes les directions.

Les nageurs réussirent, en grimpant après les chaînes des ancres, à se hisser jusqu'à la hauteur du pont.

Soudain, trois détonations retentirent dans le silence de la nuit. Le réflecteur était brisé; deux officiers, mortellement blessés. Les trois rifains, se laissant retomber à la mer, regagnèrent rapidement le rivage. Sur le navire, l'émotion fut considérable. On n'eut pas l'idée de lancer des canots à la poursuite des audacieux. On tira, au hasard, des coups de fusil sur l'eau. Les trois berbères, protégés par l'obscurité, abordèrent la côte sains et saufs. Je vous laisse à penser si, depuis ce fait d'armes, ils sont vénérés dans la tribu.

Quelle ne fut pas la joie du derviche en trouvant, installés au marabout de Sidi-Ouriach, une vingtaine de *Hedaoui* (1), infiniment plus dépenaillés que lui ! En Algérie, on ne connaît pas, je crois, cette secte. Elle paraît confinée dans le Maroc seulement. Le *hedaoui* est un pèlerin-mendiant, abruti par le *kif* (chanvre à fumer). La tête nue, une longue lance à la main, à peine vêtu de quelques haillons, le chapelet au cou, un petit sac rempli de kif à son côté, sa petite pipe en terre dans le sac, il court les pèlerinages, vivant sur les victuailles apportées par les fidèles aux tombeaux des santons, se constituant lui-même le gardien de ces sanctuaires, fabriquant quelquefois des sucreries dont il fait présent à la foule, toujours hébété par la fumée du chanvre, un affreux paresseux en somme, exerçant le dernier des métiers : *le parasite des sépulcres.*

C'est au village d'El-Asara, dans les Beni-bou-Ifrour, que l'on s'aperçut que Moh'ammed, non seulement ne priait presque pas, mais encore ne faisait aucune ablution, soit avant ses rares prières, soit au moment de réciter le Coran et les Traditions relatives au Prophète. Il imitait, il est vrai, les gens du pays ; mais comme il était étranger, on feignit de croire, ou l'on crut réellement qu'il était juif. On l'insultait ; il ne répondait pas. On lui faisait des misères ; il les supportait sans se plaindre.

Ne voulant pas s'exposer plus longtemps à la méchanceté de ces imbéciles, il annonça un jour son départ au maître et aux élèves. Des vauriens, sachant sans doute qu'il avait de l'argent, le suivirent hors du village, armés de pistolets. Tout à coup, ils l'arrêtèrent, lui enjoignant d'avoir à leur donner ses vêtements.

— « Allons un peu plus loin, dit Moh'ammed. Nous sommes encore trop près des habitations. »

---

(1) هَدَاوِي plur. هَدَاوَى (victime que l'on conduit à La Mecque) (A).

Ils y consentirent. Tout en marchant, le voyageur trouva le moyen de jeter dans un buisson, à l'insu de ses persécuteurs, sa bourse qui contenait une trentaine de francs, gagnés en écrivant des amulettes. Les gredins, trouvant qu'ils étaient allés assez loin, saisirent leur victime, la dépouillèrent de tous ses effets, ne lui laissant que sa gandoura (longue chemise en coton, à manches larges et courtes). Ce qu'ils voulaient, c'était l'argent. N'en trouvant point, ils se mirent en fureur, exigèrent, les pistolets sous le nez du derviche, qu'il leur dît où il l'avait caché. Il jura, par Sidi-Ouriach, qu'il était plus gueux que jamais. On le lâcha.

A El-Khemis, où il se réfugia, on lui donna d'autres vêtements. Quelques jours après, il se glissa, avec mille précautions, jusqu'au buisson dans lequel il avait jeté sa bourse. Il l'y retrouva ; elle était intacte.

Les juifs sont extrêmement nombreux dans la tribu de Galïya. Ils habitent les hameaux, exercent différents métiers : cordonniers, savetiers, cordeurs, orfèvres, chaudronniers. Aucun agriculteur parmi eux. Ils louent leurs maisons, ne pouvant pas plus posséder d'immeubles à Galïya qu'ailleurs. Une clause du bail est curieuse : la location d'une maison, quand elle est faite à un juif, dure à perpétuité, le propriétaire se réservant seul le droit de mettre à la porte son locataire qui ne peut, ni donner congé, ni exiger la moindre réparation. Chaque juif a un musulman pour *seigneur*. Les israélites galïyens voyagent pour leurs affaires, viennent à Oran, vont à Tanger, en Espagne, partout où ils veulent, preuve certaine qu'ils jouissent d'une grande liberté. Ils ne sont nullement malheureux puisqu'ils retournent fidèlement dans leurs foyers. Ils avouent que les Berbères ne les maltraitent point. Un contact séculaire a calmé les haines de race, a forcé les mahométans à tolérer ces nomades cosmopolites qui parlent leur langue, s'habillent presque comme eux, se distinguant seulement par leurs longues boucles de cheveux, véritables anglaises retombant sur les tempes jusqu'à la mâchoire inférieure, frisant naturellement en épais tire-bouchons.

Sidi-Ouriach est le patron de Galïya, mais la tribu possède aussi les reliques de plusieurs autres santons fort vénérés. Citons seulement les plus célèbres : *Sidi Bou-Ceber* (Mgr qui a de la patience) (A), dans les Beni-Bou-Ifrour ; *Sidi M'hammed ben Abd-Allah* (Mgr le glorifié, fils de l'esclave de Dieu) (A), à Mezzouja ; *Sidi l'H'adjdj Es-Saïd* (1) (Mgr le pélerin heureux) (A), chez les Beni-Chiker.

On va en pélerinage à leurs tombeaux, auprès desquels on immole des poules, des moutons, des chèvres, des bœufs. Ces victimes ne sont pas offertes aux saints, comme on a l'air de le croire en Europe. C'est

(1) سيدي بوصبر * سيدي محمد بن عبد الله * سيدي الحاج السعيد

une charité faite aux pauvres, en vue de plaire à Dieu. Les malheureux accourent à ces *ouaâda*, se bourrent de kouskous, s'empiffrent de viande et de pâtisseries, s'en retournent chez eux, l'estomac plein, prêts à recommencer à la première occasion.

Les illettrés, superstitieux à l'excès, sont frappés de crainte, se recueillent, dès qu'ils se trouvent dans la zone d'un marabout, marmottent des prières.

L'étudiant, vivant presque toujours dans le voisinage des saintes sépultures, car les santons sont souvent enterrés dans des bâtisses attenantes à une mosquée ou à un cimetière, se familiarise avec le demi-dieu, prend des privautés avec lui, le considère comme un ami puissant, mais débonnaire, avec qui l'on aurait tort de se gêner. Les bienheureux, dit-on, se vengent quelquefois de ces offenses. La mésaventure suivante, arrivée à Moh'ammed ben T'ayyéb, en est la preuve :

Il y avait près d'un mois qu'il prenait ses leçons et ses ébats dans le marabout de Sidi Bou-Ceber, luttant avec ses condisciples jusque sur le tumulus du santon, courant, criant dans l'intérieur du sanctuaire, profanant, en un mot, en actes et en paroles, la tombe du patron des Beni-Bou-Ifrour.

Par une chaude nuit d'automne, il était sorti prendre le frais au milieu des innombrables figuiers de Barbarie qui entourent le marabout. Tout à coup, il fut effrayé par un prodige auquel il ne s'attendait guère.

A vingt pas derrière lui, un énorme chameau, ayant un fusil dans la gueule, s'était précipité dans sa direction en poussant d'affreux rugissements.

Fou de terreur, le derviche partit, rapide comme une flèche, à travers le dédale des cactus, bondissant par dessus les tombes du cimetière établi en cet endroit par les Beni-bou-Ifrour, afin que leurs morts reposent près de la dernière demeure du grand saint.

Le chameau, acharné à la poursuite du vagabond, poussait des grognements rauques, prolongés, indiquant qu'il était au paroxysme de la colère. Enfin, après mille tours et détours dans le labyrinthe des figuiers de Barbarie, le fils de T'ayyéb, sans savoir comment, se trouva devant la façade de la chapelle, dans laquelle il se précipita en fermant derrière lui la porte à clef.

Il était temps ! Une minute de plus, et la bête furieuse le mettait en pièces. Elle vint heurter le bois de la porte avec son fusil, et alors, ô prodige ! elle prononça distinctement ce mot arabe *éftah'* (ouvre). افتح

Le voyageur, plus mort que vif, se laissa choir à quelques pas de ses camarades. Pâle, essoufflé, tremblant de tous ses membres, il répondit aux questions qu'on lui adressait en disant que quelqu'un l'avait poursuivi jusqu'à la porte du marabout. Les écoliers déclarèrent n'avoir vu ni entendu personne.

Le derviche s'endormit sur cette forte émotion.

Vers le milieu de la nuit, il vit en songe Sidi Bou - Ceber lui - même, qui lui dit en bon arabe vulgaire :

— Si tu joues encore sous la coupole, comme tu l'as déjà fait, je te précipiterai dans la troisième partie de la terre inhabitée (1).

Dès l'aube, Moh'ammed, contrairement à son habitude, procéda à de grandes abbutions et à de non moins grandes prières. Le soir, il sortit à la même heure que la veille, alla à l'endroit où le terrible animal lui était apparu, se mit à crier de toutes ses forces :

— Chameau, toi qui m'as poursuivi hier, montre-toi maintenant!

Il faut croire que Sidi Bou-Ceber était apaisé, puisqu'il ne jugea pas à propos de se métamorphoser une seconde fois pour effrayer le derviche. Celui-ci, à partir de ce jour-là, manifesta le plus grand respect pour les saints et leurs tombeaux.

Les Musulmans africains, les lettrés surtout, font des rêves extraordinaires. Ils voient fréquemment en songe les saints, les prophètes, et Mahomet lui-même qui ne dédaigne pas de donner, de sa propre bouche, des conseils ou des avertissements à ses sectateurs. La foi profonde des Mahométans exalte leurs facultés cérébrales, les tient constamment dans un état de vibration nerveuse extra-lucide. Qu'ils dorment ou qu'ils veillent, leur vive imagination les transporte en plein surnaturel, au sein des mondes merveilleux, dans ces contrées féeriques de l'au-delà dont nous nous sommes exclus nous-mêmes par la sécheresse de l'esprit moderne, positif et pratique, trop pratique peut-être.

Cette poursuite du chameau me paraissant invraisemblable, je voulus m'assurer si le derviche n'avait pas été le jouet d'une hallucination, d'un cauchemar quelconque. Il parut très étonné de mon insistance, de mon incrédulité. Les saints ne font-ils pas des miracles, même après leur mort ?

Je conclus de ce songe extraordinaire, comme de tous ceux qui m'ont été racontés par les disciples de Mahomet, que les musulmans, ceux du moins pour lesquels la religion est tout, sont sujets à des hallucinations spéciales, à des troubles cérébraux particuliers, qu'il faut se garder de confondre avec l'une des formes de l'aliénation mentale. Ce qu'il y a de surprenant dans leur cas, c'est la marche régulière, continue de l'hallucination, qui n'est jamais intermittente et persiste chez eux toute la vie. Elle est née, dès leur bas âge, sous l'influence d'une passion très vive : *la foi religieuse* ; elle ne cesse que par la perte de cette dernière, c'est-à-dire après la mort, pour l'immense majorité des Mahométans.

(1) لوكان تعاود تلعب كما لعبت في القبة نرميك الى الثلث الخالى

La troisième partie de la terre inhabitée signifie ici : *le bout du monde.*

A Galiya, on ne plaisante pas avec l'honneur des femmes. L'anecdote que je raconterai tout à l'heure le prouvera. Je la tiens d'un témoin oculaire, un brave garçon de t'aleb rifain, que la haine d'une marâtre a chassé de la maison paternelle. Fils de marabout, marabout lui-même, il préfère piocher les vignes des colons oranais que de vivre, sans rien faire, sous la férule de l'euménide qui dirige tout chez lui. Cet étudiant (il m'a supplié de taire son nom), m'a appris le thamazir'th. Il est bien connu des Galiyens, qui le vénèrent et le respectent doublement : comme t'aleb, et comme marabout.

Un jeune aspirant de marine de mes amis, embarqué actuellement à bord de l'*Amiral-Baudin*, lui doit la vie. Chose rare, ce marin est un arabisant déterminé. Lors de la dernière visite de l'escadre à Oran, il s'était empressé de courir au Village-Nègre pour apprendre à parler la langue du Prophète. Il avait fait la connaissance de notre rifain, lequel, entre parenthèses, s'exprime assez mal en arabe, et il se promenait avec lui dans les rues malpropres du quartier musulman, lorsque vers onze heures du soir, quatre malfaiteurs en burnous, armés de matraques, se ruèrent sur l'officier pour le dévaliser.

Le marabout prit bravement la défense de son compagnon qu'il connaissait à peine. Ses coréligionnaires eurent beau lui répéter :

— « Laisse-nous détrousser ce chien de chrétien ; nous partagerons avec toi », il ne voulut rien entendre, s'exposa courageusement aux coups de trique des bandits, arracha le français de leurs mains.

Quand ces lignes tomberont sous les yeux de mon compatriote, qui fut, pendant quelques jours, mon auditeur assidu à la Chaire d'arabe d'Oran, il reconnaitra facilement l'honnête homme de rifain à qui nous allons donner la parole, pour raconter, en pur dialecte thamazir'th (1), la scène sauvage suivante, très suggestive sous tous les rapports :

---

(1). Les dialectes berbères du Rif sont peu ou point connus. Ceux, dont l'étude a été abordée, ont fait l'objet des quelques travaux rudimentaires suivants :

HANOTEAU.... — *Grammaire Kabyle*. Un conte en thamazir'th de Galiya.
R. BASSET..... — *Manuel Kabyle*. id.
— — *Notes de lexicographie berbère*. Le 1er chap. de la 1re série est consacré au Galiyen ; dans les séries suivantes, les dialectes du Rif sont pris comme points de comparaison.
— — *Loqmân berbère*. Plusieurs fables en temsamanien.
— *Etudes sur les Dialectes berbères*. Notes grammaticales sur différents dialectes rifains.
— *Les noms des métaux et des couleurs en berbère*.
QUEDENFELDT. — *Eintheilung und Verbreitung der Berberbevölkerung in Marocco*. S'est occupé aussi des dialectes du Rif.
MISSIONS ÉVANGÉLIQUES DE LONDRES. — *Les Evangiles de St-Matthieu et de St-Jean*. En Galiyen.

— Un point, c'est tout.

Mais je sais que mon ami Basset, directeur de l'Ecole supérieure des Lettres d'Alger, a, en préparation, un travail de grammaire et de lexicographie comparées sur les dialectes de Galiya, Beni-Ouriar'el, Bek'k'ouya, Témsaman, Beni-Saïd et Beni-Znasen (avec textes).

Enfin, on a pu voir, sur le verso de la couverture de ce livre, l'annonce d'un *Essai sur le Thamazir'th et les Contes populaires du Rif*, travail qui aurait déjà paru si mes occupations professionnelles étaient moins absorbantes. D'autre part, j'ai déjà bien avancé mon *Dictionnaire Français-Rifain*. Lorsque ces travaux seront publiés, les dialectes du Rif auront subi le même sort que ce pays sauvage, hier encore inconnu, percé à jour maintenant, grâce aux révélations du derviche et de nos autres voyageurs musulmans.

Rih'kaith en ij oungourgaz (2) *yemrech oufin taked' iecht en temr'art temrech d'i dchar iñ* (3) *At-Sid'ar, d'i thek'bitt iñ K'craïyin.*	Histoire (1) d' un homme marié surpris avec une femme mariée dans le village des Beni-Sidal, dans la tribu des Galiyens.
Ij ousouggas, ettour'a ij oungouargaz (2) *yemrech R'ares ijjen râyarast ; iarr ed r'ares tharja oungouaman* (2). *Iebd'a itsessaou râyarast enni.*	Une année, il y avait un homme marié. Il avait un jardin ; il mit dans lui le canal de l'eau. Il commença à arroser ce jardin.
Thous ed r'ares ijjen temr'art temrech. Ek'k'imen ayaked'ouya. Iebd'a itek'k'out s eddou ijjen ouarthou.	Elle vint auprès de lui une femme mariée. Il s'assirent ensemble. Il se mit à la posséder sous un figuier.
Iezar ithen ij outharras ; yesekkar khaf sen ethr'ouyyith.	Il vit eux un homme ; il suscita sur eux des cris (c'est-à-dire *il appela tout le monde*).
Mounen d khaf sen ioud'an at't'as. Thamr'art tarouer. Ed'farenteth arbâ eñ ioud'an, enr'inteth s thsapounia (4) ; *r'arsen as aâdis s thasboutt* (5), *oujjinteth d'i barra ed'rinteth s ijj ouh'ach.*	Ils se réunirent contre eux des gens beaucoup. La femme s'enfuit. Ils poursuivirent elle quatre individus, ils tuèrent elle avec des fusils ; ils fendirent à elle le ventre d'elle avec le sabre ; ils laissèrent elle dehors (*dans la campagne*), ils couvrirent elle avec un h'aïk.
Argaz enni, thania, yarouer r'ar ijjen taddart tekhra. Yek'k'en khafs thaou0uarth aouarn as. Ed'farent id' yaoud'an, ettazren aouarn as, echchathent s	L'homme celui ci, également, se sauva vers une maison inhabitée. Il ferma sur lui la porte derrière lui. Ils poursuivirent lui les gens, ils coururent derrière lui, ils frappèrent lui avec

(1) Je serre le texte de près afin de donner aux amateurs de littérature exotique une idée juste de la langue et du style des Rifains.

(2) Les *voyelles nasales* existent en thamazir'th. *L'oun* de ce mot en est une, très difficile à articuler, il est vrai, mais on y parvient *avec du temps et de la patience*.

(3) La *tilde* indique que *ñ* doit se prononcer comme notre *gn* dans *montagne*.

(4) Sing : *thaseppaniout* (fusil). C'est évidemment le mot : *espagnol*, prononcé à la rifaine. Les Galiyens font permuter souvent l' *l* final avec le *t*.

(5) De l'espagnol *espada*.

erbaroud'.	la poudre (= *ils firent feu sur lui*).
Arami ioud'ef thaddarth, yebd'a	Quand il fut entré dans la maison, il se mit
yachchathṛithen d, r anta,	à frapper eux, également lui (= *il leur tira des coups de fusil*),
zeg icht tebouarjet. Yanr'a	par une fenêtre. Il tua
d'aisen sebâ.	parmi eux sept (= *il en tua sept*).
Bed'an youd'an enni ettaryen	Ils se mirent ces gens-là à monter
akh tezak'k'a. K'eddaân tih'ania	sur la terrasse. Ils arrachèrent les solives
en tezak'k'a, arami kafs	de la terrasse, jusqu'à ce qu'au-dessus de lui
snouk'k'oben. Iouiyen d tizizoua	ils eurent fait un trou. Ils apportèrent des abeilles
d'i ther'aracin.	dans des ruches.
Farrer'en kahfs thizizoua. Ek'k'ed'en	Ils versèrent sur lui les abeilles. Ils allumèrent
timessi d'i thesoumadh oungouari (2).	du feu dans des bottes d'alfa.
Bed'an net't'aren kafs thimessi	Ils se mirent à jeter sur lui du feu.
Akhkham	La chambre
enni iechchour s thizizoua d'ed-dekhan.	celle-ci se remplit d'abeilles et de fumée.
Thizizoua ettemounent kh ouargaz	Les abeilles s'acharnèrent après cet homme,
enni, zaâfent d'ais.	elles le piquèrent.
Ied'ouer ouar	Il devint il ne
itouiri our ad' ijjen n	voyait absolument plus rien (=
errih'ath (= حتّى اكيّة altération de l'arabe vulgaire حتّى حيّة *absolument rien*).	*aveuglé par les abeilles*).
Bed'an yioud'an	Ils se mirent les gens
net't'ouen d khafs zi thezek'k'a.	à sauter sur lui de la terrasse.
Et't'efent. Ek'k'arnenn as ifassen	Ils saisirent lui. Ils attachèrent à lui les mains
r'ar d'effar. Essouffer'ent id'	par derrière. Ils firent sortir lui
r'a barra ; r'ad'erent r'ar themmou-arth.	vers le dehors ; ils renversèrent lui sur le sol.
Bed'an ek'k'aren	Ils se mirent à dire
as ath âmmis : «	à lui les enfants de l'oncle de lui (= *ses contribules*) : «
— *Etta d'ergezait ennech âla*	— Ça c'est la récompense de toi parce
khat'er echchek ouar ifahmen	que toi elle n'est pas intelligente
azèddif ennech. Ettegged'	la tête de toi (= *tu es une brute*). Tu as jeté
erâib d'i tharoua âmmich. »	le deshonneur sur les enfants de l'oncle de toi. »

Nitheni ek'k'aren	Eux disaient
as ammou, nitheni etk'eçcen	à lui ainsi, eux coupaient
dais s ermouas.	dans lui avec des couteaux (*Tandis qu'ils lui parlaient ainsi, ils le charcutaient avec leurs couteaux.*)
H'add itk'eçcith	Un coupait
zi thekherkharin eñ (3) *fassen,*	lui aux poignets, un amputait lui
h'add itk'eçcith zi ther'ammar	aux coudes (= *Celui-ci lui faisait l'amputation des mains, etc*).
eñ (3) *r'adden, h'add itk'eçcith*	des bras, un amputait lui
zi ther'arout.	à l'épaule.
Netta iddar âd' ; *ouar isr'ouyyou,*	Lui vivait encore; il ne pleurait pas,
ouar issiouir.	il ne disait rien.
Tek'eçcent tania zeg	Ils coupèrent lui aussi aux
fadden. Bed'an tek'eçcen dais	genoux (= *ils lui amputèrent les 2 jambes aux genoux*).
s ermouas zi âra m kour	Ils se mirent à taillader dans lui avec des
amchan arami ouar dais k'aâ	couteaux de tous les côtés jusqu'à ce que point
ek'k'imen id'ammen. K'eçcen as	dans lui aucunement il resta du sang. Ils
abrour ennes, eggin as'th a	coupèrent à lui le pénis de lui, ils le lui
ouk'emmoum.	mirent dans la bouche (1).
Ious ed ijjen zeg ath âmmis,	Il vint un d'entre les fils de l'oncle de lui,
yekkez d takhed'mechth, yegg	il sortit un couteau, il le lui introduisit
ast d'i thit', ik'eraâ as t ed.	dans un œil, il le lui arracha.
Iâouad' as ithennedhnit', ik'eraâ	Il en fit autant pour l'autre, il le lui
as t ed amekhmi d iestef·	arracha comme il aurait extrait
ar'rer zeg ouakchour.	un escargot de la coquille.
Netta iddar âd', issah'rath.	Lui vivait encore, il râlait.
Rikhdenni rouh'en. Yiouiyen	Alors ils partirent. Ils apportèrent
d timessi, far'er'enteth khafs	du feu, ils versèrent lui sur lui
arami yaoungoua (2).	jusqu'à ce qu'il fut cuit.
Rikhdenni ouryen taddarth ennes,	Alors ils montèrent à la maison de lui,
hed'menteth, seh'ark'enteth.	ils démolirent elle, ils incendièrent elle.
Rih'ouaij oufin d'i thaddarth	Les objets qu'ils trouvèrent dans la maison

(1) Cette atrocité fut commise plusieurs fois par les Rifains lors des derniers événements de Mlilya. Les cadavres des malheureux soldats espagnols furent mutilés de cette manière odieuse chaque fois que les pâtres et autres voyous berbères purent s'en emparer.

ñ ouenni, k'â, ouenn ioufi chan, h'achcheth iechsit.

Ettour'a r'ares thratha en tsarfin eñ imendi Echsin d imendi enni marra, endarent r'a barra, zeddaânt. Ouar th iouyen, r'er in oua r'ar ieddi cha, r'er imezrad' ith yiouiyen.

Thammouarth ennes, thezzenz it tak'bitt Ik'erfyin ; fark'enteth akh techouchai ennsen (1).

de celui-ci, tous, celui qui trouvait quelque chose, il ne manquait pas de prendre elle.

Il avait trois silos d'orge. Ils enlevèrent cette orge entièrement, ils la jetèrent dehors, ils la semèrent (*aux quatre vents*). Personne ne la prit, excepté celui qui ne possédait rien, excepté les pauvres qui la prirent. Le terrain de lui, elle vendit lui la tribu des Galîyens ; ils partagèrent elle (*le prix de la vente*), sur les têtes d'eux (*entre eux*).

Etant donnés ces supplices épouvantables, il y a peu, très peu de Rifains tentés de manquer à la foi conjugale. Leurs proches parents seraient les premiers à les écharper ; s'ils ne le faisaient pas, ils s'exposeraient eux-mêmes à d'atroces représailles.

Les jeunes gens, presque tous chevriers, bergers ou bouviers, éludent les rigueurs du célibat en assouvissant, en plein champ, leurs besoins charnels sur les animaux confiés à leur garde. En Algérie, au Maroc, dans tous les pays arabes et berbères, les choses se passent ainsi. Cette abomination est admise, reçue, tolérée, connue de tout le monde. On la chuchote à l'oreille, dans la haute société musulmane, pour en faire des gorges chaudes. Les hommes vertueux de l'Islam, tout en maudissant les passions inavouables de leurs jeunes coréligionnaires non-mariés, trouvent des circonstances atténuantes à cette bestialité, déclarent bien haut que le concubinage, l'adultère et la prostitution sont des crimes plus hideux, offensant davantage les lois divines et humaines

Dans l'intérieur des familles galîyennes, les mœurs, malgré une grande promiscuité, sont irréprochables. La mère est la souveraine maîtresse du logis, et nous avons vu plus haut que les marâtres elles-mêmes font trembler les grands fils de leurs maris. Ceux-ci, très dociles à la maison, règnent au dehors. Passé le mur de son habitation, la fem-

(1) Je réserve pour mon prochain travail — *Essai sur le Dialecte Thamazir'th et les Contes populaires du Rif* — les remarques que j'aurais pu faire ici sur la grammaire et l'étymologie.

me redevient un être faible. L'usage veut qu'elle détourne la tête si un étranger la voit. Quand elle est belle, elle sort rarement ; elle vit dans l'attente continuelle d'une visite à ses parents, visite ne s'effectuant qu'une fois ou deux par an lorsque les deux maisons sont éloignées.

Les Missions apostoliques de la Grande-Bretagne, poussées par un zèle religieux auquel la politique n'est peut-être pas étrangère, ont essayé de convertir au Christianisme les populations du Rif. Se doutant que leurs missionnaires, tout de suite reconnus à cause de leur accent britannique, auraient le cou coupé dès leurs premiers pas dans ce pays sauvage, elles s'imaginèrent tourner la difficulté en faisant traduire en thamazir'th les Evangiles de St-Matthieu et de St-Jean.

Or, voici comment les Rifains accueillent ces deux productions de la science anglaise :

Un jour, notre jeune marabout, celui-là même qui vient de nous conter l'horrible supplice des adultères, étant allé faire quelques emplettes à Mliliya, se trouva nez à nez, au coin d'une rue, avec un gigantesque *roumi* blond, dont le rire, très large, découvrait une rangée de dents formidables. Instinctivement, le rifain se mit sur la défensive. L'européen, ne se troublant pas pour si peu, glissa de force une dizaine de petits livres dans les mains du berbère, en lui faisant signe de les lire et de les distribuer ensuite à ses coréligionnaires.

Arrivé à la maison, le t'aleb n'eut rien de plus pressé, après avoir mis son âne à l'écurie, que d'ouvrir un de ces opuscules, auquel, il me l'avoua, il ne comprit absolument rien. Son père, grand clerc parmi les siens, rentra à la tombée de la nuit. Mis au courant de ce qui s'était passé, il attendit la fin du souper pour voir ce que pouvaient bien être ces étranges petits livres.

Dès les premières lignes, voyant qu'il s'agissait d'une autre religion que la sienne, il entra dans une violente colère, hurlant en arabe :

— *Inaâl* (1) *din oualdihoum el-kafrin* (que Dieu maudisse la religion de leurs aïeux infidèles !)

Séance tenante, il fit entasser dans la cour des branches de bois mort, alluma un grand feu. Quand les flammes montèrent bien haut, éclairant comme en plein jour les quatre murs de la maison, perçant jusqu'au zénith l'épaisseur des ténèbres de la nuit, il jeta dans l'ardent foyer, en les accompagnant d'horribles malédictions, les présents de l'anglais. Tandis que l'innocent autodafé consumait les deux saints, les huit frères et sœurs du t'aleb dansaient autour du bûcher, rabâchant à satiété les paroles paternelles ;

— *Inaâl din oualdihoum el-kafrin* (que Dieu maudisse la religion de leurs aïeux infidèles !)

---

(1) ينعل دين والديهم الكافرين * ينعل est la métathèse de يلعن

Tel est le sort réservé à toutes les tentatives de conversion des Mahométans.

Vouloir leur faire abjurer la foi de leurs pères, cette foi tenace, indestructible, quelle folie ! Faut-il que nous les connaissions assez peu pour nous abuser à ce point ! Ne voyez-vous pas, au contraire, que l'Islam gagne du terrain partout où il est en contact ou en concurrence avec le Christianisme ? On peut citer une foule de renégats chrétiens devenus musulmans ; je ne connais pas un seul sectateur de Mahomet ayant renoncé à sa religion pour passer dans le camp des adorateurs de Jésus.

La presqu'île de Galîya ressemble à un cône tronqué, surmonté de trois dents difformes, les deux extrêmes représentant le Cap Viejo à l'Ouest et le Cap des Trois Fourches à l'Est. Elles constituent les deux pointes les plus septentrionales du Rif.

Deux ruisseaux arrosent la presqu'île : l'*Ouad El-Kert*, qui prend sa source à la Zaouiya de Sidi Moh'ammed ben K'addour, et l'*Ouad Beni-Chiker*, compris entièrement dans la fraction du même nom. (Voir la carte de Galîya. Rif Oriental).

Principaux Villages de Galîya :

Fraction des Beni-Chiker بني شيكر

Iazzânen (les chéris, les honorés) (A. B.), entre le Cap Viejo et le Cap des Trois Fourches; sur le bord de la mer. Une cinquantaine de maisons. Les habitants sont pêcheurs et agriculteurs, mais surtout pêcheurs. إعزاتن

Aïth-Segd'al (les enfants des prairies artificielles) (A. B.), 500 feux, près de l'Ouad Beni Chiker. Au Sud, le *Souk' Eth-Thelatha*. (Marché du mardi). ايث سقذا ل

Thak'oulièth (la petite forteresse) (A. B.), 100 feux. ثاقوليعث

Aïth-Fakthal, 100 feux. ايث فكثال

Sidi El-Hadj Es-Saïd (Mgr l'heureux pélerin) (A) 100 feux. سيدى الحاج السعيد

Iâbdounen (les adorateurs) de Dieu (A. B.) 100 feux. إعبد ونن

El-Erbâ (le mercredi) (A), 500 feux. Grand marché le mercredi. الاربعاء

Fraction de Ferkhana فرخانة

Aïth-Mousa (1) (les enfants de Moïse) (A. B.), 100 feux. ايث موسى

Jnad'a (le camp) (A. B.) 100 feux, près de l'Ouad Beni-Chiker, qui porte, à partir de cet endroit, le nom de *Ouad Ferkhana*. جناذة

(1) Dites *Mouça*. Voir pages 42 et 43 la prononciation de l'*s* et de toutes les autres lettres.

Ferkhana (les jeunes gens) (A. B.), simple petite crique, فرخانة appelée pompeusement *Mersat Ferkhana* (port ou baie de Ferkhana), juste au N. et près de Mliliya.

El-K'alâ (la forteresse) (A), 100 feux, au sud de Mliliya. القلعة

En-Nadhour (la vigie) (A), port de mer de 100 feux. الناظور

Fraction des Beni-bou-Gafer بني بو ڤافر

Tizi (le col, le défilé) (B), gros bourg au milieu des dunes, تيزي à l'ouest de la presqu'île, 300 feux (hameaux agglomérés).

Azizaten (les chéris) (A. B), 300 feux (hameaux agglomérés). عزيزاتن

Zerroura (la graveleuse) (A. B), 300 feux, succession de hameaux bâtis sur des terrains accidentés, pierreux. زرورة

H'aninaten (les sensibles) (A. B), 300 feux, réunion de cinq ou six bourgades assez rapprochées les unes des autres. حنيناتن

Bajjou (morue), (qui a les orbites des yeux très grandes) (A. B), 30 feux. باجّو

Timzarint (les belvédères) (B), 50 feux, près de la mer. تيمزارينت

Oulad El-H'asen (les enfants de H'asen), (A), 20 feux, sur l'ouad Bou-Gafer. Au sud de ce hameau se trouve le *Souk' Eth-Thelatha* (marché du mardi) أولاد الحسن

Tifaçouâ (luzerne) (A. B.), 50 feux, près de la mer. تيفاصوع

Bou-H'amza (le père de H'amza) (A), 100 feux, sur l'Oued Bou-Gafer. Le derviche y a célébré la fête des moutons en 1889. Cf. p. 40. بو حمزة

Mersat Bou-Gafer (le port de Bou-Gafer), petite baie. مرسى بو ڤافر

Beni-Bou-Cheffari (les enfants du père du coupeur de bourse, ou de celui qui possède des fusils de Tétouan. (Cf. page 61), (A. B), petit hameau sur le bord de la mer. بني بو شفاري

Asammer (endroit ensoleillé) (B). 300 feux, bourg important. v. p. 142. اسامّر

Chemlala (rapide à la course, (A), ou, pays produisant la meilleure espèce d'oliviers dite *Achemlal*)(B), (1), 100 feux. شملالة

Ter'damiya (le pacage) (A. B.), 50 feux (de l'arabe غدامية) تغدامية

Mehiyaten (antilopes addax, dont le type est l'*addax nasomaculatus*), 100 feux, (de l'arabe مهاة plur. مهيات). مهيياتن

Oulad Amor (les enfants de Amor) (A), 40 feux. اولاد عمر

---

(1) Cf. mes *Légendes et Contes merveilleux de la Grande Kabylie*, 3me fascicule, conte 23e, ce vers : A *thalek'k'amth ouchemlal* et la note qui concerne ce dernier mot.

Bou H'oua (l'impuissant) (1) (A), 100 feux, non loin de la بوحوى rive gauche de l'Oued El-Kert, qui commence à s'appeler à cet endroit *Ouad Bou-Gafer*.

Ir'il Oumedhr'ar (crête tortueuse) (B), 500 feux. اغيل ومضغار

Aïth-Ari (les enfants d'Ali) (A. B.), 100 feux. أيث عري

Ijouaouen (les Zouaoua) (B), 100 feux. اجواون

FRACTION DES BENI-SIDAL بنى سيدال

At-Sid'ar (en arabe : Beni-Sidal, Cf. p. 143). C'est dans ce ات سيدار village que se passa le drame raconté plus haut, 200 feux.

Ya-Sin (2) 300 feux, centre le plus important des Beni-Sidal ; mosquée, Zaouiya, étudiants. يا سين ou يس

Ijouaouen (les Zouaoua) (B), 150 feux. اجوارن

FRACTION DES BENI-BOU-IFROUR بنى بوافرور

Sidi Bou-Ceber (Monseigneur qui a de la patience) (A), سيدى بوصبر qualificatif exagéré si on se rappelle la colère épouvantable qu'il prit contre Moh'ammed ben T'ayyéb. (Cf. p. 156). C'est le patron des Beni-bou-Ifrour. Nombreux pélerinages à son tombeau, 100 feux.

Bezr'enr'en, bourg important de 500 feux, sur la rive بزغنغن droite de l'Ouad El-Kert.

Ez-Zaouiya (le séminaire) (A), 100 feux, sur l'Ouad El-Kert. الزاوية

El-Asara (la difficulté) (A), 100 feux. (Cf. p. 154). العسارة

Souk' El-Khemis (le marché du jeudi) (A), 300 feux. سوق الخميس Marché important.

Thelatha (trois) (A). Grand marché le mardi, 500 feux. ثلاثة

FRACTION DE MEZZOUJA مزوجا

Sidi-Mousa (Monseigneur Moïse) (A), à l'extrémité سيدى موسى septentrionale du lac Bou-Erg, 100 feux.

Mersat Bou-Erg مرسى بوعرف (le port, ou la baie de Bou-Erg) (A), petite anse séparée du village précédent par l'étroite langue de sable située entre la sebkha et la mer. (Cf. p. 145).

---

(1) Peut signifier aussi : le *père d'Eve, l'endroit qui a possédé Eve*. Une légende galiyenne vient à l'appui de ce dernier sens. On raconte, dans le Rif, que la mère du genre humain, passant par Galiya, se serait reposée un moment à Bou-H'oua. De là son nom actuel.

(2) Dites *Ya-Sine*. C'est le titre de la 36e Sourate (chapitre) du Coran. Elle commence par ces mots : يس والقران الحكيم (*Ya-Sin*. Je jure par le sage Coran). Les commentateurs du livre divin ont vainement cherché le sens de ces deux consonnes arabes.

Thaliouin (les sources) (B), non loin du Bou-Erg, 100 feux. ثاليوين

El-Djoumouâ (le vendredi) (A), 100 feux. (Cf. p. 148). الجمعة

Bezr'enna, 300 feux. Au sud, le *Soug El-H'add* (le marché du dimanche). بزغنة

K'eçbat Selouan (la caserne du consolé) (A), Cf. p. 150. قصبة سلوان

Le petit *Ouad Bou-Erg* fournit l'eau nécessaire à la garnison chérifienne.

FRACTION DES BENI-BOU-R'OMREN بني بوغمرن

Bou-R'omren, 50 feux, non loin des sources d'un ruisselet, l'*Ouad Sidi Mousa*, qui a son embouchure à En-Nadhour. بوغمرن

Les indigènes me signalent dans cette fraction d'importantes ruines que j'ai indiquées sur la carte. Ils les appellent : *Ikhraben Iroumien* (ruines chrétiennes). Ce sont peut-être les vestiges d'une vieille cité dont le nom est oublié dans le pays.

Les petits hameaux de trois à quatre maisons sont innombrables, principalement dans la grande fraction des Beni-Chiker.

Forces militaires : 22.000 fantassins. Population probable 110,000 habitants. Instruction coranique très répandue.

Mliliya est le grand entrepôt où viennent s'approvisionner non seulement les Galiyens, mais encore tout le Rif Oriental, toute la Dhahra jusqu'à Figig, toute la partie Est des Djebala. Il n'y a que des *marchés francs*, sur toute notre frontière, capables de lutter contre cette concurrence désastreuse. Espérons que le Gouvernement comprendra bientôt la nécessité de cette création.

Tribu de KÉBDANA

كبدانة (les gens de cœur) (A. B.)

Tribu *zénète*, c'est-à-dire parlant un dialecte berbère appelé *Znatia*, Kébdana est comprise entièrement dans le désert de Garète. Ce fleuve desséché ne se laisse pas arrêter par le cours d'eau le plus important du rivage africain de la Méditerranée après le Nil, la *Mélouiya* (1). Il la franchit sans pouvoir l'endiguer ou la combler, s'arrêtant seulement devant l'immensité de la mer, déployant orgueilleusement, en face de la nappe bleue, ses cinquante kilomètres d'estuaire, embouchure démesurée qui s'étend depuis le lac de Bou-Erg jusqu'à la frontière oranaise.

---

(1) ملوية (*tortueuse*) (A). C'est la *Molouya* des auteurs européens. A la page 123, une coquille me fait dire Mélouyia ; c'est *Mélouiya* qu'il faut lire.

Avant de quitter Galîya pour se rendre dans la tribu de Kébdana, Moh'ammed jugea prudent de prendre langue auprès des négociants kébdaniens qu'il trouva au *Souk' El-Djoumouâ* (marché du vendredi) de Mezzouja, où ils étaient venus vendre de l'orge, des chèvres et des moutons. Ils les reconnut facilement à leur costume, la djellaba grise, et à leur langage, la znatia, très différente du thamazirth. Il s'assit avec eux sur un *tellis* renversé, rempli d'orge, et la causette commença. Après avoir parlé de choses indifférentes, le vagabond découvrit peu à peu ses batteries.

— Que je voudrais aller avec vous ! Je suis t'aleb, j'étudierais volontiers le Coran sous la direction de vos savants dont on dit tant de bien.

— *Merh'aba bik* (1), répondirent ces braves gens. Allons, viens avec nous dans la patrie de l'Islam (2).

Comme il était près de midi et qu'il fallait faire une longue course, on plia bagage, on hissa Moh'ammed sur un mulet et l'on partit en suivant le bord du lac d'abord, ensuite le rivage de la mer. La petite caravane, montée sur des mulets, activa sa marche, sans faire halte une seule fois jusqu'au coucher du soleil. Elle parcourait une contrée plate et déserte, s'éloignant à dessein des endroits habités, de peur d'y rencontrer des détachements d'Oulad-Séttout avec lesquels Kébdana était alors en guerre.

A la tombée de la nuit, après cette longue marche forcée, pendant laquelle cavaliers et montures avaient été surmenés, on arriva au pied des premières collines du *Djebel Kébdana*. Là il n'y avait plus rien à craindre. Les écumeurs du Garète affectionnent la plaine, détroussent les voyageurs qu'ils y trouvent, mais se gardent bien de s'aventurer au milieu des redoutes des montagnes, chaque hameau étant une petite forteresse.

Le derviche, courbaturé, moulu par cette chevauchée endiablée faite sur un animal dont le trot était insupportable, descendit dans le premier hameau où l'un de ses compagnons de route s'arrêta. On était à *Ez-Zaouiya* (le séminaire), petite bourgade d'une vingtaine de feux. Le Kébdanien offrit l'hospitalité au voyageur dans sa propre maison. Il le fit entrer dans une chambre nue, lui apporta une natte d'alfa, sur laquelle Moh'ammed s'étendit immédiatement. Une heure après, l'hôte arriva avec un plat de bois reposant sur un long pied, un *methred* (مثرد), comme l'appellent les Arabes. Il fallut réveiller le derviche qui esquissa un sourire à la vue du kouskous et du gros quartier de viande trônant sur les grains jaunes, énormes de la semoule.

(1) مرحبا بك (*sois le bienvenu*).

(2) Chaque tribu ayant la prétention d'être meilleure musulmane que les autres, il n'est pas étonnant qu'il y ait tant de *patries de l'Islam* dans cet immense couvent mahométan que l'on appelle le Maroc.

Les deux hommes, affamés depuis le matin, vinrent à bout du methred, laissant seulement, au fond du plat nettoyé, un gros os que Moh'ammed donna libéralement au bambin qui leur servait à boire. Après avoir absorbé encore deux ou trois tasses de thé, tout le monde s'endormit.

Le lendemain matin, le voyageur, ayant appris que les étudiants étaient particulièrement choyés à *Bou-Ank'oud*, ne différa pas plus longtemps son départ. Bou-Ank'oud, gros bourg de 300 maisons, offre en effet une large hospitalité aux écoliers qui viennent apprendre le Coran dans ses mosquées. C'est là que Moh'ammed venait se restaurer après ses longues pérégrinations dans la tribu.

Kébdana est bornée au N. par la Méditerranée, à l'O. par Galiya et Beni-bou-Yah'yi, au S. par les Oulad-Séttout et Beni-Znasen, à l'E. par Trifa. Ses deux fractions, *Bou-Ank'oud* بو عنقود (celui qui a des grappes de raisin) (A) et *Ez-Zekhanin* ازخانين (les querelleurs) (B), lèvent chacune 2,500 piétons, c'est-à-dire 5,000 hommes pour toute la tribu. Presque tous sont armés de fusils espagnols.

Le Djebel Kébdana, succession de petites collines couvertes de lentisques (*dherou*), s'avance jusqu'au cœur de la fraction d'Ez-Zekhanin. Autour et devant lui, c'est le Garète, c'est la plaine rocailleuse, nue, ayant cependant quelques bouquets d'arbres sur le littoral. Aussi, toute la population s'est-elle cantonnée dans les massifs montagneux du Sud, où le terrain est moins chargé de sable et de gravier, plus propre à l'agriculture que le sol aride du désert. Sur les monticules, les hameaux se pressent, nombreux, perchés sur des pitons, dans des lieux difficiles d'accès, entourés de figuiers de Barbarie. Dans les vallées, et jusque dans la plaine, les champs d'orge se succèdent à perte de vue. Peu de blé, pas une seule lentille. Les lapins, lièvres, perdrix, chacals pullulent dans les sables du Garète où ils sont rarement inquiétés.

Kébdana fait partie de la Confédération des Angad. A l'époque où le derviche était dans la tribu, un caïd la gouvernait. C'était un nommé Bou-Cefiya. Homme énergique, influent, il savait se faire obéir, chose rare dans le Rif. Il est vrai que la population est sage, laborieuse, nullement remuante. Elle s'occupe de l'élève des moutons, chèvres, bœufs, ânes et mulets. Elle est dévote, adore tout ce qui touche de près ou de loin à la religion, fait de grands sacrifices pour attirer dans ses zaouiya (séminaire) les professeurs renommés. Tout étudiant est le bienvenu dans ses nombreuses mosquées. Les joyeux écoliers, sachant la prédilection dont ils sont l'objet, accourent en foule dans cette tribu qu'ils ont surnommée *Djebel Ed-Degig* (1) (la Montagne de la Farine). Ils ont

---

(1) جبل الدڨيق Dites *deguig*. Cf. page 43 la prononciation du *g* et de toutes les autres lettres arabes et berbères.

également donné ce nom aux monts des Beni-Znasen et des Beni-Snous (cercle de Tlemcen), parce qu'ils y reçoivent beaucoup de farine avec laquelle ils font eux-mêmes leur pain, vendant ensuite celle qu'ils ne peuvent pas consommer.

La farine a beau être blanche, le pain est toujours verdâtre. Est-ce parce qu'il manque de levain? Cette couleur extraordinaire, peu appétissante, est due, d'après la croyance générale, à la prière d'un grand saint, très connu, très vénéré dans le pays, *Sidi Brahim* (Mgr Abraham), qui a sa zaouiya au N.-O. d'Ez-Zekhanin. Ce vertueux personnage, sachant qu'il est impossible de rendre les humains parfaitement heureux, demanda à Dieu de satisfaire tous les désirs de ses contribules, en leur infligeant, comme compensation, le léger désagrément du pain vert. Il fit ce vœu en prose rimée ; le voici textuellement, tel que la postérité l'a recueilli :

— *O Kébdaniens, que vos désirs ne soient point déçus et que votre pain ne cuise pas !* (1).

Sur le rivage de la mer, en face des Iles Zaffarines, occupées par l'Espagne, les indigènes ont installé un poste d'une centaine d'hommes pour empêcher leurs ennemis de prendre pied sur le continent. Tout homme valide doit monter sa garde. Dans l'intérieur des terres, au sud du poste berbère, le village d'El-Bordj éparpille ses maisons dans le sable dont la plaine est couverte.

Les Iles Zaffarines, appelées par les Rifains *Hajrat Kébdana* (rochers de Kébdana) *étaient encore inoccupées en 1849*. La France voulut enfin prendre possession de ces îlots stériles et en faire une position stratégique de premier ordre à l'embouchure de la Mélouiya, à quelques kilomètres de la frontière oranaise. Mais le navire qu'elle envoya à cet effet avait été précédé, *de quelques heures* seulement, par un vaisseau castillan, qui apprit à nos compatriotes désappointés que la prise de possession venait d'être effectuée..... *au nom du Gouvernement espagnol !* On dut s'incliner devant le fait accompli.

On avait attendu *19 ans* avant de se décider à planter un drapeau français sur ses rochers déserts, dont personne ne revendiquait la propriété, et, au dernier moment, quand on songea à faire cet acte si simple, on trouva la place prise ! C'est l'histoire récente des Minquiers. Espérons, grand Dieu, que le Maroc ne sera pas escamoté sous notre nez comme une petite muscade, comme ces Iles Zaffarines, par exemple, qui sont si près du littoral algérien.

Kébdana, ainsi que toutes les tribus situées en plein Garète, est brûlée en été par un soleil accablant. Des sirocos soufflent, presque aussi violents que les simouns çah'riens. Les hommes de fer qui habitent

(1) يا كبدانة نيتكم ما تخيب * وخبزكم ما يطيب

ces régions désolées n'en sont nullement incommodés. Le pays du reste n'est point insalubre. L'hiver, très frais, pluvieux, redonne des forces pour supporter les grandes chaleurs.

Les Kébdaniens viennent vendre, sur nos marchés de la frontière, leurs troupeaux et leurs laines. Mais, depuis l'installation des Espagnols aux Iles Zaffarines, ils ne nous prennent presque plus de marchandises, aimant mieux les acheter plus près et à meilleur marché. Il leur est défendu de vendre quoi que ce soit à leurs voisins, les insulaires chrétiens, qu'ils abhorrent au-delà de toute expression. En vrais nomades, ils n'aiment pas la navigation, détestent le poisson, qu'ils ne pêchent jamais, n'ont pas une seule barque. En revanche, ils ne reculent point devant les longs voyages terrestres, apportent, sur leurs bêtes de somme, jusqu'à Nemours et Mliliya, l'orge qu'ils vendent aux européens de ces deux villes. Ils ont une prédilection marquée pour Mliliya, où tout est à meilleur compte qu'à Nemours. C'est dans le presidio castillan qu'ils achètent ce qui leur est nécessaire : sucre, savon, thé, calicot, pétrole, couteaux, fusils, cartouches, etc.

Les deux grandes ressources des Kébdaniens sont leurs richesses pastorales et l'alfa, dont ils font des sandales, paillassons, tamis pour le kouskous, tentes, nattes ovales, qu'ils vendent aux Arabes du Sud.

Sur les deux ouad de la tribu, l'un, l'*Ouad Sidi Brahim* (rivière de Mgr Abraham) (A) est toujours à sec ; l'autre, la Mélouiya, coule au contraire à pleins bords.

L'Ouad Sidi Brahim, descendu du Djebel Kébdana, coupe en deux la tribu, se dirige au N. E. après avoir reçu, en aval du village dont il porte le nom, la dénomination de *Ouad el-Bordj* (rivière du château).

La bourgade de Sidi Brahim mérite une mention spéciale. Le patriarche biblique, revendiqué comme ancêtre par les Arabes, a son cénotaphe dans ce trou perdu du Nord de l'Afrique. C'est un bâtiment lourd, écrasé, ne rappelant en rien le mausolée somptueux d'Artémise. Les maisons l'entourent, l'écrasant encore davantage, lui faisant une ceinture bizarre de constructions basses, biscornues, donnant sur des ruelles abruptes, embarrassées de mœllons et de cailloux. Sidi Brahim étale ses cent feux dans le lit même du torrent. A la vue de la belle source qui jaillit au milieu du hameau, on comprend pourquoi les habitants sont venus s'enterrer là. Il n'y a nulle part, dans la tribu, de source plus fraîche, plus abondante, car, partout ailleurs, on boit l'eau des citernes.

La Mélouiya pénètre un peu sur le territoire de Kébdana. Les Oulad-El-Hadj, sur la rive droite, prétendent qu'elle forme la limite de leur fraction à l'Ouest ; litige séculaire, cause de bien des larmes et de sang versé. Le fleuve, impassible, roule lui aussi depuis des siècles, dans les sables de la plaine, entre deux berges peu élevées, ses eaux profondes, rouges, chargées de vase. En hiver, il déborde, couvrant au loin l'aride Garète, qu'il fertilise momentanément en déposant à sa surface poudreuse un épais limon, que les indigènes s'empressent de convertir en verdoyants potagers, dès que les eaux se sont retirées. Aucune habitation sur les deux rives ; rien que des tamarix : la *t'arfa* des Arabes, seule végétation animant un peu la triste contrée. Le soir, à la tombée de la nuit, le matin, aux premiers feux du jour, les fauves, redoutables habitants de ces lieux sauvages, viennent se désaltérer dans les eaux couleur de sang. Le fleuve est pour eux un guide sûr, ils le côtoient, le descendent jusqu'à la mer, remontent son cours ensuite, très loin dans le sud, attrapant toujours des proies attirées là par la soif.

Les voyageurs musulmans assurent que la Mélouiya a sa source dans la tribu d'El-K'nadsa, entre Tafilalt et le Gourara, c'est-à-dire à des centaines de kilomètres de son embouchure. Elle fait une grande courbe jusqu'à Debdou, recevant de tous côtés des tributaires qui la gonflent et en font la magnifique rivière dont on peut voir l'estuaire à peu de distance des Iles Zaffarines. Au milieu des sables altérés du Garète, après avoir perdu sur un long parcours la moitié de son débit, elle a encore à Kébdana, en plein juillet, cent mètres de large et deux ou trois de profondeur. Dans le désert, souvent son niveau est à la hauteur de la plaine ; on la voit, coulant à ras bords, sans berges, formant avec les sables une surface plane, remarquablement unie, se distinguant seulement de la poussière jaune du Garète par l'immense ruban écarlate de ses eaux.

A l'époque des fortes chaleurs, elle est guéable à certains endroits connus des gens du pays. Ceux-ci, après le désastre d'Isly, n'ayant pas voulu montrer à l'émir Abd-el-K'ader les gués de la Mélouiya, on raconte que plusieurs partisans du chef arabe se noyèrent en essayant de traverser la rivière dans laquelle ils s'étaient jetés avec leurs chevaux (1).

Chose curieuse, Kébdana et Trifa méprisent et détestent le poisson, n'en pêchent jamais, même pour le vendre aux indigènes établis loin du fleuve. Aussi la Mélouiya est-elle la rivière la plus poissonneuse de tout le versant méditerranéen du Maroc.

Principaux villages de Kébdana (voir la carte du Rif Oriental)

El-Bordj (le château) (A), (voir ci-dessus), 300 feux. البرج

Sidi-Brahim سيدي براهيم (Monseigneur Abraham) (A), (voir ci-dessus), 100 feux.

Bou-Ank'oud, بو عنقود (celui qui a des grappes de raisin), (voir ci-dessus), 300 feux. Au sud-est de ce village se trouve le marché du mardi (*Souk' Eth-Thelatha*).

(1) Ce malheur arriva exactement dans la nuit du 21 décembre 1846, plus de deux ans après la bataille d'Isly.

Iberkanen (les noirs) (B), 50 feux. ابركانن

Berkana (endroit où il y a des noirs) (B). بركانا

Ez-Zekhanin, ازخانين (les querelleurs) (B), 100 feux, au sud d'une petite forêt de lentisques.

Souk' El-H'add سوق الاحد (le marché du dimanche) (A), marché important.

Ez-Zaouiya (le séminaire) (A), 20 feux (voir la relation). الزاوية

Forces militaires : 5,000 fantassins, presque tous armés de fusils espagnols. Population probable : 25,000 âmes. Plaine partout. Pays aride, desséché. Instruction coranique très répandue.

Tribu de TRIFA

تريفة (Celle qui vit dans l'abondance) (A)

Moh'ammed, parti de bon matin de Sidi Brahim, au centre de Kébdana, arriva sur le soir au bord de la Mélouiya. Ne sachant pas nager, il dut traverser la rivière sur un cheval, mis gracieusement à sa disposition par ses compagnons de route, des *Oulad El-Hadj*, qui rentraient chez eux, de l'autre côté de l'eau. Avant de se séparer du derviche, ces indigènes lui recommandèrent de se tenir sur ses gardes, d'éviter autant que possible les *Heouara* qui couraient le pays, ayant, depuis peu, déclaré la guerre à leurs voisins de l'Ouest.

Le vagabond, montrant ses haillons, se contenta de dire :

العريان في القافلة عليه امان الله

— « En caravane, l'homme nu est sous la protection de Dieu ». Et il s'enfonça dans la plaine, sans peur, tranquille, tout seul, sachant d'avance qu'on ne ferait aucun mal à un pauvre diable comme lui.

Après une demi-heure de marche, il tomba dans une embuscade de Heouara.

— Hé ! Le t'aleb, de quel pays es-tu ? crièrent quelques cavaliers du goum, en se lançant à fond de train sur Moh'ammed.

— Marocain, répondit le derviche, en s'arrêtant immédiatement, se demandant ce qui allait advenir.

Les Heouara, montés sur d'excellents chevaux, furent sur le voyageur en une seconde. Ils firent cercle autour de lui, l'emprisonnant dans une muraille vivante de poitrails, faisant cabrer, exprès pour l'effrayer, leurs magnifiques bêtes, qui, dressées toutes droites sur leurs pieds de derrière, battaient l'air de leurs pattes antérieures, juste au-dessus de la tête de Moh'ammed.

— Voyons, dis-nous de combien d'hommes les *Mr'arba* (1) disposent contre nous et tu auras la vie sauve.

(1) *Occidentaux, Marocains.* Ils voulaient parler des Od-El-H'adj, leurs voisins de l'Ouest.

— Je suis instituteur à la zaouiya de Sidi Remdhan (1), répondit simplement le derviche qui savait l'effet magique qu'allaient produire sur les Arabes ces simples mots.

Séance tenante, les cavaliers reculèrent, élargissant le cercle autour de cet homme, si fort dans sa faiblesse. Quelques-uns mirent pied à terre, s'avancèrent respectueusement jusqu'à lui, embrassèrent le sommet de sa tête en l'inclinant légèrement à eux, disant :

— Pardon, *fk'ih* (2) ! Nous pensions que tu étais de l'Ouest. Mais, puisque tu appartiens à la zaouiya, monte à cheval, tu viendras avec nous.

Pour faire honneur à l'illustre inconnu, on mit à sa disposition un coursier fougueux, hennissant, se cabrant sans cesse. Moh'ammed, très flatté, mais n'osant avouer qu'il préférait une monture moins dangereuse, enfourcha le pétulant animal que maintenaient péniblement deux Heouara. A peine fut-il en selle, qu'il se sentit enlever comme une plume sous les bons désordonnés de la noble bête qui voulait absolument dévorer l'espace. Soudain, à un cri particulier du chef, l'escadron tout entier s'ébranla au triple galop. On revenait au douar.

Dès qu'on y fut arrivé, des feux s'allumèrent pour le thé ; et l'énorme mouton, qui fut rôti en une seule fois, empalé par une longue perche, au-dessus de l'ardent brasier, fut dévoré jusqu'aux os par les guerriers affamés.

Le lendemain, le derviche alla coucher à *K'eçbat Cherraâ*. Il est de notoriété publique dans le pays que le *moula ssaâ* (le maître de l'heure), le mystérieux Messie des Musulmans, attendu depuis des siècles, doit sortir de Cherraâ. Le voyageur ne resta que 24 heures dans cette bourgade. Il alla ensuite à *El-Kalâ*, village situé près de l'emplacement du marché qui se tient sur la frontière française, tout près de l'Ouad Kis. Il eut la bonne fortune d'être pris en amitié par le cadi de Trifa, Si Abd-er-Rah'man, qui le traita de son mieux.

Tribu maritime la plus orientale du Rif, Trifa n'a qu'une vingtaine de kilomètres en long et en large. La Méditerranée la borne au N., Kébdana à l'O., Beni-Znasen au Sud et la province d'Oran à l'E.

Elle compte cinq fractions : *Oulad-El-H'adj* (les enfants du pèlerin) (A), *Heouara* (les démolisseurs) (A), *Oulad-Cer'ir* (les enfants de Petit) (n. pr.) (A), *Oulad-Mençour* (les enfants de Victorieux (n. pr.) (A), *Beni-Mengouch* (les enfants de Ciselé (n. pr.) (A) (3). Les quatre premières équipent chacune 1,500 cavaliers ; la dernière, cinquante seulement.

---

(1) *Séminaire de Mgr Remdhan*, fraction des Beni-Mengouch, tribu des Beni-Zenasen (سيدي رمضان).

(2) فقيه signifie exactement *jurisconsulte*. Au Maroc, c'est un titre de politesse que l'on donne à tort et à travers à quiconque sait lire et écrire.

(3) اولاد الحاج * هوارة * اولاد صغير * اولاد منصور * بني منقوش

Trifa est entièrement comprise dans une plaine produisant en abondance l'orge et le blé, nourrissant de nombreux troupeaux de chèvres, bœufs, moutons, chevaux, mulets. Il reste encore de vastes espaces non défrichés, couverts de jujubiers sauvages. Un seul ruisseau, guère important, sans parler de l'Ouad Kis, apporte un peu d'eau dans ce pays desséché : c'est *l'Ouad-Cherraâ*, dont la source se trouve chez les Beni-Znasen, où la rivière est connue sous le nom d'*Ouad Beni-Ouaklan*.

Les Trifains sont des Arabes nomades, habitent sous la tente, sans sortir toutefois des limites de leur tribu. Celle-ci, paraît-il, aurait été partagée en deux parties par la frontière oranaise.

La base de l'alimentation est le kouskous et le pain azyme (فطير *ft'ir*), comme à Kébdana. On absorbe aussi beaucoup de thé, extrêmement sucré. Les labourages se font avec des chevaux aussitôt après les premières pluies d'automne.

Trifa fait partie de la Confédération des Angad. Elle subit les incursions des Beni-Znasen et des Mehaya dans ses régions méridionales ; la moitié septentrionale reconnaît l'autorité du caïd de Saïda.

K'eçbat Saïda (citadelle heureuse), ainsi que son nom l'indique, est une espèce de castel situé au bord de la mer, à l'embouchure du ruisseau qui sert de frontière à la colonie française. A l'époque du passage de Moh'ammed ben T'ayyéb (1), ce fortin abritait plusieurs fantassins et cavaliers réguliers. Le vieux caïd Bekhari était là depuis plus de vingt ans, menant l'existence monotone d'un pacha, constamment bloqué dans son manoir, n'ayant, pour se distraire, que la vue des terres plates au sud et de la plaine liquide au nord.

Il y a deux marchés dans la tribu : *Souk' el-Khemis* et *Souk' el-h'add*.

Le premier se tient tout près du bourg de Cherraâ ; il est bi-hebdomadaire, le jeudi et le lundi.

Le second, ainsi que son nom l'indique, a lieu le dimanche. L'emplacement qui lui est réservé se trouve au pied du village d'*El-K'alâ* ; il est coupé en deux par l'Ouad Kis. Une moitié du marché se trouve en terre marocaine ; l'autre moitié, en terre française. Il est curieux de voir les indigènes, armés de leurs fusils dans la partie occidentale ; désarmés, dans la partie orientale. D'un côté, la liberté illimitée, le manque absolu de gouvernement, la loi du plus fort, l'anarchie invraisemblable de plusieurs millions d'hommes unis seulement par une Foi commune : L'*Islamisme* ; de l'autre côté, la civilisation européenne représentée par une Autorité bienveillante, forte, courbant

(1) *T'ayyéb* étant la transcription de الطيّب devrait s'écrire *Et'-T'ayyéb*. Jusqu'ici j'ai dit, et je dirai toujours : *T'ayyéb*, pour ne pas compliquer inutilement l'orthographe d'un nom qui revient si souvent sous ma plume.

sous le même niveau le puissant et le faible, le riche et le pauvre, faisant régner la concorde, parmi ses quarante millions d'administrés de croyances diverses, par l'Idée, par la Foi nouvelle : *le Culte de la Patrie Française.*

Trifa, située à l'extrémité orientale du Garète, est un pays pauvre, à l'aspect desséché. Néanmoins, elle offre, en hiver et au commencement du printemps, de beaux pâturages, très recherchés par les troupeaux des tribus voisines. Celles-ci, plus fortes que leur faible rivale, envahissent la petite contrée à main armée, faisant tondre jusqu'au ras du sol les hautes herbes de ses belles prairies, de ces prairies éphémères qui disparaîtraient quand même, dès les premières chaleurs, pour laisser, à la place du vert gazon, une terre aride, crevassée, où, durant 8 mois, rien ne pousse plus. D'Avril à Novembre, le Garète tout entier est une fournaise, sur laquelle plane un soleil torride.

On dit que les indigènes de Trifa ne sont guère généreux, n'aiment pas à offrir l'hospitalité. Les femmes sont coquettes, sortent avec tous leurs bijoux sur elles, n'ont pas les mœurs irréprochables. Les hommes portent le burnous en hiver, le h'aïk en été ; ils ont aux pieds des babouches (*belr'a*), de provenance tlemcenienne. On voit, sur les marchés, les guerriers armés et les femmes non voilées courir à leurs affaires, parler haut, se disputer, marchander bestiaux, laines, objets manufacturés. Etant donnée la proximité du territoire français, notre monnaie d'or et d'argent prime les espèces espagnoles et chérifiennes. Notre voisinage a renchéri toutes les productions de la petite tribu. Elle exporte chez nous tout ce qu'elle peut : le gros et le menu bétail, les laines, le beurre, les œufs.

Les Trifaïns appellent *Mersat Mélouiya* (Port de la Mélouiya) مرسى ملوية le golfe formé à l'embouchure de la grande rivière par les deux pointes du Cap de l'Agoua et du promontoire qui se trouve un peu à l'Ouest de la K'cçbat Saïda. L'estuaire de la Mélouiya sera peut-être dans l'avenir un beau port de guerre et de commerce.

Principaux villages de Trifa :

K'eçbat Cherraâ (la citadelle d'une fermière) (A), sur قصبة شرّاعة l'Ouad du même nom. Petit hameau très fréquenté par les pélerins qui viennent se prosterner sur les tombes de deux grands saints : *Sidi Mimoun* (1) سيدى ميمون (Mgr. fortuné) (A), et *Sidi Mençour* (1) سيدى منصور (Mgr. victorieux) (A). Maisons en torchis, basses, mal construites.

---

(1) Dites *Mimoune, Mèneçour*. Se rappeler que *toutes les lettres se prononcent.*

K'eçbat Heouara (la citadelle des démolisseurs) (A), قصبة هوّارة fortin abritant quelques soldats marocains, cachés constamment derrière leurs murailles. Paraît abandonné depuis quelques années.

Zraïb (enclos) (A). Une cinquantaine de maisonnettes. زرايب

El-K'alâ (la forteresse) (A). Hameau sur la frontière française. القلعة

Forces militaires : 6,000 cavaliers. Population probable : 30.000 habitants. Plaine. Douars errants partout. Ignorance presque générale.

Tribu des OULAD-SÉTTOUT

اولاد ستّوت (les enfants d'une mégère) (A)

Au sud-ouest de Trifa, on trouve les Oulad-Séttout, tribu arabe nomade, habitant sous la tente, formant une cinquantaine de douars immenses, vivant dans les solitudes plates du Garète qui a pris possession du pays en étendant sur lui son jaune manteau de sable.

A l'O., les Beni-bou-Yah'yi ; au S., les Beni-Oukil (Dahra) ; à l'E., les Beni-Zenasen ; au N. Kébdana.

Au midi, dans un petit coin de la tribu, coule la Mélouiya. *L'Ouad Garète* (واد قارت) serpente du nord au sud, roulant ses eaux saumâtres (*chlouk'* شلوق), légèrement acidulées, jusqu'à son confluent avec la Mélouiya, un peu au nord des Beni-Mah'you. Ce ruisseau donne la vie à toute cette région désolée. Sans lui, les Nomades ne pourraient guère s'écarter des bords de la Mélouiya ; sans lui, les troupeaux ne seraient pas si beaux. L'eau saumâtre n'est point ce que les hommes des pays froids peuvent penser ; elle est excellente pour couper la soif, elle donne de l'embonpoint aux personnes qui en font usage, et, avantage capital pour les peuples pasteurs, elle engraisse rapidement les animaux qui la boivent. Telle est du moins l'opinion des Nomades.

Les trois fractions des Oulad-Séttout sont : *Oulad-Zaïr* (les enfants d'un visiteur) (A), à l'Est ; *Garète* (1) (desséché) (A), au centre ; *El-Abkhasa* (1) (les malins), à l'Ouest.

Sur toute cette étendue (20 kilomètres sur 20), pas un village, pas un hameau, pas une maison. Si, cependant. Au Nord, sur les confins de Kébdana, se dresse un castel à moitié délabré, servant de refuge, en temps de paix, à des cavaliers impériaux, envoyés là par leur maître pour grapiller partout et sur tout. C'est la *K'açbat Selouan* (la *Citadelle du Consolé* !) c'est-à-dire le repaire et la consolation des sinistres burgraves qui l'habitent.

(1) اولاد زاير * قارت * الابخاسة J'aurais dû, conformément à mon système de transcription, écrire *Garet* et non Garète. Je l'ai fait, comme pour certains autres noms propres, afin d'éviter à mes compatriotes la peine de feuilleter sans cesse les pages 42 et 43 où la véritable prononciation de chaque lettre est indiquée.

En hiver et au printemps, plus de cinq cents tentes étrangères viennent s'installer chez les Oulad-Séttout avec leurs familles et leurs troupeaux. La verdure disparaît rapidement sous la dent des milliers de ruminants lâchés en pleine liberté dans la prairie sans limites. Les Oulad-Séttout, nomades eux-mêmes, fraternisent avec les nouveaux venus, s'en vont avec eux, dans le nord ou dans le sud, dès que leurs herbages sont tondus. L'exode énorme se déplace constamment, allant toujours en avant, fauchant tout sur son passage, recrutant et emmenant dans ses rangs les populations dont les pâturages ont été dévorés.

Les tribus errantes savent se reconnaître, s'allier, se soutenir dans les vastes solitudes du Garète et du désert des Angad. Les Arabes vont avec les Arabes ; les Berbères, avec les Berbères. Quelquefois les foules se rencontrent ; alors les deux races en viennent aux mains pour un maigre filet d'eau, pour la possession d'un terrain de transhumance, éternellement contesté. Actuellement, après des siècles de luttes meurtrières, les terres de parcours sont assez bien délimitées, chaque race, chaque tribu ayant réussi à se tailler son domaine propre à côté de rivaux puissants ou faibles. Et l'on respecte assez bien ces barrières artificielles, qui ont, pour les maintenir, la sanction des anciennes batailles et le souvenir respectable de la tradition.

Les Oulad-Séttout n'obéissent à personne. Ce sont des êtres dangereux, pillards, voleurs de grands chemins, extrêmement rusés et adroits. Une paire de babouches neuves, un anneau qui brille, un vêtement un peu propre allument leur convoitise, leur font commettre des meurtres. Même entre eux ils se pillent, car ils sont toujours en maraude, à l'affût d'une proie à saisir. Ils s'approvisionnent à Mliliya de fusils espagnols et de marchandises. Les Galiyens, avec lesquels ils sont en bons termes, les laissent passer sur leur territoire, tout en se méfiant de leur rapacité.

Le séttoutien est arabe de langue et de costume. Il parle l'idiome du Prophète avec une pureté remarquable, affectant souvent de se servir d'expressions recherchées. Là-bas, en plein désert, pendant les longues veillées sous un ciel sans nuages, on fait assaut d'éloquence. Mais gare le moindre solécisme ! Le malheureux qui l'a commis en supporte les conséquences toute sa vie. On ne le désigne plus, dans la conversation, que par le mot qu'il a estropié. On m'a cité le cas d'un individu, connu seulement sous le sobriquet de *K'laïê*. L'infortuné, voulant dire *K'louê* (voiles de navire), s'était trompé. Il eut beau essayer de rattraper le barbarisme, de se disculper ; il était trop tard. Ce fut, dans tout le douar, un immense éclat de rire, et le surnom lui resta.

Tout comme au temps de Mahomet et à la belle époque antéislamique, les Bédouins sont encore les maîtres de la langue, des rhétoriciens merveilleux. C'est chez eux qu'il faut aller étudier le plus riche, le plus attrayant et le plus décourageant des idiomes.

Le seul, l'unique séttoutien, que je pus consulter sur son pays et le Maroc, parlait l'arabe à la perfection. Avant de me quitter, faisant allusion au travail colossal que j'avais entrepris, il déclama ces vers, que leurs pâtres de dix ans comprennent à la première audition, chose impossible à un arabisant européen n'ayant pas plusieurs années d'études constantes, *faites au milieu des Bédouins* :

تنتظر الاقصى بالشك والترديد * وسط اليمّ الغارق ماتجين سفونك
ما قاصد مرسى تلجأ رواح الميد * ومياه اللجج خبط فيها سيرك
تجبا كل نهار على اقليم جديد * مقتحم ذا المشقة قلوع سفونك

« *Tu attends les choses les plus éloignées avec méfiance et hésitation.*
« *Au milieu de l'Océan engloutisseur, errent à l'aventure tes vaisseaux (= tes pensées).*
« *Tu ne cherches jamais un port où tu trouverais un refuge et un « remède contre le vertige (provoqué par les secousses du navire).*
« *Te voilà, naviguant au loin, sur les eaux de la pleine mer,*
« *Découvrant chaque jour un continent nouveau,*
« *Promenant, au milieu des périls, les voiles de tes vaisseaux.* »

Hypocrite, rusé, le séttoutien ne se contente pas d'être voleur et parjure, c'est un médisant, un calomniateur effronté. Il ne se rappelle plus le mot profond de Mahomet : البلاء موكّل بالمنطق (*Tous nos malheurs nous viennent de la langue*). Dans sa conversation, il se moque de tout le monde, surtout des Berbères, dont il a finement saisi les défauts. Il n'a jamais vu un chrétien ou un juif ; néanmoins il leur attribue tous les vices de la création. *Roumi* (chrétien) est une injure grave ; quant à *ihoudi* (juif), c'est un terme si bas, un affront si mortel, qu'on ne l'adresse qu'aux animaux réputés immondes, jamais au cheval ou au lévrier par exemple.

Ces nomades, vivant sous la tente, n'ont ni mosquée ni école. Les familles aisées ont des précepteurs, dont la science se borne à la connaissance du Coran, qu'ils font apprendre par cœur aux élèves, sans pouvoir le leur expliquer.

Les cavaliers du caïd sont tolérés. Il est de tradition, quand il en vient un dans un douar, envoyé en mission par son maître, de le recevoir convenablement. Chaque famille lui fournit, tous les jours et à tour de rôle, une poule, deux livres de farine, une demi-livre de beurre, une livre de sucre, quelques grammes de thé et une ration d'orge pour son cheval. Une indemnité quotidienne de cinq francs lui est allouée aux frais de celui ou de ceux qui ont nécessité son envoi dans la tribu. Les choses se passent à peu près ainsi dans toute la circonscription d'Oujda.

Les caravanes de la Dhahra, se rendant à Mliliya pour y acheter fusils, poudre, cartouches, sucre, thé, cotonnades, passent sur la frontière orientale des Oulad-Séttout, arrivent à Trifa, se dirigent ensuite sur le presidio castillan, en passant sur les terres de Kébdana et de Galiya. On aura une idée de l'importance de ces transactions commerciales par le nombre approximatif des caravanes, qui est, chaque année, de *cent au minimum*, le nombre des bêtes de somme variant de 100 à 500 pour chacune d'elles !

Pensez-vous que plusieurs *marchés francs*, échelonnés sur notre frontière, n'arrêteraient pas au passage quelques-unes de ces caravanes ? Croyez-vous qu'elles hésiteraient à économiser des centaines de kilomètres, si elles trouvaient chez nous et les mêmes prix modiques et les mêmes marchandises que chez les Espagnols ? Poser la question, c'est la résoudre. Il faut commencer la lutte commerciale contre le bagne castillan, il faut apprendre à nos milliers de voisins marocains le chemin de l'Est et leur prouver que l'industrie française est supérieure à celle de beaucoup d'autres Nations européennes.

Le fond de la nourriture des Oulad-Séttout est le kouskous d'orge. Les escargots bouillis et la *klila* (كليلة) *(fromage fait avec du lait de beurre bouilli)*, constituent des extra très recherchés. On fait cailler le lait en y mettant de la présure de fleur d'artichaut (*h'okka* حكّة).

Moh'ammed ben T'ayyéb a conservé des Oulad-Séttout un mauvais souvenir. Le récit suivant prouve qu'il n'a pas tout à fait tort de leur garder rancune.

Il s'était faufilé dans une bande de moissonneurs et de journaliers rifains, qui rentraient chez eux, dans les tribus maritimes du Rif. Il y avait dans cette foule un homme répondant au nom d'Es-Sebaî, originaire des Oulad-Sebâ (province de Merrakèch). Cet individu avait épousé une jeune fille des Oulad-Zaïr (tribu des Oulad-Settout), et il regagnait son douar, situé près du Souk'el-H'add, où son beau-père et sa femme l'attendaient.

Au Souk'el-Djoumouâ, qu'il venait de quitter, le fils de T'ayyéb s'était payé une magnifique paire de babouches toutes neuves, *article de Fas* ! Cette acquisition l'avait ruiné, lui enlevant, d'un seul coup, les 2 fr. 50 qu'il avait gagnés en vendant à un bédouin chassieux une amulette, souveraine, au dire de l'esculape errant, contre toute sorte d'ophtalmie.

Se sentant en sûreté au milieu des moissonneurs, le vagabond n'avait pas jugé à propos de cacher les babouches dans son capuchon ; il les avait mises, et il marchait gaîment avec ses compagnons, dont les pieds, nus et sales, contrastaient singulièrement avec le beau cuir jaune de ses chaussures.

Es-Sebaî n'avait pas été le dernier à s'apercevoir du sybaritisme inaccoutumé du derviche. Un homme si bien chaussé devait avoir de l'argent. L'essentiel était de le dépouiller en toute sécurité. Pour cela, il fallait l'attirer jusqu'au douar du beau-père qui ne serait pas fâché d'avoir quelques pièces blanches en récompense de sa complicité.

On n'était plus qu'à quelques kilomètres de Souk' el-H'add, lorsque le Marocain se mit soudainement à faire l'aimable, suppliant le voyageur d'honorer son toit de laine en s'y reposant un instant. Moh'ammed accepta, tout en flairant la ruse. N'ayant pas un sou sur lui, portant de mauvais habits, que pouvait-on lui faire ? Le tuer ? On ne tue jamais un homme pour rien, même au Maroc.

— Allons chez toi, dit-il à Es-Sebaî, sans songer un seul instant à ses babouches.

Et il quitta les moissonneurs qui continuèrent leur marche.

Il suivait son hôte en pensant qu'il allait gagner un bon repas et mystifier en même temps le cupide Marocain. Ce dernier calculait sans doute que les 2 ou 300 francs du derviche le dispenseraient, pendant deux ou trois ans, de se livrer au dur travail de la moisson.

En arrivant au douar, un coup d'œil d'Es-Sebaî annonça à son beau-père quelle sorte d'étranger on avait à traiter. Malheureusement, il y avait sous la tente cinq hommes, amis de la famille, arrivés la veille, qui parlaient de s'en aller, aussitôt après le déjeûner, au Souk' el-H'add.

— Ça tombe à merveille, s'écria le derviche. J'y vais aussi. Nous ferons route ensemble.

Il ricanait en regardant son hôte. Celui-ci, impassible, changea immédiatement de tactique, conseillant au voyageur de partir avec les cinq étrangers qu'escorterait son beau-père.

Après le repas, composé de pain de blé, beurre, miel, on prit le thé. Vers quatre heures, le soleil étant moins chaud, les voyageurs se disposèrent à se mettre en route. L'explorateur fit des adieux touchants à Es-Sebaî, lui disant d'un ton goguenard :

— Mon cher, que Dieu te récompense ! Qu'il peuple ta maison d'enfants ! qu'il t'enrichisse ! qu'il t'accorde le bonheur !

Sous cette pluie de compliments, Es-Sebaî eut l'air de s'attendrir. Enfin il déclara qu'il se ravisait, qu'il pouvait bien les accompagner lui aussi, et il partit avec eux en tenant la main du derviche, grande démonstration d'amitié chez les Marocains.

Quand on fut à deux ou trois kilomètres du douar, Es-Sebaî, faisant semblant de boiter, laissa son beau-père prendre les devants avec les cinq étrangers. Il se lamentait :

— Maudites pierres ! elles m'ont abîmé les pieds. Mon cher, reste avec moi, je me charge quand même de te montrer le chemin. Je m'appuierai d'un côté sur toi et de l'autre sur mon bâton.

Il eût été difficile du reste à Moh'ammed de s'éloigner, tenu comme il l'était par la poigne de fer du Marocain. Et puis, il n'avait pas le sou.

C'est l'autre qui allait être attrapé ! Ils cheminèrent un bon moment en silence. Au loin, on ne voyait déjà plus personne.

Es-Sebaî, s'arrêtant tout à coup, jeta le masque, hurlant sous le nez du derviche :

— As-tu de l'argent ?

— Non.

— Je vais te fouiller.

— Comme tu voudras.

Ayant passé une inspection minutieuse de tous les vêtements du voyageur, sans trouver un centime, il s'emporta :

— Chiens de Marocains, grondait-il, vous sortez de votre pays pour faire vos mauvais coups ailleurs. Allons, quitte tes babouches.

Moh'ammed ne s'attendait nullement à cet ordre. Il essaya d'ergoter, voulant à toute force persuader au bandit qu'il avait les pieds trop grands pour ses chaussures. Mais il dut les abandonner au plus vite en présence de l'énorme trique levée sur son crâne. Es-Sabaî les mit tranquillement dans son capuchon, tourna les talons, s'en revenant au douar. Au bout de vingt pas, il se retourna :

— Ah ! j'oubliais Voilà ta route, la bonne, celle qui te mènera à destination.

Sa main désignait justement un faux chemin que le derviche se garda de prendre. Les deux hommes, se tournant le dos, allèrent chacun de leur côté.

Après quelques heures d'une marche pénible, sur un sol brûlant, Moh'ammed arriva dans un grand douar. Sous la tente où il reçut l'hospitalité, il eut la joie de rencontrer d'anciennes connaissances de Mezzouja (Galtya), tous les parents du caïd El-H'adjdj H'addou, qui s'étaient expatriés spontanément à la suite du bannissement prononcé contre ce chef par les djemaâ réunies. Le caïd vivait avec eux, espérant toujours qu'une révolution quelconque le rappellerait dans son pays.

Quelques jours après, au Souk' el-H'add, le derviche et ses amis aperçurent ce coquin d'Es-Sebaî se promenant, ayant aux pieds les babouches volées. Les Galtyens l'accostèrent, espérant les ravoir. Ils en furent pour leurs frais d'éloquence, le scélérat affirmant qu'elles étaient à lui et que le voyageur mentait, justifiant ainsi le proverbe arabe qui a flétri sa tribu :

اولاد ستوت مولاة بهوت * الله لا يرحمها يوم تموت

— « *Les Oulad-Séttout sont des imposteurs. Que Dieu ne leur fasse* « *aucune miséricorde le jour de leur mort !* »

D'après une vieille légende arabe, à laquelle ont donné lieu sans doute et la perfidie de ces nomades et le nom de leur tribu (*Oulad-Séttout* signifiant les *Enfants de la Mégère* ou *de l'Ogresse*), à l'époque lointaine où cet affreux pays était encore inhabité, les populations voisines remarquèrent un jour la présense d'une ogresse, que suivaient toujours ses deux ou trois enfants. Elle parcourait le territoire auquel elle a donné son nom, dévorant les gens qu'elle parvenait à surprendre, nourrissant ses petits de chair humaine. On ne savait d'où elle venait, on ne lui connaissait aucun mâle, ogre ou homme, ce qui fit dire plus tard que les Oulad-Séttout n'ont pas de père. Après avoir désolé la contrée pendant de longues années, elle disparut subitement. Où était-elle allée ? On ne la revit plus. Mais ses petits restèrent dans le désert de Garète ; ils furent la souche des Oulad-Séttout actuels, dignes fils de tels aïeux.

Généralités sur les Oulad-Séttout

A part la *K'açbat Sélouan*, il n'y a aucune construction sur tout le territoire de cette tribu nomade. Les endroits où se tiennent les deux marchés, au nord de la tribu (*Souk' el-H'add*, le marché du dimanche, et *Souk' el-Djoumouâ*, le marché du vendredi), sont nus et plats comme la main, sans la moindre masure, même en torchis.

Forces militaires : 4,000 cavaliers, ayant tous des fusils espagnols. Population probable : 20,000 habitants. Pays plat, sablonneux, où il y a cependant quelques champs d'orge. Instruction presque nulle. Indépendance absolue.

Tribus des BENI-ZENASEN (1) et des BENI-MAH'YOU (Voir la carte du Rif Oriental)

بني زناسن (Les enfants des Zénètes, les Zénètes par excellence).

بني محيو (Les enfants de Mah'you, altération de *Yah'ya* (Jean) ou de *Mah'i* (effaçant) (A).

En quittant le triste pays des Oulad-Séttout, Moh'ammed se rendit chez les Beni-Znasen. Il alla demander le vivre, le couvert et le vêtement à la Zaouiya de Sidi Remdhan, dans les Beni-Mengouch. A la zaouiya, il y avait une vingtaine d'étudiants sérieux, occupés à apprendre par cœur Sidi Khlil, jurisconsulte arabe, remarquable par la concision et l'obscurité de son style. Pendant tout un mois, le derviche fit de ce bourg sa base d'opération, puis il alla passer un mois chez les Beni-Atig, un autre mois chez les Beni-Ouryimmèch, deux mois dans les Beni-Khaled, toujours se déplaçant, toujours trottant par monts et par vaux. C'est bien ici le cas d'employer cette vieille locution, car la tribu est comprise presque entièrement dans un vaste massif monta-

(1) Dites *Beni-Znacène*. (Voir souvent pages 42 et 43).

gneux, aussi riant, aussi verdoyant que les plus belles régions du Rif que nous venons de visiter.

Elle est limitée : au Nord-Est, par la province d'Oran ; au Nord, par Trifa ; au Nord-Ouest, par Kébdana ; à l'Est, par la province d'Oran ; à l'Ouest, par les Oulad-Séttout et les Beni-Mah'you ; au Sud, par des tribus de la Dhahra.

Elle a une quarantaine de kilomètres dans tous les sens, compte quatre fractions : *Beni-Khalèd* (les enfants de Khalèd, nom propre arabe signifiant *éternel*), *Beni-Mengouch* (les enfants de Mengouch, nom propre arabe signifiant *ciselé*), *Beni-Atig* (les enfants d'*affranchi*, nom propre arabe), *Beni-Ouryimmèch* (les enfants du groupe) (A et B) (1).

La tribu microscopique des *Beni-Mah'you* devait fatalement se fondre dans l'énorme voisine orientale, à laquelle elle est absolument inféodée depuis des siècles.

A peu près indépendante, malgré les efforts continuels du sultan qui fait son possible pour obtenir d'elle un semblant d'obéissance, la tribu des Beni-Znasen a des caïds qui sont les premiers à fomenter des troubles, à provoquer des guerres, à la suite desquelles ils s'enrichissent.

Afin de ne pas rester isolée à côté des populations arabes et berbères confédérées, elle a été obligée, malgré les citadelles naturelles de ses montagnes, d'adhérer à la *Ligue des Angad* (*leff Angad* لف انقاد), dans laquelle figurent : Beni-Znasen, Beni-Mah'you, Trifa, Kébdana, Oulad-Séttout, Beni-bou-Yah'yi, Es-Sedjâ, Angad, Beni-bou-Zeggou, El-Mehaya, Beni-Yaâla, Beni-Oukil, Ez-Zkara.

Deux divisions bien tranchées partagent ce groupe formidable. D'un côté, les Arabes ; de l'autre, les Berbères Znata ou Zénètes.

Les Arabes sont représentés par Trifa, Angad, El-Mehaya, Es-Sedjâ, Beni-Oukil, Oulad-Séttout, tous nomades, habitant la plaine et le désert.

Chez les Znata, on trouve : Beni-Znasen, Beni-Mah'you, Kébdana, Beni-Bou-Yah'yi, Beni-bou-Zeggou, Ez-Zkara.

Une grande solidarité unit les tribus de chaque groupe. Arabes et Berbères sont souvent en mauvais termes entre eux. Alors ce sont des tueries épouvantables, des r'azia féroces, mettant pour longtemps hors de combat le parti vaincu.

Les Beni-Znasen possèdent un vaste et beau territoire, bien arrosé, boisé, couvert d'assez hautes montagnes extrêmement peuplées.

Le massif du Tell, qui semblait s'être englouti dans les sables du Garète, reparaît ici, dressant vers le ciel, dans la saison des frimas, des cimes éblouissantes de neige. La forme générale de ces hauteurs serait

(1) بني خالد * بني منقوش * بني عتيقة * بني وريمش

celle d'un immense cirque, entouré de tous côtés par des plaines : au N., les terres plates de Trifa, Kébdana ; à l'O., la surface horizontale de l'infertile Garète ; au S., le désert d'Angad ; à l'E., le territoire légèrement ondulé de la frontière française. C'est du massif central, de beaucoup le plus élevé, que part le fouillis inextricable des chaînons, dont les derniers contreforts vont s'enfoncer dans les plaines environnantes. La chaîne maîtresse, appelée par les indigènes *Djebel Beni-Znasen*, court de l'Est à l'Ouest, envoyant, au Sud et au Nord, des collines couvertes de villages et de verdure. Ces hauteurs secondaires reçoivent d'habitude le nom de la fraction où elles se trouvent. La plus connue est le *Djebel Tafour'alt* (Montagne des Monstres ou des Fruits non mûrs (A. B.), تافورالت au Nord-Ouest des Beni-Atig.

Sur les sommets, on voit le chêne vert, le lentisque, le chêne-liège, l'ormeau, le tremble. Dans les vallées, sur les flancs des côteaux, règnent d'innombrables arbres fruitiers : figuiers, orangers, caroubiers, amandiers, noyers, jujubiers, grenadiers, sur lesquels grimpe la vigne. Au pied des collines, dans les plaines, l'alfa et les figuiers de Barbarie sont les maîtres du sol.

Toute cette belle contrée est arrosée par des centaines de sources et de nombreux ruisseaux.

Citons, parmi les sources : 1° celle de *Cefrou* (*âïn Cefrou*), abondante, fraîche, d'une limpidité de cristal ; 2° *Aïn Eç-Çefa* (source de la pureté), un peu plus bas que Cefrou ; 3° *Aïn Beni-Atig ;* 4° *Aïn Beni-Mousa* (1).

Les principaux *ouad* sont :

L'*Ouad Beni-Ouryimmèch*, plus connu sous le nom de *Ouad Tagma* (rivière de la vallée) (A et B), coulant du Sud au Nord, dans une vallée fertile, tributaire de la grande Mélouiya ;

L'*Ouad Zigzel* (rivière des terrains granitiques) (A et B), roulant ses eaux limpides au milieu d'une végétation superbe ;

L'*Ouad Beni-Ouaklan* (la rivière des enfants des esclaves) (A et B), formant, par sa réunion avec l'Ouad Zigzel, un ruisseau important, le plus grand affluent de la Mélouiya dans le Rif ;

L'Ouad Cefrou, coulant du nord au sud, pénètre dans la Dhahra, au sud de Moulaye Idris ;

L'Ouad Beni-Khaled, parfaitement inconnu sous ce nom, mais très célèbre dès qu'il s'appelle *Ouad Ajroud* (rivière des épis rabougris) (A), et *Ouad Kis* (rivière de la bourse) (A), (2).

Les fractions sont grandes, bien peuplées ; elles nourrissent une race forte, courageuse, tenant tête aux tribus pillardes des Arabes. Sauf chez

---

(1) عين صفرو * عين الصفا * عين بني عتيق * عين بني موسى.

(2) واد كيس * واد عجرود Sur les trois ou quatre noms de ce ruisseau, le plus connu, même au Maroc, c'est incontestablement *l'Ouad Kis*.

les Beni-Mah'you, peuplade errante, vivant sous des tentes parce que ce petit coin de terre est en plaine, tous les autres indigènes sont domiciliés dans des villages fortifiés par la nature. Les Beni-Ouryimmèch sont défendus par 1,000 fusils, moitié cavaliers, moitié fantassins. Leurs voisins nomades, les Beni-Mah'you, toujours à cheval, équipent un millier de cavaliers. Les Beni-Atig n'ont que des piétons, 1,200 environ. Le rempart des Beni-Znasen, les Beni-Mengouch mettent en ligne, à eux seuls, 5,000 fantassins, et les Beni-Khaled 3,000 cavaliers.

Les hameaux sont bâtis au bord des ruisseaux, à proximité des sources ; autour d'eux, des jardins délicieux, des potagers, des vergers charment la vue. Quel contraste avec l'affreux Garète, dont les vagues de sable s'arrêtent au pied du Djebel Beni-Ouryimmèch !

La frontière de l'antique Maurétanie Tingitane étant la Mélouiya, tout ce pays de cocagne des Beni-Znasen devrait faire partie du domaine de l'Afrique française. On se demande pourquoi le microscopique Ouad Kis a supplanté, lors des délimitations définitives, l'énorme cours d'eau qui avait été, de tout temps, considéré comme le fossé naturel séparant deux mondes très différents : le *Mag'rib El-Ak'ça* (l'occident extrême), c'est-à-dire le Maroc actuel, et le *Mag'rib El-Aouset'* (l'occident central), c'est-à-dire notre Algérie.

Les Marocains disent, *entre eux seulement,* qu'après la victoire d'Isly la France était en droit d'exiger tout le territoire qui s'étend jusqu'à la Mélouiya. Ils m'ont appris comment nous avons été, encore une fois, les dupes de la diplomatie arabe.

Avant d'envoyer son fils, Sidi Mouh'ammed, combattre les Français sur la frontière algérienne, le sultan, Moulaye Abd-er-Rah'man, lui aurait dit :

— Conserve mes bonnes lettres ; brûle les mauvaises. Fais ce que je te commanderai dans les mauvaises ; ne tiens aucun compte des bonnes.

Le jeune homme observa scrupuleusement ces recommendations. Chaque courrier lui apportait deux lettres de son père : une bonne et une mauvaise.

Dans la première, le monarque adjurait son général de ne jamais attaquer les Français, de se montrer d'une conciliation extrême envers eux, d'empêcher toute déprédation sur leur territoire, de conclure, le plus tôt possible, une paix sincère et durable !

Voyons maintenant le revers de la médaille. La mauvaise lettre disait : « — Repousse ces chiens de chrétiens, tue-les partout où tu les trouveras, pas de quartier pour personne. Aucune paix avec ces mécréants ! »

Le 14 Août 1844, complètement battu à Isly, Sidi-Mouh'ammed se sauva du champ de bataille en abandonnant sa tente, ses bagages et jusqu'à son fameux parasol qui fit plus tard l'admiration des badauds de Paris.

Dans les caisses, on trouva les *bonnes lettres*, rien que les bonnes, les mauvaises ayant été brûlées depuis longtemps.

Les Français s'extasièrent sur l'exquise bonté du sultan ! Celui-ci, du reste, s'empressa de désavouer tout ce qu'avait fait son fils, disant que le prince ne lui avait pas obéi, qu'on pouvait s'en convaincre en lisant sa correspondance, etc.

Nos compatriotes, toujours naïfs, toujours chevaleresques, tombèrent dans le piège, s'excusant presque de leurs victoires, cédant, de la meilleure grâce du monde, à l'artificieux Abd-er-Rah'man, le beau territoire qu'ils avaient conquis à la pointe de l'épée.

La richesse de la petite Suisse qui nous occupe se devine aux nombreuses zaouiya et mosquées que l'on voit partout, zaouiya et mosquées toujours pleines d'étudiants, regorgeant de victuailles. Mentionnons parmi les séminaires :

1° *Zaouiyat Sidi l-H'adjdj Mouh'ammed El-Habri,* où l'on confère *l'ouerd* (v. p. p. 105 et 106), des Derk'aoua;

2° *Zaouiyat Mah'i Ed-Din* (*ouerd* du chikh Abd-el-K'ader) ;

3° *Zaouiyat Sidi Remdhan* (*ouerd* de Ouazzan, c'est-à-dire de Moulaye Et'T'ayyéb) ;

4° *Zaouiyat Sidi Abd-el-K'ader* (*ouerd* de ce saint) ;

5° *Zaouiyat Sidi l-H'adjdj ben Saïd* ;

6° *Zaouiyat Sidi Ali l-Bekkaye* ;

7° *Zaouiyat Moulaye Idris*. (Voir la carte des Beni-Znasen).

Sept marchés dans la tribu : 1° *Souk' el-Arbâ* (marché du mercredi), dans les Beni-Ouryimmèch ; 2° *Souk' el-H'add* (marché du dimanche), au village des Beni-Mousi, fraction des Beni-Atig ; 3° *Souk' Eth-Tthelatha* (le mardi), à Tazar'in, fraction des Beni-Atig ; 4° *Souk' El-Ethnin* (lundi), dans les Beni-Mengouch ; 5° *Souk' El-Arbâ* (mercredi), également chez les Beni-Mengouch ; 6° *Souk' El-Djemâ* (vendredi), à Cefrou (Beni-Mengouch) ; 7° *Souk' El-Ethnin* (lundi), chez les Beni-Khaled.

Les femmes, assez coquettes, vont sur les marchés, le visage découvert, ne redoutant nullement les regards des hommes. Les mauvaises langues prétendent qu'elles ne sont pas toutes des Lucrèces. Les hommes portent la djellaba grise, ouverte sur le devant, depuis le ventre jusqu'en bas, comme les Kébdaniens. En hiver, ils ont le burnous par-dessus la djellaba. En été, ils se mettent souvent en haïk. Ils ne se séparent jamais de leurs armes, de ces bons fusils achetés aux Espagnols de Mliliya et de leurs longs poignards de fabrication tar'zouthienne. Ils parlent l'idiome berbère appelé *Znatiya,* usité entre Oujda et Debdou.

Sur les marchés, on trouve toutes les productions du pays : bœufs, moutons, chèvres, ânes, mulets, chevaux, poules, fruits, légumes, orge, laine, miel ; diverses marchandises espagnoles et françaises : bougies, pétrole, sucre, thé, fusils, cartouches, poudre, balles, étoffes. On reste surpris à la vue des quantités extraordinaires de caroubes mises en vente. Les indigènes sont friands de ces gousses longues et plates, affectant souvent des formes bizarres. Les caroubiers du reste abondent dans toute la tribu.

Mais ce qui est surtout ravissant, ce sont les interminables vergers d'orangers qui embaument les splendides vallées des Beni-Ouryimmèch ; l'Ouad Zigzel en est bordé tout le long de ses deux rives, et le gros bourg de Zigzel lui-même est étouffé au milieu de ce feuillage éternel, de ces fleurs de neige que chantent les bardes Zenètes quand ils vont, au printemps, faire des tournées artistiques dans les endroits les plus fortunés de la tribu. Ils s'en retournent chez eux, rapportant, pour prix de leur poèmes, d'énormes charges de fruits d'or qu'ils vendent aux colporteurs. Ceux-ci vont les vendre à leur tour jusqu'à K'açbat El-Ayoun, Oujda, Nemours et Tlemcen.

Le derviche, qui est fou des oranges, des fruits, des gâteaux, en un mot de tout ce qui se mange, trouvait que le pays des Beni-Znasen était un véritable Eden. Il y vint à deux reprises différentes, en 1888 et en 1893, ne manquant jamais l'occasion de se trouver à toutes les ripailles, s'arrangeant de manière à célébrer deux fois, fort dévotement, la *Fête des Moutons* dans des villages opulents. Aussi était-il toujours sur les routes, en quête d'un bon repas, à l'affût des *ouaâda*.

A la Zaouiya de Tazar'in, qu'il affectionnait tout particulièrement pour des raisons gastronomiques qu'il serait trop long de développer ici, il était considéré par ses condisciples comme un t'aleb peu sérieux, incapable de briguer, par exemple, les fonctions absorbantes et sédentaires d'un de leurs pédagogues qui venait de rendre à Dieu sa belle âme d'instituteur borné et grincheux. Il courait le pays, s'éclipsant des deux ou trois jours de suite, revenant de ses excursions, crotté, couvert de poussière, les habits en lambeaux, déchirés par les épines des étroites pistes qu'il aimait à suivre dans les massifs montagneux de toute la région.

Un soir, au crépuscule, il ramena avec lui à la Zaouiya un individu trouvé au milieu de la forêt, égaré, perdu dans le fouillis des hautes broussailles.

C'était un homme d'une quarantaine d'années. Il avait fait à Fas de solides études, s'obstinant à travailler avec acharnement pendant plus de vingt ans, ne se croyant pas encore digne d'occuper une modeste chaire de professeur de grammaire dans l'une des innombrables chapelles de la capitale chérifienne. Poussé par la destinée, il était venu s'échouer dans les Beni-Znasen, sans un sou, recevant l'hospitalité dans toutes les mosquées où il passait la nuit, repartant le lendemain à la recherche d'une position sociale, demandant simplement la faveur de pouvoir enseigner l'alphabet aux bambins de six ans. Il n'avait rien trouvé, toujours évincé par l'ombrageuse jalousie des cuistres qui refusaient impitoyablement à ce rival dangereux le droit de gagner honorablement sa vie. Et cela durait depuis son départ de Fas !

Le derviche, en le trouvant étendu sous un buisson, l'avait pris d'abord pour un de ces mendiants-pèlerins dont le nombre est incalculable au Maroc. Chemin faisant, les deux hommes causèrent. Le vagabond, ébloui par la réelle science de l'inconnu, se mit à lui prédire le plus bel avenir, un triomphe éclatant à la Zaouiya de Sidi Remdhan, qu'il s'agissait de conquérir de haute lutte, lui garantissant d'avance que les jeunes pédants ne feraient aucune difficulté de s'incliner devant son incontestable supériorité.

— Quand tu auras la chaire de grammaire, j'espère que tu penseras à moi, conclut le derviche en souriant dans sa barbe, avalant déjà, en imagination, les montagnes de victuailles données à son protégé par les familles reconnaissantes.

L'autre, résigné à tout, se contenta de baisser la tête en signe d'acquiescement. Qui pouvait prévoir l'avenir ?

Ils marchaient maintenant, comme deux bons amis, en camarades, heureux de s'être rencontrés, de se soutenir, d'associer leurs deux faiblesses dans le combat à livrer en vue de la conquête scientifique de la Zaouiya.

Le soir, sous la coupole du séminaire, tous les instituteurs du bourg, prévenus de la présence d'un concurrent redoutable, étaient présents. L'inconnu, harcelé de questions pendant une grande partie de la nuit, sortit vainqueur de cette épreuve. A partir de ce moment, sa perte fut résolue.

Le chef de la Zaouiya, craignant d'être éclipsé lui-même par le malheureux savant, ayant en outre un neveu dont la candidature à l'emploi vacant s'imposait par le seul fait de sa parfaite nullité, invita le docte étranger à aller ailleurs utiliser ses précieuses connaissances.

Les instituteurs l'emportaient ! Race jalouse, pleine de fiel, consumée par l'envie et l'orgueil, trop peu instruite pour se rendre compte de son ignorance et de sa royale bêtise, elle triomphait bruyamment, disant partout que ce nomade de Moh'ammed avait eu le front de s'ériger en protecteur d'un autre vagabond, plus gueux, plus ignorant que lui. Le pauvre derviche succomba à son tour. Sa situation devenant difficile à la suite de cet échec, il quitta le séminaire pour courir après son protégé, qu'il ne retrouva plus. Et l'on nomma à la chaire de grammaire le sémillant jeune homme, dont les complaisances serviles envers les gros bonnets de l'endroit et l'étroite parenté avec le chef de la Zaouiya constituaient tout le mérite.

Les Beni-Znasen sont trop près d'Oujda pour être complètement indépendants. Le gouvernement impérial a réussi à leur imposer des caïds qu'il fait surveiller par de mystérieux personnages, désignés dans le pays sous le nom injurieux de *khbardjiya* (mouchards). Ces limiers de la police chérifienne, trouvant tout intérêt à être en bons termes avec les chefs indigènes, s'associent naturellement avec eux pour pressurer les faibles, ceux qui ne peuvent pas se défendre. On se rappelle encore là-bas les exploits des Si bou-l-Enouar, Si l-Mekki, Si t'-T'ahar el-Kébdani. Ces trois espions, chargés du service des renseignements, étaient abhorrés, méprisés et redoutés dans toute la tribu.

C'est l'administration préhistorique, c'est-à-dire celle du plus fort qui règne dans le *Blad Es-Siba* (pays insoumis). Les caïds sont des chefs de parti, nullement des administrateurs. Dans chaque contrée indépendante du Maroc, les familles riches se liguent, ont des clients, font la loi, sont les souveraines maîtresses. Cette étrange anarchie marocaine, sujet de perpétuel étonnement pour l'Europe, n'est au fond qu'une Oligarchie, admirablement constituée, ayant brisé pendant des siècles, pouvant briser encore les vains efforts des roitelets de Merrakèch. Toutefois, si la puissance temporelle de ces monarques laisse beaucoup à désirer, on aurait tort de conclure que leur autorité spirituelle ne doit pas être bien grande non plus. Souvenez-vous qu'ils sont les petits-fils de l'Apôtre, qu'ils ont dans les veines quelques gouttes du sang presque divin du prodigieux fondateur de l'Islam. Voilà, certes, une noblesse de vieille roche, mille fois supérieure, aux yeux des Musulmans, à toutes les lignées de rois illustres et puissants dont la Chrétienté peut s'énorgueillir.

A l'époque du premier séjour du derviche chez les Beni-Znasen, cette tribu avait l'honneur, peu enviable, de posséder quatre caïds : Ali ou Rabah', caïd de Beni-Khaled ; Ould Agoujil (le fils de l'orphelin) (A et B), caïd des Beni-Mengouch ; Ould El-H'ebib, caïd des Beni-Átig ; Ould el-Bachir ou Mesaôud, caïd des Beni-Ouryimmèch. Ils avaient reçu le burnous d'investiture de la propre main du sultan.

— Allez, leur avait dit le prince, et n'imitez pas la conduite de ces traîtres qui sont la honte de l'Empire.

L'aventure tragique de l'ancien caïd des Beni-Znasen restait toujours présente à sa pensée.

Il s'appelait Ould El-Bachir ou Mesaôud. Lui aussi, avant d'être caïd, était venu à Fas et avait accepté cette ombre de vassalité afin de se rendre encore plus fort dans son pays, où il jouissait déjà d'une immense renommée, due à ses richesses et à ses nombreux partisans. Il avait fini par annihiler ses collègues des Beni-Znasen et des Angad. Entouré d'une puissance formidable, il était devenu un vrai pacha, menaçant à chaque instant de se révolter contre son suzerain, traitant en petit garçon le gouverneur d'Oujda, désolant au loin la contrée dans de continuelles r'azia. Les populations, mises en coupe réglée par ce tyranneau, portèrent leurs doléances à Fas, déclarant que la situation n'était plus tolérable, donnant enfin à entendre que, si elles n'étaient point secourues, elles feraient cause commune avec le terrible Ould-El-Bachir.

Les troupes impériales, envoyées contre le rebelle, lâchèrent pied, se mirent honteusement en déroute. Ce fut une débâcle générale. Le caïd, grisé par le succès, se donnait déjà des airs de prétendant, se laissant volontiers décerner par son entourage le titre de sultan.

L'impérial chérif de Fas épuisa toutes ses ruses dans le but d'attirer à la cour l'ennuyeux personnage. Lettres, cadeaux, messages, tout fut inutile. Ould El-Bachir ne bougeait pas de ses montagnes où il se sentait inattaquable.

Enfin, le sultan employa le suprême traquenard : il envoya au caïd son propre *chapelet* et le *tahlil bi-l-aman* (تهليل بالامان), écrit en entier de sa noble main. Le *tahlil* est un petit cahier sur les pages duquel on a tracé des carrés et des tableaux cabalistiques, accompagnés de certains chapitres et de certains versets du Coran, dans le but de préserver de tout malheur celui qui le porte. C'est la plus haute preuve d'amnistie et de pardon qu'un sultan marocain puisse offrir au rebelle qui craint pour ses jours.

Alors, toute défiance étant dissipée, le chef Zénète commit l'imprudence de se rendre au perfide appel de son souverain. Dès son arrivée à Fas, il fut arrêté et conduit sous bonne escorte à Merrakèch, où l'attendait un cachot, dont les portes ne s'ouvrirent jamais plus devant lui.

Ainsi périt cet ambitieux qui avait failli restaurer à son profit un petit royaume berbère. Son souvenir est resté dans l'Est rifain comme celui d'un vaillant patriote, ayant lutté, jusqu'au dernier moment, contre la race déloyale des Arabes. Sa légende, une belle légende dorée, au milieu de laquelle j'ai eu toutes les peines du monde à discerner le vrai du faux, est déjà toute formée. Le lyrisme des bardes Zénètes a couvert de trop de fleurs la mémoire d'un homme, qui ne fut, en définitive, qu'un chef tyrannique, un massacreur déterminé, un vassal félon.

Agriculteurs et éleveurs, les Beni-Znasen labourent leurs champs, sèment de l'orge et du blé. Ils louent ou possèdent de vastes étendues de terrain, soit chez les Angad, soit à Trifa ; ils conduisent, au printemps, leurs troupeaux de moutons, chèvres, chevaux, dans ces vastes plaines si recherchées pour leurs pâturages. Le gibier abonde dans la tribu. Lapins, lièvres, perdrix, oiseaux de passage se plaisent dans cet Eldorado où ils n'avaient guère été inquiétés jusqu'à ces derniers temps. Mais les indigènes, voyant que ces animaux se vendent bien en Algérie, commencent à les apporter vivants dans notre département, privant ainsi, d'une partie de leur nourriture habituelle, les chacals, ratons, renards, belettes et autres petits carnassiers qui ont élu domicile dans ce beau pays.

Chez les Beni-Znasen, on enterre généralement les morts dans les mosquées, le lieu saint étant considéré comme infiniment préférable à tout autre endroit. Des tapis sont étendus sur les tombes, fraîches ou anciennes, et les fidèles viennent s'y étaler, des journées et des nuits entières, pour prier, manger et dormir. Si vous leur demandez la raison de cette coutume étrange, ils vous répondront :

— Aucune société ne vaut celle des trépassés. Avec eux, nulle indiscrétion, nulle trahison n'est à craindre. Ce sont des amis sincères, agréables, nullement ennuyeux.

Cependant, il arrive un moment où les mosquées ne peuvent plus contenir les cadavres qu'on ne cesse d'y enterrer. Alors on est bien forcé d'avoir un cimetière ; mais on le choisit aussi près que possible du temple, c'est-à-dire à l'ombre des figuiers de Barbarie dont toute mosquée est entourée.

Les nécropoles, situées en plein champ, ne sont l'objet d'aucun respect. Les indigènes viennent s'isoler au milieu des cactus, sans se préoccuper de savoir s'ils fument une sépulture ou tout autre terrain. Cette odieuse profanation est inconsciente ; elle souille habituellement des tombes anciennes, dans lesquelles reposent des aïeux oubliés, dont la dernière demeure n'est marquée par aucun indice, aucune dalle, rien qui puisse faire soupçonner qu'il y a là, à trois ou quatre pieds du sol, toute une génération plongée dans l'éternel sommeil.

Principaux Villages des Beni-Znasen (voir la carte du Rif Oriental)

Fraction des Beni-Ouryimmèch

Oulad-Ali Ech-Chebab (les enfants du bel Ali) (A), أولاد علي الشباب 50 feux, sur l'Ouad Tagma, au nord de la fraction.

Tagma (la vallée) (B), 100 feux, sur l'Ouad du même nom. تاقما Village de marabouts se prétendant tous issus de la fille du Prophète. Autour de cet immense couvent, on voit quatre hameaux peuplés par de simples particuliers qui sont ravis de se dire *khouddam* (serviteurs) des religieux de Tagma.

Sidi Saïd (Mgr Heureux, nom propre arabe), 10 feux. سيدي سعيد

Sidi l-H'addj Es-Saïd (Mgr le pèlerin heureux) (A), 100 feux, sur l'Ouad Tagma. سيدي الحاج السعيد

Ould-El-Bachir ou Mesaôud (le fils du porteur de la bonne nouvelle, fils (B) de fortuné) (A), 100 feux. ولد البشير و مسعود Position inexpugnable au milieu des montagnes ; c'est là, dit-on, que le fameux Ould El-Bachir avait sa cour, son palais : la célèbre *Dar Beïdha* (maison blanche), chantée dans un poème arabe que je publierai peut-être un jour, texte et traduction, si Dieu me prête vie. Le *Souk' el-Arbâ* (marché du mercredi) se trouve au Sud-Ouest du village.

FRACTION DES BENI-ATIG

Tazar'in (les sèches) (B), 300 feux, au Sud du Souk' Eth-Thelatha (marché du mardi). تازاغين

Zigzel (les terrains granitiques) (B), 500 feux, dans une délicieuse vallée d'orangers. C'est là qu'habitent les Oulad-Sidi l-H'adjdj Es-Saïd, marabouts vénérés, issus de l'idrisite Moulaye Ah'med. زيڨزل

Moulaye Idris (Mgr Enoch) (A), 300 feux. Des centaines de Zaouiya et de hameaux marocains portent le nom presque divin de l'illustre fondateur de la dynastie Idrisite, car la légende raconte qu'Idris 1er aimait à construire des mosquées partout où il passait. Le village de *Moulaye Idris*, dont nous nous occupons en ce moment, est situé non loin des sources de l'Ouad Zigzel. مولاى إدريس

Beni-Mousi (les enfants de Moïse) (voir page 137 note 1), 500 feux, sur le versant sud du Djebel Beni-Atig. بنى موسى

Oulad Et'-T'ebib (les enfants du médecin) (A), 50 feux, au commencement de la plaine des Beni-Atig. اولاد الطبيب

El-At'ech (la soif) (A), 100 feux, en plaine, au Nord-Est du Souk' el-H'add (marché du dimanche). On prétend que ce bourg a reçu le nom qu'il porte parce que ses habitants ont la spécialité de fabriquer des *ât'at'ich*, singulier *ât't'ouch* (palanquin de chameau) عطوش. العطش

Sidi bou-Houriya (Mgr qui a des silos ou des greniers) سيدى بوهرية (A), tombeau somptueux, à l'extrémité septentrionale du désert d'Angad. Les Beni-Znasen et toutes les tribus nomades viennent en pélerinage sur la tombe de ce saint personnage, sur lequel je n'ai pu obtenir aucun renseignement biographique.

FRACTION DES BENI-MENGOUCH

Sidi Remdhan (Mgr Remdhan, nom du 9e mois de l'année lunaire arabe), 100 feux. Célèbre zaouiya fondée par Sidi Remdhan. Son descendant direct, *Si l-Mékki*, mort l'année dernière (1894), était le *mok'addem* (supérieur) de l'Ordre de Moulaye Et'-T'ayyèb de Ouazzan. Cette confrérie a de nombreux adeptes chez les Beni-Znasen et chez nos Beni-Snous. *Si Meftah'*, fils de Si l'Mékki, a succédé à son père dans les hautes fonctions de supérieur de la Congrégation de Moulaye Et'-T'ayyéb. سيدى رمضان

Moulaye Idris Trifa (Mgr Enoch de Trifa) مولاى إدريس تريفة (A), 10 feux. Population très dévote. Au Sud, le Souk'-el-Arbâ (marché du mercredi) est situé, comme le hameau, sur l'Ouad Beni-Ouaklan.

Zaouiyat Sidi l-Ekhdhar (Séminaire de Mgr le vert. n. pr. arabe), 10 feux. Population de marabouts. زاوية سيدى الاخضر

Zaouiyat Sidi Ali l-Békkaye (Sémi- زاوية سيدى علي البكاى

naire de Mgr Ali le pleureur) (A), 100 feux. Ce village possède une grande zaouiya peuplée d'adeptes appartenant à la confrérie de Sidi Mouh'ammed ben Bou-Ziyan, patron de la ville d'El-K'hadsa, dans la Dhahra. Sidi Ali l-Békkaye était un *mejd'oub* مجذوب, c'est-à-dire un extatique célèbre. L'Ouad Beni-Ouaklan est bordé, sur ses deux rives, de nombreux séminaires. C'est peut-être pour cette raison qu'il s'appelle la *Rivière des enfants des esclaves, ou des adorateurs de Dieu.*

El-K'alâ (la forteresse) (A), 200 feux, tout près de la source القلعة de l'Ouad Beni-Ouaklan. En 1893, Moh'ammed ben T'ayyéb célébra la Fête des Moutons dans ce village.

Aïth Abd-el-Krim (les enfants (B) de l'esclave du ايث عبد الكريم Généreux, épithète de Dieu en arabe), 20 feux, non loin de la source de l'Ouad Cefrou.

Moulaye Idris En-Nékhla (Mgr Enoch du مولاي ادريس النخلة dattier) (A), 50 feux, sur l'Ouad Cefrou. Grande zaouiya consacrée à Moulaye Idris. Ce village doit son surnom à un énorme palmier, plusieurs fois séculaire, planté, dit-on, par l'illustre sultan idrisite ; ce qui donnerait actuellement à cet arbre l'âge respectable de *onze cent cinq ans !*

Oulad el-Mimoun (les enfants de Mimoun, n. pr. arabe اولاد الميمون signifiant : favorisé par le sort), 100 feux, sur l'Ouad Cefrou.

Cefrou (ils devinrent jaunes) (A), 500 feux, sur l'Ouad صفرو Ce gros bourg doit son nom, dit la légende, aux prisonniers de guerre qu'un certain sultan Zénète faisait languir dans les cachots de ce village jusqu'au moment où il s'assurait par lui-même de la couleur safranée de leur peau. Alors il les mettait en liberté, mais les malheureux, arrivés au dernier degré de la consomption, ne tardaient pas à mourir. Cefrou est une petite ville où les mosquées et les Zaouiya sont nombreuses. Les étudiants, fort bien traités, y pullulent. Le derviche se rappelle encore, avec attendrissement, la grande bombance de 1888, donnée en l'honneur de la Fête des Moutons. Aussi a-t-il gardé un excellent souvenir de la capitale des Beni Znasen.

Moulaye Idris mtâ Cefrou (Monseigneur مولاي ادريس متاع صفرو Enoch de Cefrou) (A), 10 feux, sur l'Ouad Céfrou, au sud du Souk' el-Djoumouâ (marché du vendredi). Petite zaouiya consacrée à Moulaye Idris.

FRACTION DES BENI-KHALED

Ar'bal (le défilé) (B), 100 feux, au sud du Souk' el-Ethnin اغبال (marché du lundi). Beaucoup d'arbres, beaucoup de sources.

Tar'ejjirth (garou) (B) (en arabe لزازة), 100 feux. تاغجيرث

Aougni (la plaine) (B), 100 feux. اوقني

Zaouiyat Mah'i Ed-Din (1) (Séminaire de Mah'i زاوية ماحي الدين Ed-Din, n. pr. arabe signifiant : *Celui qui abroge les autres religions*, surnom donné au Prophète), 10 feux. Cette zaouiya s'appelait autrefois Zaouiyat Moulaye Abd-el-K'ader El-Djilali. Dans ces dernières années, elle avait un supérieur nommé Mah'i Ed-Din, qui conférait *l'ouerd* de la Confrérie du grand saint musulman. Ce personnage, s'étant fait remarquer par sa piété austère, devint tellement célèbre dans le pays, qu'on finit peu à peu par désigner le séminaire sous son nom. Mah'i Ed-Din est mort en 1892, laissant plusieurs fils qui lui ont succédé dans la direction de la Zaouiya. Celle-ci, située au pied d'une montagne faisant face au nord, entourée de beaux vergers, se trouve à peu de distance de la source de l'Ouad Kis.

Zaouiyat El-Habri (Séminaire de l'homme au morceau زاوية الهبري de viande) (A), 10 feux, au sud du Djebel Beni-Znasen. On y confère *l'ouerd* des Derk'aoua. Son fondateur, Sidi l-H'adjdj Mouh'ammed El-Habri, était généreux à un tel point qu'il donnait toujours des *morceaux de viande sans os* aux misérables qui lui demandaient l'aumône ; de là, le surnom de la Zaouiya. Ses successeurs actuels sont très hospitaliers.

Il y a encore plus de cent hameaux disséminés dans la tribu.

Forces militaires : 11,200 hommes, moitié cavaliers, moitié fantassins. Population probable : 56,000 habitants. Pays montagneux. Instruction coranique très développée. Nombreuses mosquées et zaouiya. Fanatisme excessif.

Tribu de MER'RAOUA (2)

مغراوة (la terre du bousillage) (A)

Laissant derrière lui les Beni-Znasen, Moh'ammed ben T'ayyéb, qui avait pour objectif l'Ouest de la province des Djebàla, passa par le Sud du Rif à travers les Oulad-Séttout, Beni-Bou-Yah'yi, Lem'talça, Mer'raoua, Beni-Bechir. Avant de quitter, pour toujours peut-être, la mystérieuse petite province méditerranéenne, il tenait absolument à en connaître toutes les tribus. Et il allait toujours en avant, poussé par cette destinée merveilleuse qui devait faire de lui l'un des plus extraordinaires explorateurs de ce siècle. Il traversa, sans s'arrêter, les territoires rifains déjà connus, rencontrant parfois, sur son passage, d'anciennes connaissances qui le suppliaient en vain de prendre racine quelque part. Lui, plus errant que jamais, se faisait héberger, mangeant bien, dormant mieux encore ; le lendemain, après avoir secoué la

(1) Prononcez *Ed-Dine*. Voyez souvent les pages 42 et 43 pour la prononciation des lettres arabes et berbères.

(2) Si vous ne pouvez pas prononcer le *r'aïne* (*r* grasseyé), dites *Még'raoua*.

poussière de ses habits, il se remettait en marche en disant simplement à ses hôtes d'un jour :

القعدة سجن و السجن قبر

— L'immobilité c'est la prison ; et la prison, c'est le tombeau.

Enfin, il arriva à Mer'raoua, petite tribu formant la pointe la plus méridionale du Rif.

Encastrée dans les terres djebaliennes qui l'entourent de toutes parts, sauf au Nord où elle se rattache à Kzennaya, Mer'raoua est admirablement située pour résister aux assauts continuels de ses puissants voisins. Elle occupe les versants septentrionaux de la grande chaîne des montagnes méridionales du Rif. Sa petite étendue (10 kilcm. dans tous les sens), lui permet de tenir tout entière dans le retranchement des derniers pics rifains, dont les pentes, exposées au Sud, regardent dans le lointain la grande ville de Fas.

Souvent l'*Ouad Mer'raoua* coule au fond des gorges profondes, se frayant avec peine un passage dans ce sol tourmenté. Partout la végétation est magnifique. Les énormes chênes verts abritent à leurs pieds de gracieux arbustes, parmi lesquels domine l'odorant lentisque. Tout le long de la rivière, les saules, les trembles forment une épaisse voûte de feuillage au-dessus du petit filet d'eau limpide, qui court à travers les roches dont le lit du ruisseau est embarrassé. Et les hameaux succèdent aux hameaux, les villages aux villages, les uns construits en pleine forêt, les autres, et c'est le plus grand nombre, éparpillant leurs maisons sur les bords de l'ouad.

Les habitants, montagnards peu sociables, restent chez eux, n'aiment guère leurs voisins, les Arabes des Djebala, dont ils redoutent la perfidie. Eux sont des Berbères de pur sang, parlant le vrai thamazir'th, ne comprenant pas un mot de la langue du Prophète. Ils portent la djellaba grise, qu'ils ne quittent, pour le h'aïk, qu'au cœur de l'été, car la température est froide sur leurs sommets. L'orge est la principale culture. Dans certaines parties, non défrichées, l'alfa pousse. On l'utilise, mais très peu.

L'absence presque totale des arbres fruitiers et des légumes, le froid et la mauvaise nourriture contribuèrent à hâter le départ du derviche. Il fit un très court séjour dans cette tribu minuscule qui compte deux fractions seulement : *Ad'rar* (montagne) (B), (أذرار) et *Imdhalcen* (les sournois) (B), (إمضالسن) levant chacune 1,500 fusils, soit un total de 3,000 fantassins et une population probable de 15,000 habitants pour toute la tribu.

Au Nord, le *Souk' El-Ethnin* (le marché du lundi), réunit chaque lundi la foule des acheteurs et des marchands. Tout y est à très bon compte.

Tribu des BENI-BECHIR

بني بشير (les enfants du porteur de bonnes nouvelles) (A)

Située en totalité sur les monts Çanhadjiens du Rif, cette tribu n'a qu'une vingtaine de kilom. en long et en large. Elle est bornée au N. par Mthioua et Zerk'eth, à l'E. et au S. par la province des Djebala, à l'O. par Tar'zouth, Beni-Bou-Necer, Beni-Khennous et Beni-Seddath.

Tout le pays n'est qu'une immense forêt, dans laquelle se pressent une soixantaine de hameaux, absolument enfouis dans la verdure. Les frênes, les chênes verts, les chênes-liège, mêlés aux arbres fruitiers, noyers, amandiers, abricotiers, etc., feraient des Beni-Bechir un des pays les plus prospères du Rif, si les indigènes savaient tirer parti de leurs richesses forestières. Rien n'est exploité. On se contente de manger les fruits des arbres, sans se douter que le liège est bon à quelque chose, sans chercher à vendre un seul frêne ou un chêne vert aux armuriers de Tar'zouth par exemple. Incurie, gaspillage, sont les deux mots qui devraient revenir sans cesse sous la plume, quand on parle de ce merveilleux pays qui s'appelle le Maroc.

Le voisinage des Djebala a introduit l'usage de la langue arabe parmi les hommes. Mais, dans les familles, les femmes et les enfants ne parlent et ne comprennent que le thamazir'th. Les femmes sont vaillantes, elles font tous les vêtements : djellaba, h'aïk, ce qui ne les empêche pas de moissonner, d'aller au bois, à l'eau, et de garder les chèvres. Elles se font remarquer par une conduite absolument irréprochable. Les hommes, moins vaillants que leurs compagnes, ne sont pas cependant inactifs. Ils labourent, piochent les endroits où la charrue ne peut passer, font du jardinage presque partout, car le pays est abondamment arrosé par de nombreuses sources, dont les eaux vivifiantes font jaillir la vie sous toutes ses formes.

Les deux ruisselets, qui doivent leur existence à ces sources, sont bordés de hameaux bâtis sur l'une et l'autre rive. Leur petit courant va du sud au nord. *L'Ouad Beni-Bechir* traverse, dans sa partie méridionale, une superbe forêt de frênes. *L'Ouad Ez-Zaouiya* (la rivière du séminaire) est appelé ainsi parce qu'il sort de terre tout près de la Zaouiya de *Taslent* (le frêne) (تاسلنت) hameau d'une centaine de feux.

Moh'ammed ben T'ayyeb ne resta pas longtemps chez les Beni-Bechir. L'hiver approchait. La perspective d'être bloqué par les neiges sur les cimes glacées de la tribu effrayait tellement l'impatient voyageur, qu'il s'en alla vers la fin de l'automne. Il s'enfonça dans les Djebala, non sans s'être assuré d'abord que les Beni-Bechir se composent de trois fractions : *Taslent* (le frêne) (B), تاسلنت — *Beni-Bekkar* (Les enfants de l'homme matineux) (A), بني بكار et *Aïth-Yah'ya* ايث يحيى

(les enfants de Jean) (A et B), levant chacune 1,500 hommes, soit 4,500 fantassins pour la tribu entière. Le long fusil marocain fabriqué à Tar'zouth est la seule arme à feu connue. Population probable : 22,500 habitants. Instruction très peu répandue. Pays montagneux ; nombreuses pistes et sentiers muletiers.

Ne laissons pas le derviche s'éloigner du Rif sans jeter une dernière fois nos regards sur cette petite région, *hier encore la dernière partie inconnue du rivage méditerranéen*, indépendante aujourd'hui comme elle l'était il y a des centaines de siècles, toujours sauvage, toujours jalouse de sa liberté illimitée, se croyant à l'abri des indiscrétions et des invasions futures.

Qui sait ce que l'avenir lui réserve ?

Pour le moment, les Rifains semblent très heureux de vivre dans une ignorance et une anarchie complètes. Leur antique simplicité leur suffit.

Ceux d'entre eux qui ont eu l'occasion de voir chez nous nos inventions modernes : chemin de fer, télégraphe, etc., s'en soucient autant qu un bancal d'un monocycle. Ce qu'il leur faut à eux, c'est la belle et large existence passée au sein de la royale nature, c'est le calme profond des forêts, troublé seulement, les jours de grande tempête, par les souffles créateurs venus de l'infini.

Si l'insondable destinée condamne un jour ce pays de toutes les libertés à passer sous le joug étranger, souhaitons-lui d'être gouverné par la France, car notre Patrie, toujours douce envers ses sujets musulmans, les a constamment bien traités, mieux certainement qu'ils ne le sont dans les contrées où règnent d'autres Nations européennes.

CONCLUSION

Et maintenant, vous qui me lisez, qui que vous soyez, pauvre ou riche, puissant ou faible, érudit ou demi-savant, n'attendez de moi ni synthèse ni analyse de mon travail.

S'il ne vous a pas trop déplu, s'il a ajouté quelque chose à vos connaissances, je suis satisfait en songeant qu'il ne mérite pas d'être voué aux dieux infernaux.

Cette Première Partie de l'Œuvre est expliquée en deux mots par son titre général : *Le Maroc Inconnu*, et, en 32 pages, par la *Préface* et *l'Introduction*.

Pour faire taire, dès à présent, la critique malveillante ou bornée, une courte explication est nécessaire.

Trois hypothèses se sont présentées naturellement à votre esprit dès les premières lignes de l'ouvrage :

— *Ou l'auteur a été trompé par ses voyageurs musulmans, ou il est lui-même un imposteur, ou il dit la vérité, rien que la vérité, et, dans ce cas, il nous révèle un Monde inconnu.*

En présence de ces soupçons, quel sera votre criterium pour bien juger de la valeur scientifique de l'œuvre, de la sincérité des explorateurs, de la parfaite bonne foi de celui qui écrit ces lignes ?

Je n'en vois qu'un seul, et il est péremptoire. Le voici :

Ouvrez le livre, arrêtez le premier rifain venu, lettré ou ignorant, lisez-lui la partie concernant sa tribu, la région qu'il connaît.

Sa réponse sera ma condamnation ou ma justification.

Que de fois ai-je fait moi-même cette expérience !

Dans les rues d'Oran, à la campagne, dans l'intérieur de la province, partout où je rencontrais des Rifains, je les accostais, je leur parlais longuement de leur pays, leur prouvant que je le connaissais presque aussi bien qu'eux. Leur stupéfaction se traduisait immédiatement par une avalanche de renseignements nouveaux, de confidences précieuses, dont je tirais le plus de profit possible. Plusieurs de mes amis, se trouvant par hasard avec moi, ont été souvent les témoins de cette enquête originale, incessante, et de l'étonnement profond des Berbères, qui, après un quart d'heure de conversation, causaient, causaient toujours, ne songeant pas à me quitter, se laissant aller au doux plaisir de parler de la patrie lointaine, des usages, des coutumes qu'ils ne retrouvaient plus sur la terre étrangère. Un mot, un seul, un mot magique m'ouvrait les cœurs, faisait jaillir des lèvres de ces hommes simples des secrets religieusement gardés jusqu'alors : C'était le nom glorieux du *Prophète*, ce nom sacré qu'un musulman n'invoque jamais en vain. Et j'avais l'avantage immense de le leur dire dans leur langue, de le faire suivre des paroles sacramentelles destinées à prouver la *vraie foi islamique* de celui qui les prononce.

Puissance merveilleuse du langage, c'est à vous que je dois les résultats féconds de cette œuvre, les joies intimes éprouvées devant la moisson extraordinaire, lentement achevée, dont j'offre aujourd'hui les prémices à Celle que je ne puis nommer sans émotion, à notre Mère à tous, à la France, toujours grande, toujours généreuse.

Mais je serais un ingrat, si je n'accordais un dernier souvenir à l'homme providentiel qui fut le trésor inestimable, la principale source où j'ai puisé, le cerveau prodigieux d'où est sorti un Monde.

Il est encore au Maroc l'énigmatique mendiant, le sublime déguenillé, à qui, par pitié, on donnerait une aumône en voyant sa misère.

Je recevais de lui, le 17 Octobre 1895, la lettre suivante :

الحمد لله وحده
الى حضرة سيدي مولاي راس وعليك سلام الله تعالى وبركاته اما بعد
فان سالت عنا فها انا بخير وعافية ولكن السوال عنا اليكم والملاقات
معكم في ساعات الخير نحو ثلاثة اشهر والان تراني في بلد الدار
البيضاء ولا بد ان تخبر اصحابك بما كان والسلام وكتب في 20
من صفر الخير عام ١٣١٣

محمد بن الطيب وفقه الله

Louange à Dieu seul.

A Son Excellence Mgr Mouliéras. Que le salut du Dieu Très-Haut et ses bénédictions soient sur toi.

Si tu demandes de mes nouvelles (je t'annonce que) je suis en bonne santé et en paix. Cependant je voudrais bien savoir comment vous vous portez. Nous nous reverrons dans trois mois environ, et ce sera un heureux moment. Je me trouve actuellement dans la région de Dar El-Beïdha (Casablanca). Il est indispensable que tu apprennes à tes amis ce qui est. Salut. Ecrit le 20 de l'excellent Çafer de l'année 1313.

Moh'ammed ben Et'-T'ayyéb. Que Dieu le seconde.

Le 20 Çafer 1313 correspond au *11 Août 1895*, et la lettre n'a été mise à la poste que le *9 Octobre!* non à Casablanca, mais à Mogador, ainsi qu'en témoignent les timbres de l'enveloppe. Il faut donc supposer que le derviche, perdu dans un coin quelconque du district de Casablanca, sur le point peut-être de s'enfoncer dans l'intérieur du Maroc, aura confié sa missive à un coréligionnaire que ses affaires appelaient à Mogador. Et le coréligionnaire, empêché à son tour d'entreprendre immédiatement son voyage, aura dû la passer à un autre indigène, et ainsi de suite, jusqu'au jour où une main inconnue la jetait à la boîte aux lettres de Mogador, *près de deux mois après sa rédaction!*

Quoi qu'il en soit, le derviche était en parfaite santé le 11 Août dernier. Je suis sûr qu'il erre en ce moment (10 Novembre) dans le cœur même du Maroc, là où jamais européen n'a mis le pied. Quelle moisson superbe il va me rapporter, s'il parvient jamais à sortir du mystérieux Empire!

L'intrépide explorateur m'a laissé, avant de partir, deux précieuses reliques: *son bâton de voyage et une paire de babouches.* Il avait sans doute une trique de rechange. Quant aux chaussures, comme elles étaient presque neuves, comme il ne tenait nullement à les exposer aux convoitises des Marocains, il préféra me les confier, et il s'en alla nu-pieds, avec une mauvaise djellaba sur le dos, certain de retrouver à la maison, à son retour, son petit dépôt. Pauvre diable, c'est toute sa fortune!

La dernière phrase de sa lettre, énigmatique pour tout le monde, est très claire pour moi:

— « *Il est indispensable que tu apprennes à tes amis ce qui est.* »

Cela signifie: « Publie donc ton *Maroc Inconnu;* annonce la bonne nouvelle à tes amis », c'est-à-dire aux *Français*, car le naïf voyageur est persuadé que je connais chacun de mes compatriotes en particulier, et que tous les descendants des fiers Gaulois sont, sans exception, mes très bons, mes très intimes amis.

Voilà qui est fait, cher et pauvre derviche. *L'Exploration du Rif* est terminée. Je n'ai plus qu'à écrire (avec quelle satisfaction!):

FIN DE LA PREMIÈRE PARTIE

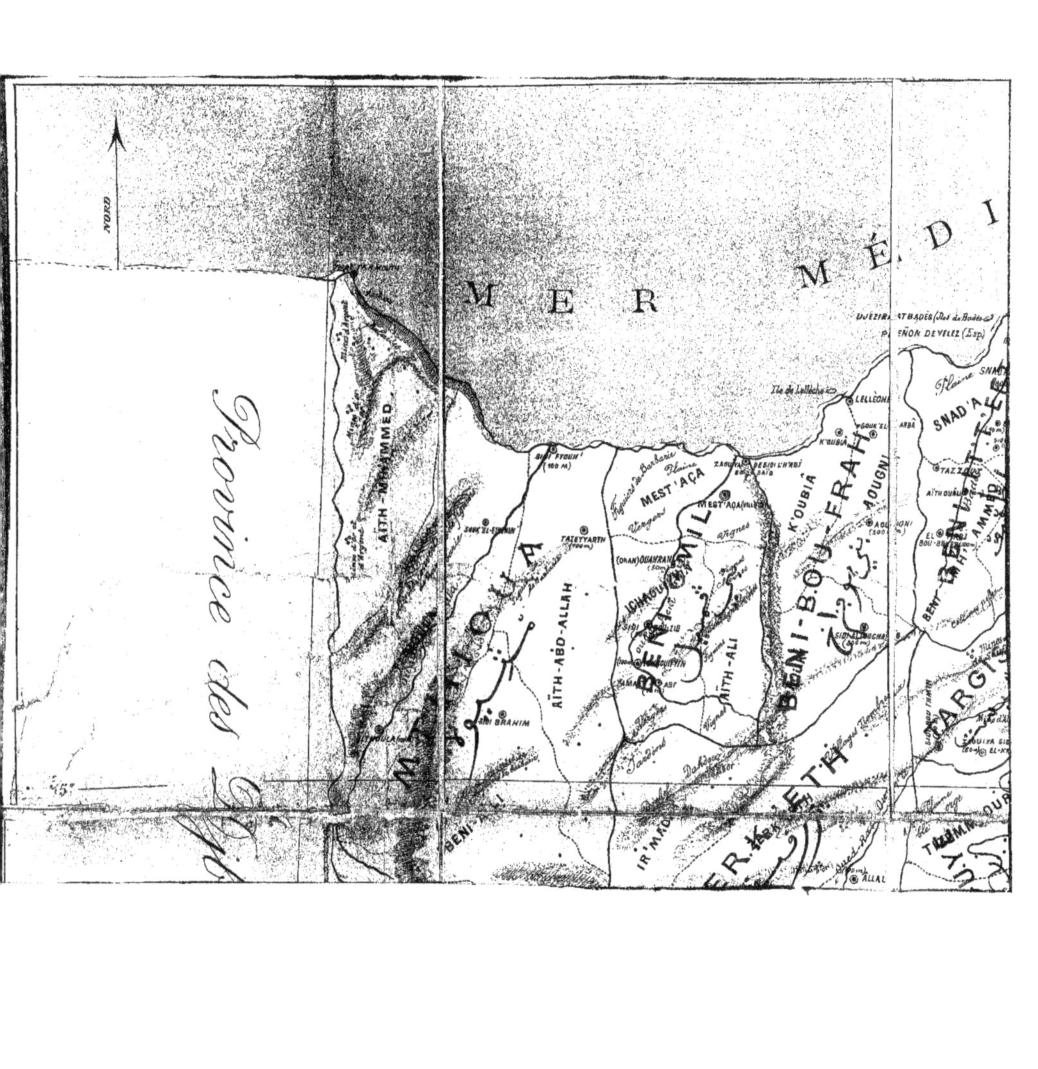

NORD
MER MÉDI
Province des
AÏTH-MHAMMED
MTIOUA
AÏTH-ABD-ALLAH
TATEYYARTH
SIDI FTOUH'
MEST'AÇA
BENI-SMIL
AÏTH-ALI
K'OUBIA
BENI-BOU-FRAH'
LELLÈCHE
Ile de Lellèche
PEÑON DE VELEZ (Esp)
SNAD'A
TAZZOUT
AOUGNI
TARGIST
SIDI BRAHIM

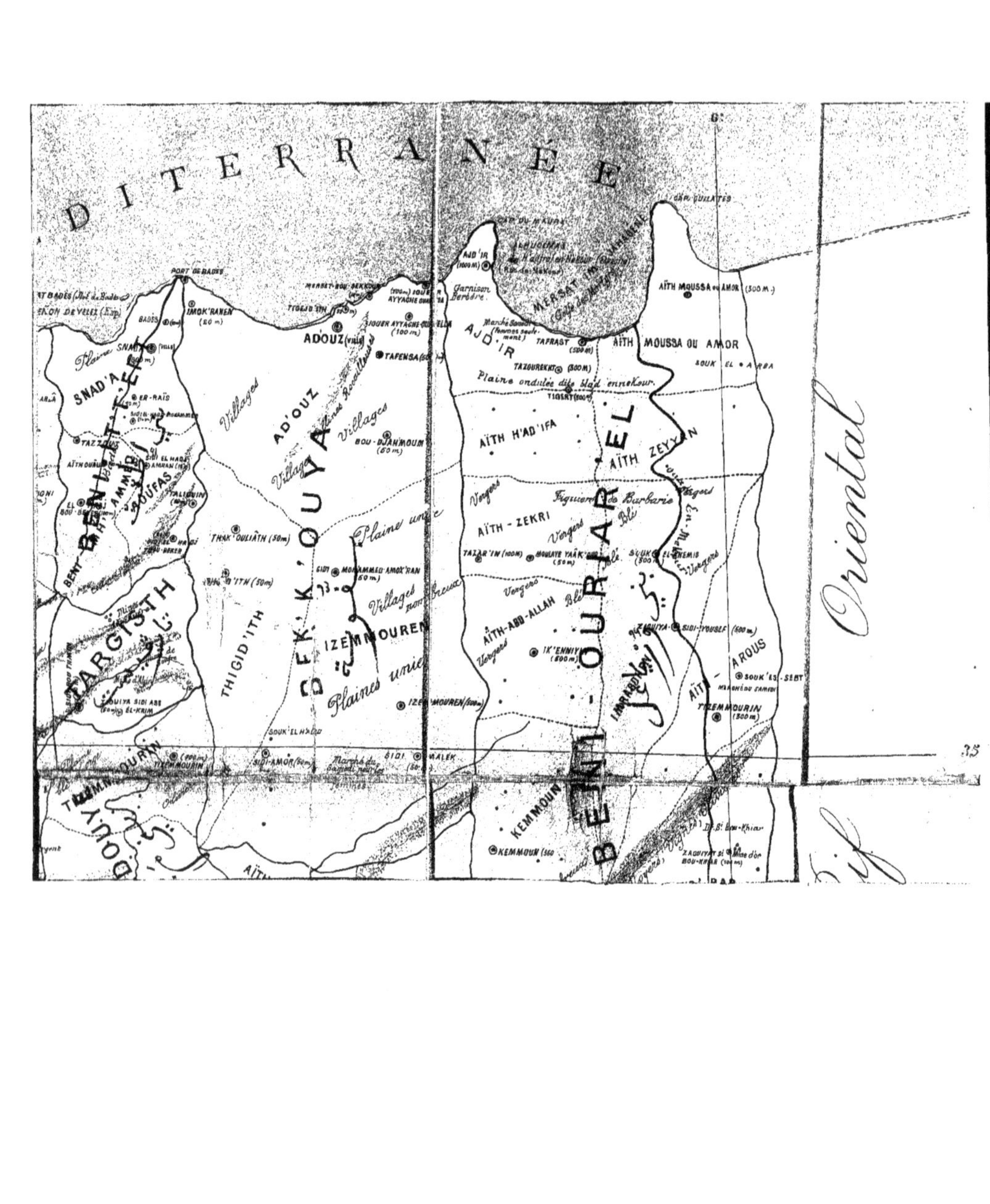

D I T E R R A N É E
PORT DE BADES
IMOK'RANEN (50 m)
SNAD'A
Plaine
Villages
AD'OUZ
ADOUZ
TAFENSA
BOU-DJAHMOUM (50 m)
Villages
Plaine unie
THAK'OULIÂTH (50m)
THIGID'ITH
IZEMMOUREN
Villages nombreux
Plaines unies
TARGISTH
BEN' BOU FRAH
B'EK'K'OUYA
Garnison Berbère
AJD'IR
Marché Samedi
TAFRAST
TAZOUREKHT (300M)
TIGERT
Plaine ondulée dite blad enneKour
AÏTH H'AD'IFA
AÏTH - ZEKRI
Verges
Figuiers de Barbarie
Blé
AÏTH-ABD-ALLAH
IK'ENNIYI (500 m)
AÏTH MOUSSA OU AMOR (300 m.)
AÏTH MOUSSA OU AMOR
SOUK EL ARBA
AÏTH ZEYYAN
BENI - OURIAREL
ZAOUIYA SIDI-YOUSEF (500 m)
AÏTH - AROUS
SOUK'ES-SEBT
TIZEMMOURIN (300 m)
KEMMOUN
Oriental
35

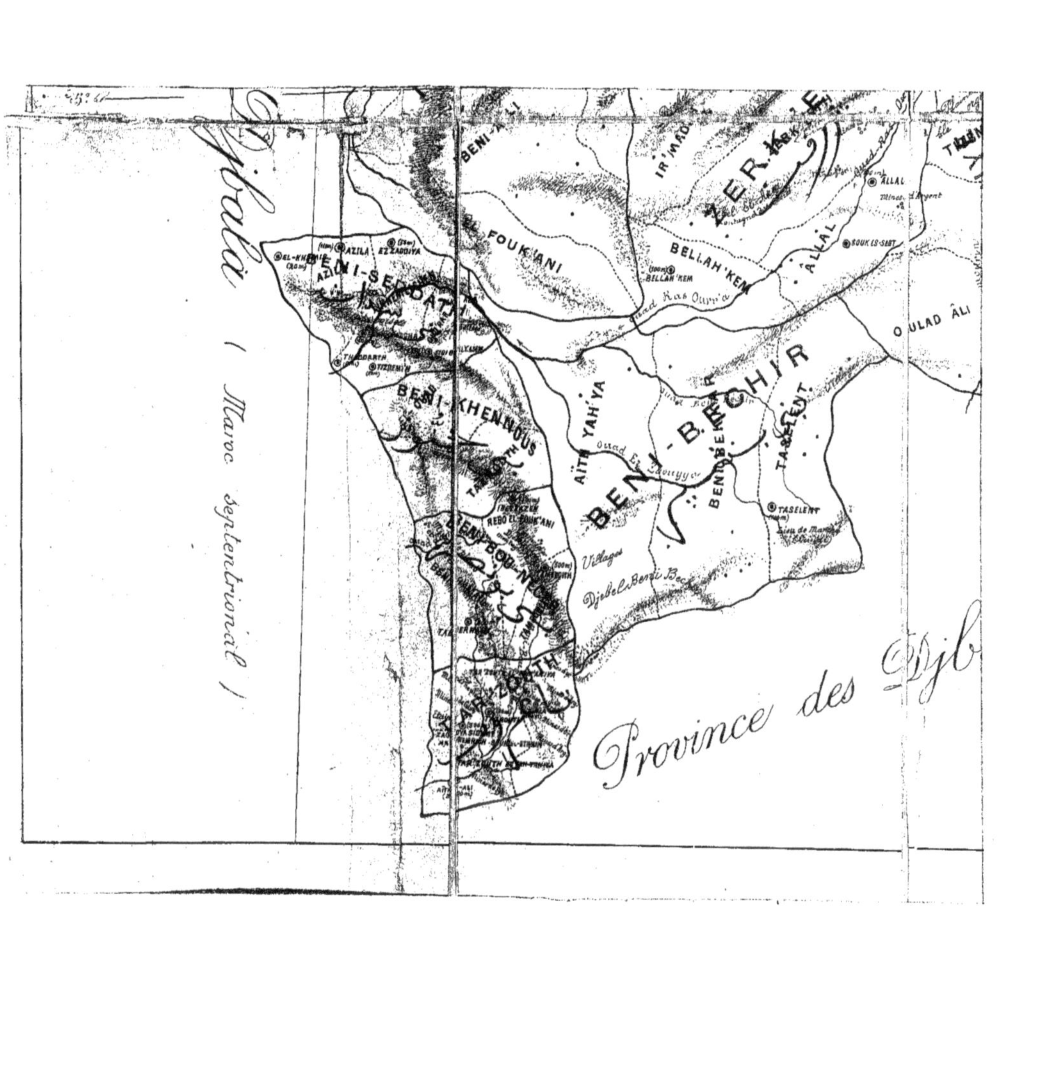

(Maroc septentrional)
Province des
FOUK'ANI
BELLAH'KEM
Ouad Ras Ourr'a
SOUK ES-SEBT
ÂLLAL
Mines d'Argent
OULAD ÂLI
AZILA
EZ-ZAOUIYA
EL-KHEMIS
BENI-KHENNOUS
REBO EL-FOUK'ANI
AÏTH YAH'YA
Ouad Ez-Zaouiyya
BENI-BECHIR
TASELENT
Villages

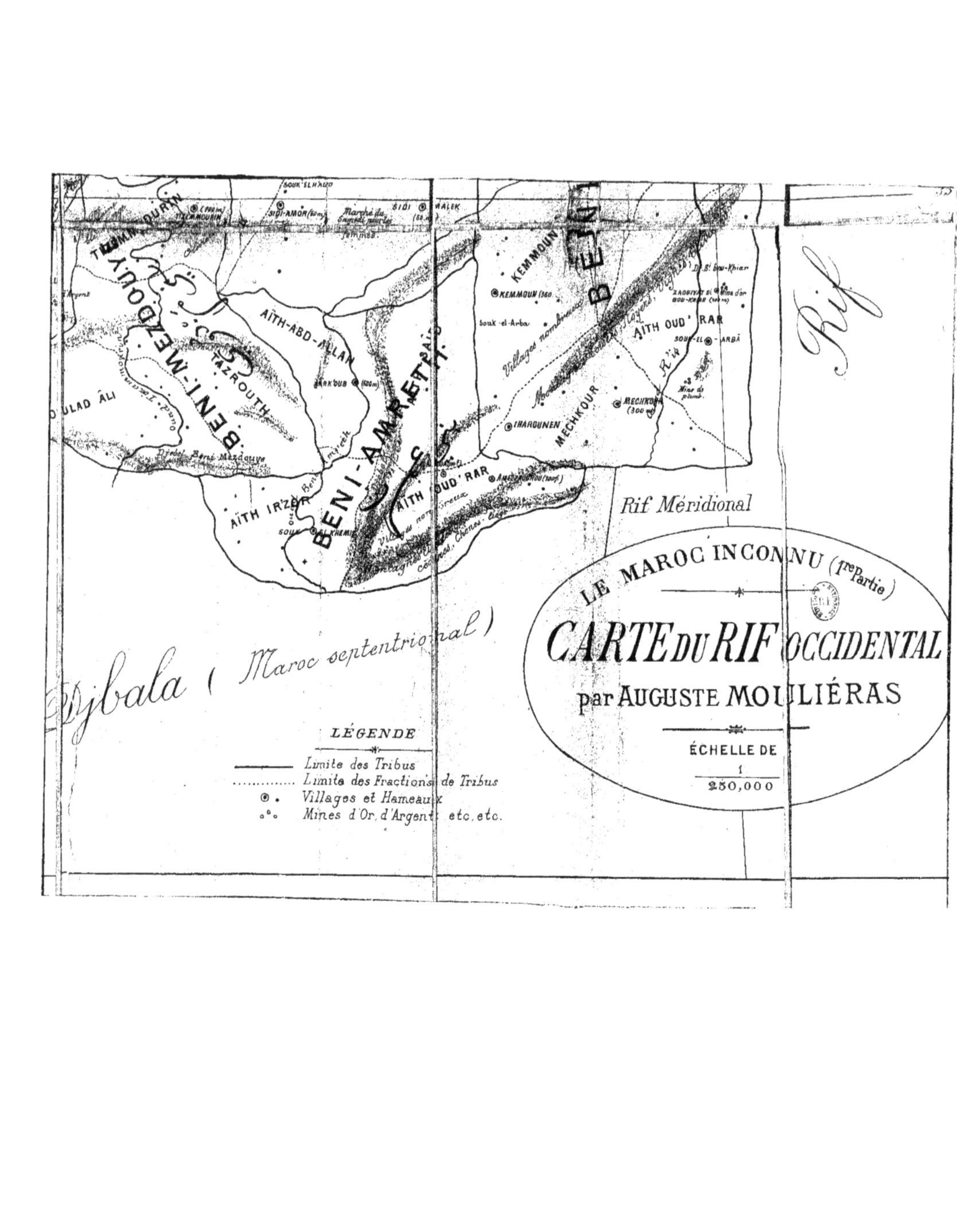
LE MAROC INCONNU (1re Partie)
CARTE DU RIF OCCIDENTAL
par AUGUSTE MOULIÉRAS
ÉCHELLE DE
1
250,000
LÉGENDE
Limite des Tribus
Limite des Fractions de Tribus
Villages et Hameaux
Mines d'Or, d'Argent, etc. etc.
Djbala (Maroc septentrional)
Rif Méridional
Rif
BENI-MEZDOUYE
BENI-AMRET
AÏTH-ABD-ALLAH
TAZROUTH
AÏTH IRZER
AÏTH OUD'RAR
KEMMOUN
Souk-el-Arba
MECHKOUR
OULAD ÂLI
Djebel Beni Mezdouye
Villages nombreux
SIDI-AMOR
Mine de plomb

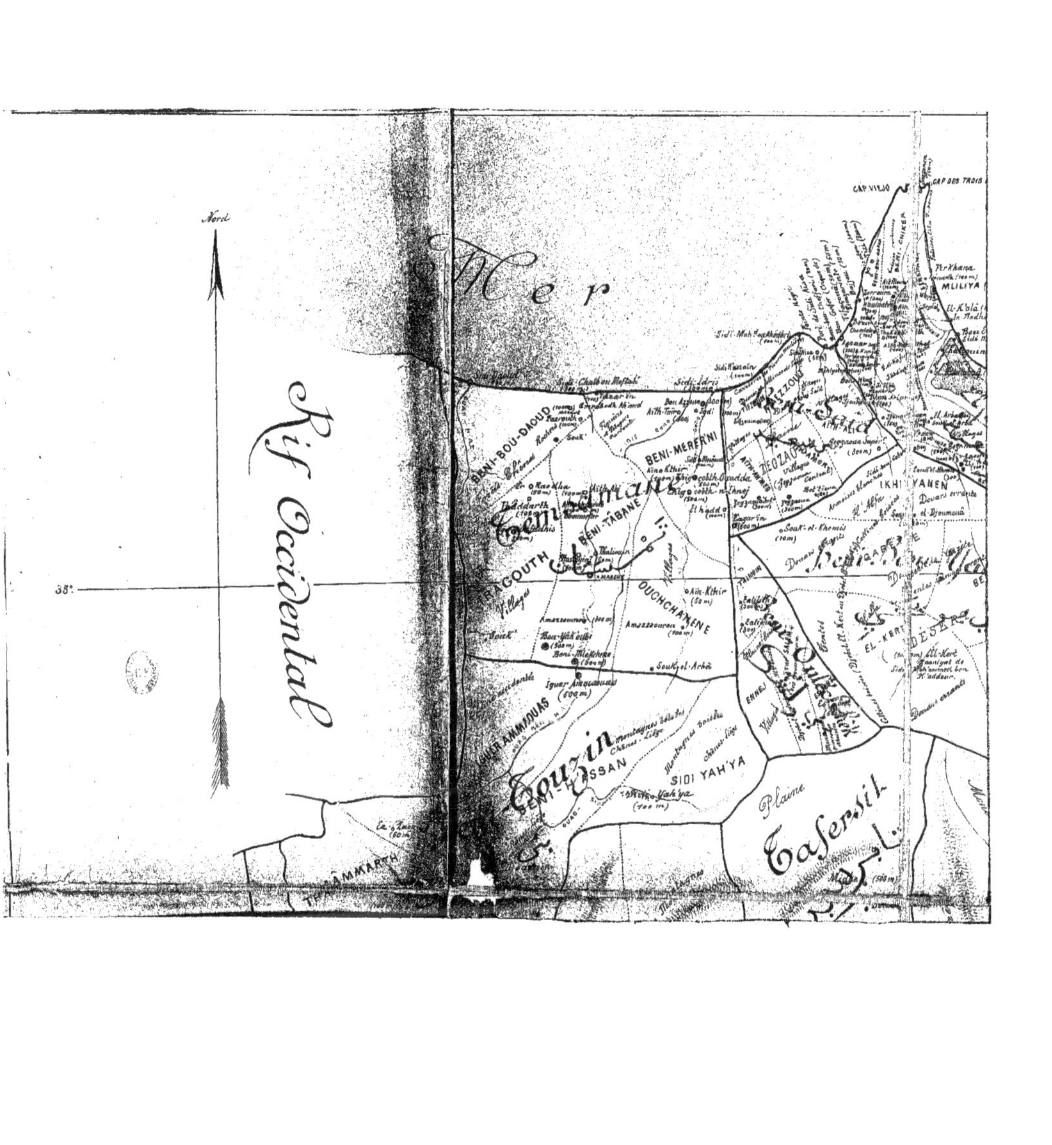

Nord
Mer
Rif Occidental
35°
CAP VIEJO
CAP DES TROIS
MLILIYA
BENI-BOU-DAOUD
BENI-MERER'NI
BENI-TABANE
OUCHCHANENE
IKHIYANEN
Villages
Souk-el-Arbâ
Souk-el-Khemis
Montagnes boisées
SIDI YAH'YA
EL-KERT
Plaine
Tafersit

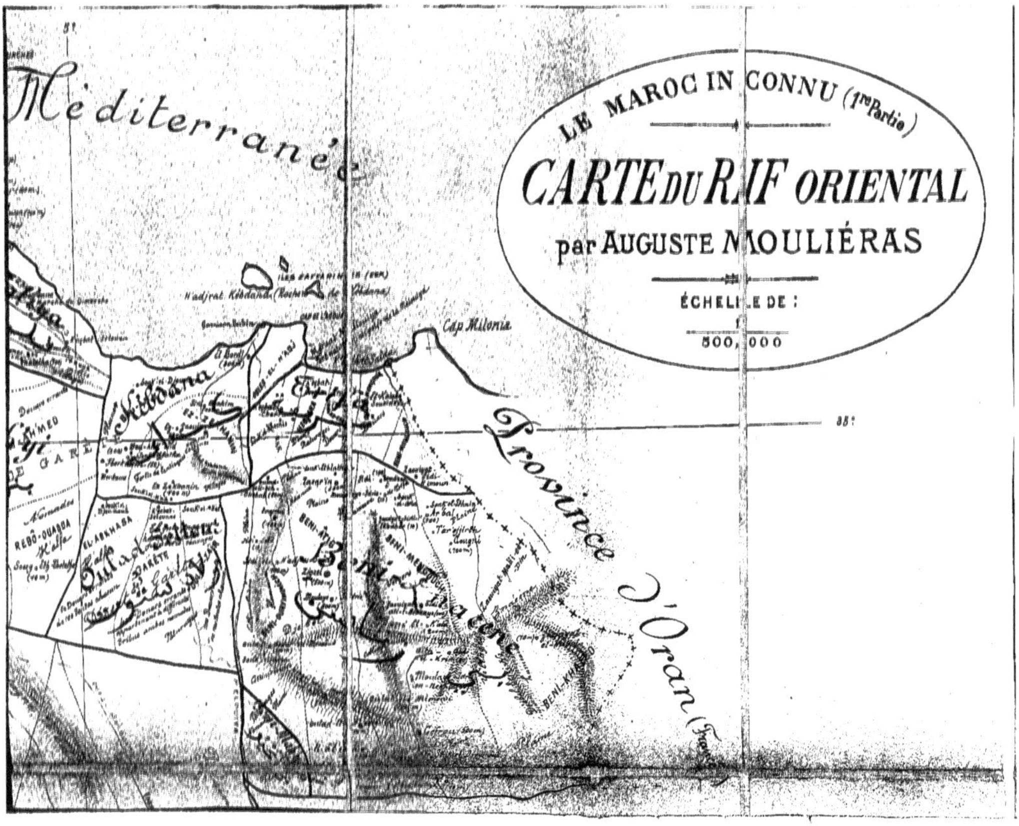
LE MAROC INCONNU (1re Partie)
CARTE DU RIF ORIENTAL
par AUGUSTE MOULIÉRAS
ÉCHELLE DE :
1/500,000
Méditerranée
Province d'Oran
Cap Milonia
Kebdana
Beni-Znacen
Oulad Settout
Nomades
REBÔ-OUABDA
Beni-Khaled

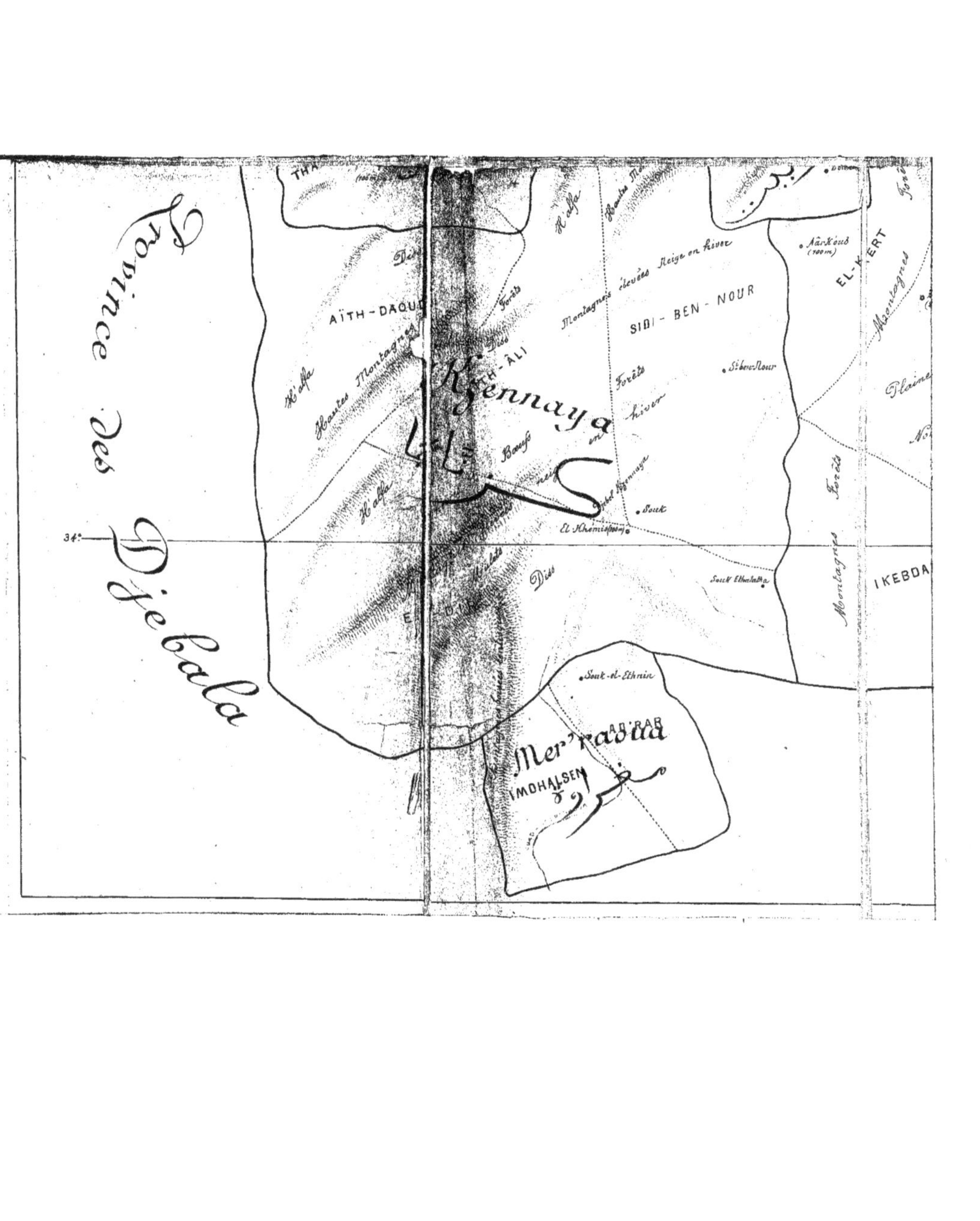

Province des Djebala
AÏTH-DAOUD
Hautes Montagnes
H'alfa
Diss
Forêts
Montagnes élevées Neige en hiver
SIDI-BEN-NOUR
Sᵗ Ben Nour
Khennaya
Bœufs
Forêts
en hiver
Souk
El Khemis
Souk Ethelatha
Diss
E R
Souk-el-Ethnin
Mer'raoua
IMOHALSEN
Aâr Koud
(700m)
EL-KERT
Montagnes
Plaine
Forêts
Montagnes
IKEBDA
34°

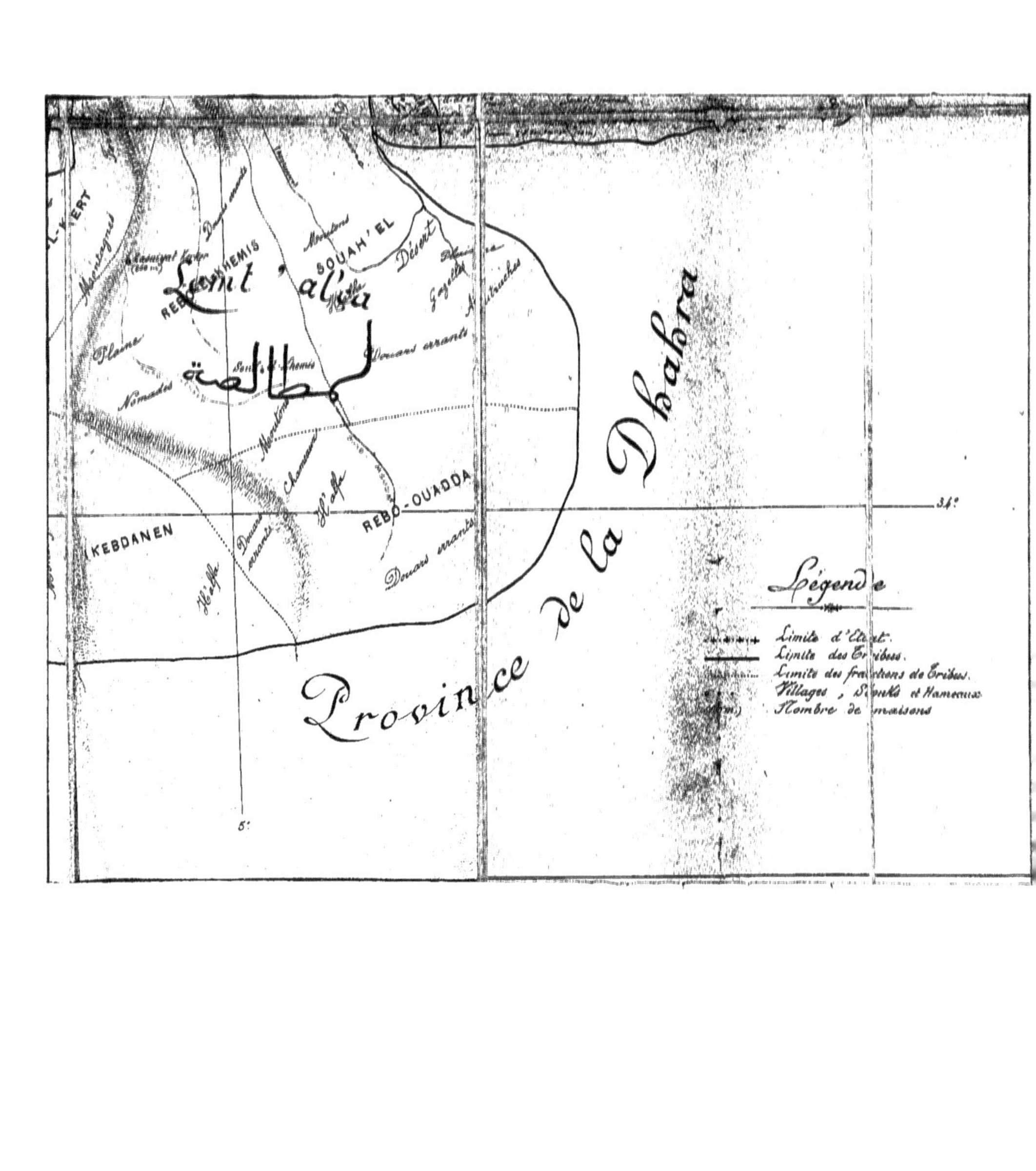

SOUAH'EL
Désert
Gazelles
Douars errants
Plaine
Nomades
Montagnes
REBO-OUADDA
KEBDANEN
Province de la Dhahra
31°
5°
Légende
Limite d'Etat.
Limite des Tribus.
Limite des fractions de Tribus.
Villages, Douars et Hameaux
Nombre de maisons

INDEX GÉNÉRAL

DE LA

PREMIÈRE PARTIE

D

E

F

G

H

I

J

K

L

M

N

O

P

R

S

T

V

ORAN
Imprimerie FOUQUE & Cie, Imprimeurs-Éditeurs
PLACE KLÉBER ET RUE THUILLIER, 4

1895

ARMES DE LA VILLE D'ORAN

الارض طاوس الغرب كعوانه

La Terre est un paon ; Le Maroc en est la queue

(Proverbe arabe).

ORAN

Imprimerie Typographique et Lithographique FOUQUE et Cie

Place Kléber et rue Thuillier, 4

1895

www.ingramcontent.com/pod-product-compliance
Ingram Content Group UK Ltd.
Pitfield, Milton Keynes, MK11 3LW, UK
UKHW020950230726
13923UKWH00007B/234

9 782019 163341